An Analysis of Gap in
Urbanization
Process of
China

中国城市化
进程中的缺口分析

吴 波◎著

图书在版编目（CIP）数据

中国城市化进程中的缺口分析/吴波著. —北京：经济管理出版社，2018.2
ISBN 978-7-5096-5513-9

Ⅰ.①中… Ⅱ.①吴… Ⅲ.①城市化—研究—中国 Ⅳ.①F299.21

中国版本图书馆 CIP 数据核字（2017）第 284895 号

组稿编辑：宋　娜
责任编辑：宋　娜　张　昕
责任印制：黄章平
责任校对：雨　千

出版发行：经济管理出版社
　　　　　（北京市海淀区北蜂窝 8 号中雅大厦 A 座 11 层　100038）
网　　址：www.E-mp.com.cn
电　　话：(010) 51915602
印　　刷：北京晨旭印刷厂
经　　销：新华书店
开　　本：720mm×1000mm/16
印　　张：15.75
字　　数：242 千字
版　　次：2018 年 2 月第 1 版　2018 年 2 月第 1 次印刷
书　　号：ISBN 978-7-5096-5513-9
定　　价：88.00 元

·版权所有　翻印必究·

凡购本社图书，如有印装错误，由本社读者服务部负责调换。
联系地址：北京阜外月坛北小街 2 号
电话：(010) 68022974　邮编：100836

摘 要

经过30多年的发展,中国在取得举世瞩目经济成就的同时形成了城市数量日渐增加、城市规模日益扩大的城镇体系。作为经济增长的动力,城市在整个现代化进程中扮演着举足轻重的角色,因此城市发展道路的研究对于中国经济的长期发展具有现实意义。

本书试图利用城市经济学的理论和经验对城市发展道路中存在的问题进行阐述,并有针对性地提出解决方案,提供一条可靠的城市发展道路。本书主要从城市化与工业化间、城市化与基础设施间、土地城市化与人口城市化间的缺口三个方面对问题展开叙述。

本书首先对中国城市的增长规律及其影响因素进行了研究。用1984~2008年中国地级及以上城市的数据对随机过程模型进行了检验。结果表明,随机过程模型无法解释中国城市的增长。其次,考察了空间异质性对城市规模增长的决定作用和决定程度,以考察经济学模型对城市增长的解释力。结果表明,自然地理条件和市场潜力对城市增长都有作用,中国城市的增长规律是贸易理论和新经济地理学模型的中间形态。

在分析城市发展规律后,本书开始对中国城市发展过程中的缺口进行展开研究。首先探讨了城市化水平与工业化水平之间的缺口。结果表明,中国的城市化水平滞后于工业化水平,但这个缺口随着时间推移在缩小。其次研究了基础设施缺口。基础设施建设存在的缺口主要表现在教育和医疗设施建设上,这表明地方政府在面临财政约束和经济增长目标时采取了优先修建生产性基础设施的做法。最后研究了城市人口规模与用地规模的缺口。该缺口表明城市建设用地增长速度过快,中国城市出现了半城市化现象,这对中国城市的效率造成了负面影响。

在上述研究基础上，本书提出了中国的城市化道路。一是根据现代经济学对聚集带来的外部性和城市经济学对外部性在城市中的具体作用的研究，认为实现城市现代化要充分利用聚集的外部性，提高城市生产效率，加速城市化进程；二是坚持系统论观念，从城镇体系角度看待城市发展问题，充分尊重城市的个性和所处的历史阶段，进而在城镇体系中定位自身发展，促进系统效益最大化。就现有的理论和发达国家的实践来看，这两个原则是实现城市现代化的保障。通过分析可以看出，当前中国城市现代化的动力在于经济发展，关键环节在于生产要素自由流动和产业结构调整，制度保障是市场配置资源和政府调控的结合，最终结果是国家综合实力上升、城乡居民生活水平提高、收入差距缩小和共同富裕。

关键词：城市增长；城市效率；半城市化；基础设施；工业化

Abstract

After three decades' development, China has achieved remarkable economic success while an urban system with increasing the number and increasing sizescities. As the engine of economic growth, cities played an important role in the modernization process, therefore studying about paths of urban development of China has its practical meaning for the long-term economic development.

This paper attempts address to the problems which encountered in urban development using urban economy theories and empirical analysis and provides a reliable urban development of the road. The main focuses of this thesis are how cities evolution, the urban efficiency and urban gaps.

We started first with the law of growth of Chinese cities, China's urban growth and its determinating factors were discussed. Stochastic process model using 1984–2008 data of Chinese cities tested, the results show that the stochastic process model can not explain the growth of cities in China. After that the effects of spatial heterogeneity has been inspected on the growth of city size, in order to examine the explanatory power of economics model of urban growth. The results show that the natural and geographical conditions and also market potential play important parts in urban growth process of the Chinese cities and the situation of Chinese cities is in the middle of trade theory and new economic geography models.

Changes in the productivity of cities directly determine the output capacity in the current technical and the way how resources allocatecd. As China enters the high-income countries, the investment will become an important factor in stimulating economic growth; the efficient use of factors of production will have a major impact on economic growth. In this thesis estimations on factors that affect productivity of the Chinese prefecture-level cities and above have been take from 1985 to 2009 year by year. The results show that there is a gradual increase in efficiency in Chinese cities, the city size and the fixed capital stock has a positive influence on urban efficiency and apparent convergence trend is found between cities from different regions.

After analysis of urban growth and urban efficiency, the thesis then turns to a series of controversial issues that are strongly related to urban growth and urban efficiency: The level of coordination of the process of urbanization and economic development; coordination of infrastructure with level of urbanization and economic development, and the coordination of the process of urbanization and industrialization process, as well as gaps. Empirical analysis of the 231 countries and the 288 cities in China showed that the urbanization process in China is lagging behind in economic development level and the level of industrialization, gaps existing in infrastructure construction.

On the basis of the above study, we proposes the path of urbanization in China. According to studies on the external effect caused by aggregation by urban economics and modern economics, that the fundamental problems of the modern city is to make full use of external to raise the city's production efficiency, acceleration of urbanization process; with the concept of systems theory, urban development issues are studied from the perspective of the urban system, with full respect for the personality of the city and the historical stage, thus positioning itself in the urban system development and promote the system to maximize the benefits. From theory and practice in developed countries, these two principles are core issues of urban modernization. As can be seen by analyzing the current momentum of China's urban modernization in economic development, the key link is the free flow of factors of production and industrial structure adjustment system to protect a market economy, fair combination of full allocation of resources and the government tune empty protection, the ultimate result comprehensive national strength increased, improved living standards, urban and rural residents, the income gap and common prosperity.

Key Words: Urban Growth; Efficiency of Cities; Under Urbanization; Urban Infrastructure; Industrialization

目 录

1 导 论 ··· 001

  1.1 选题背景 ·· 001
    1.1.1 中国城市化的阶段 ·· 001
    1.1.2 城市化的内涵 ·· 003
    1.1.3 城市化进程中的争论 ·· 005
  1.2 研究意义 ·· 006
    1.2.1 理论意义 ·· 006
    1.2.2 实践意义 ·· 006
  1.3 研究内容与方法 ·· 007
    1.3.1 研究内容 ·· 007
    1.3.2 研究方法 ·· 009
  1.4 本书结构 ·· 010
  1.5 可能的创新之处 ·· 011
  1.6 存在的不足 ·· 012

2 文献综述 ·· 015

  2.1 城市化中的争论 ·· 015
    2.1.1 20世纪80年代围绕城市化道路的争论 ························· 015
    2.1.2 20世纪90年代围绕城市化道路的争论 ························· 020
    2.1.3 21世纪围绕城市化道路的争论 ···································· 024
  2.2 城市化的演进规律 ·· 026

  2.2.1　基于城市规模分布的解释 …………………………… 026
  2.2.2　基于随机过程模型的解释 …………………………… 033
  2.2.3　城市经济学和地理经济学传统 ……………………… 040
 2.3　城市化进程中的不协调 ……………………………………… 042
  2.3.1　城市化水平与城市基础设施间的不协调 …………… 042
  2.3.2　城市化水平与工业化水平间的不协调 ……………… 045
  2.3.3　城市蔓延 ………………………………………………… 047
 2.4　城市效率 ………………………………………………………… 048

3　城市化中的缺口现象 ……………………………………………… **053**

 3.1　城市化水平与工业化水平间的缺口 ………………………… 053
 3.2　城市人口规模与用地规模间的缺口 ………………………… 057
 3.3　城市化水平与基础设施间的缺口 …………………………… 059
 3.4　缺口研究的基准模型 ………………………………………… 062
  3.4.1　中国城市规模的分布规律 …………………………… 062
  3.4.2　中国城市体系的演进规律 …………………………… 068
 3.5　本章小结 ………………………………………………………… 080

4　城市化水平与工业化水平间的缺口 ……………………………… **083**

 4.1　中国城市化水平与工业化水平间缺口的实证研究 ………… 084
  4.1.1　中国城市化与工业化的关系 ………………………… 086
  4.1.2　中国的城市化与工业化间的缺口 …………………… 094
  4.1.3　中国地级以上城市的城市化与工业化间的缺口 …… 095
 4.2　对城市效率的影响 …………………………………………… 104
 4.3　本章小结 ………………………………………………………… 107

5　城市化水平与基础设施间的缺口 ………………………………… **109**

 5.1　中国地级以上城市的实证研究 ……………………………… 110
  5.1.1　缺口模型描述 ………………………………………… 110
  5.1.2　数据准备 ……………………………………………… 111

|　目　录|

　　　　5.1.3　基础设施与经济增长和城市化的关系 ·················· 112

　　　　5.1.4　基础设施缺口 ··································· 123

　　5.2　基础设施缺口的影响 ······································ 129

　　　　5.2.1　基础设施缺口对工业化的影响 ······················ 130

　　　　5.2.2　基础设施缺口对城市化的影响 ······················ 131

　　5.3　本章小结 ·· 132

6　城市人口规模与用地规模间的缺口 ······························ **135**

　　6.1　城市用地规模与人口规模的关系 ···························· 135

　　　　6.1.1　现象描述 ······································· 135

　　　　6.1.2　理论模型描述 ··································· 136

　　6.2　中国地级以上城市的实证研究 ······························ 139

　　　　6.2.1　城市过快蔓延的影响 ····························· 139

　　　　6.2.2　城市化率和城市规模间的缺口 ····················· 143

　　　　6.2.3　城市规模缺口：中国地级以上城市 ················· 146

　　6.3　半城市化对城市效率的影响 ································ 149

　　6.4　本章小结 ·· 152

7　国外城市中的缺口研究 ·· **153**

　　7.1　城市化水平与工业化水平间的缺口 ·························· 153

　　　　7.1.1　工业化与经济增长 ······························· 153

　　　　7.1.2　工业化与城市增长 ······························· 156

　　　　7.1.3　工业化与城市化间的缺口 ························· 158

　　7.2　城市化水平与基础设施间的缺口 ···························· 162

　　　　7.2.1　数据准备 ······································· 162

　　　　7.2.2　实证结果 ······································· 164

　　　　7.2.3　基础设施缺口 ··································· 168

　　7.3　城市化水平与城市用地规模间的缺口 ························ 170

8 美国城市化经验分析 · · · · · · 175

8.1 美国城市的发展历程 · · · · · · 175
8.1.1 殖民地时期 · · · · · · 175
8.1.2 快速城市化时期 · · · · · · 177
8.1.3 大都市区化 · · · · · · 178

8.2 产业演变与城市空间结构的相互影响 · · · · · · 179
8.2.1 "阳光带"的崛起 · · · · · · 180
8.2.2 去工业化与逆城市化 · · · · · · 182
8.2.3 边缘城市 · · · · · · 183

8.3 交通与美国城市化 · · · · · · 184
8.3.1 水运 · · · · · · 185
8.3.2 铁路 · · · · · · 186
8.3.3 高速公路 · · · · · · 187

8.4 美国城市化过程中的问题 · · · · · · 188
8.4.1 城市蔓延 · · · · · · 188
8.4.2 社会隔离 · · · · · · 190
8.4.3 环境污染 · · · · · · 192

8.5 对中国的启示 · · · · · · 193
8.5.1 大都市区化将是城市化的新形式 · · · · · · 193
8.5.2 紧凑发展是城市化的正确选择 · · · · · · 195
8.5.3 区域平衡发展需要国家支持 · · · · · · 196
8.5.4 基础设施建设是城市化的重要支撑 · · · · · · 198

8.6 本章小结 · · · · · · 199

9 对策与建议 · · · · · · 201

9.1 城市化中问题产生原因的分析 · · · · · · 201
9.1.1 城市效率问题 · · · · · · 201
9.1.2 城市人口规模与用地规模间缺口产生的原因 · · · · · · 203

9.1.3　基础设施缺口产生的原因 ·············· 205
　　9.1.4　城市化与工业化缺口问题 ·············· 207
9.2　现代化城市体系的特征 ······················ 209
　　9.2.1　城市规模分布合理 ···················· 209
　　9.2.2　空间结构合理 ······················· 210
　　9.2.3　城市产业高级化 ······················ 211
　　9.2.4　城市扩张形成城市群 ··················· 211
　　9.2.5　生产方式国际化 ······················ 212
　　9.2.6　城市居民生活舒适 ···················· 212
9.3　对城市化道路的政策建议 ···················· 212
　　9.3.1　逐步发展：从小城市到大城市 ·············· 213
　　9.3.2　市场调节与政府调控相结合 ··············· 214
　　9.3.3　拓宽融资渠道，多方参与基础设施建设 ········· 215
　　9.3.4　扩大开放 ·························· 216
　　9.3.5　加强城市管理 ······················· 216
　　9.3.6　城乡统筹发展 ······················· 218
9.4　结论与展望 ····························· 219

参考文献 ································ **221**

后　记 ································· **237**

1 导　论

1.1 选题背景

1.1.1 中国城市化的阶段

过去的30多年里，在经济高速增长的同时，中国城市数量和规模都出现了大幅增长。图1.1是中国城市化率随时间变化的情况，图1.2是中国城市化率每年的变化幅度。对比两张图可以看出，中国城市化的进程可以大致分为改革开放前和改革开放后两个阶段。

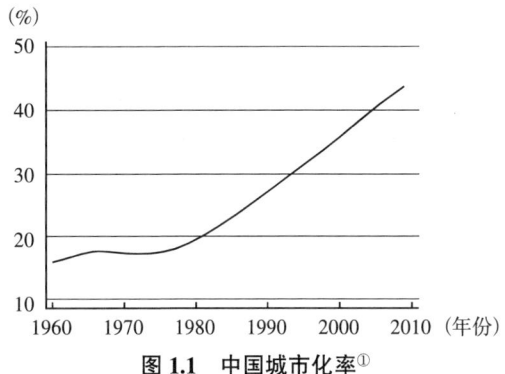

图1.1　中国城市化率[①]

[①] 城市化率数据来自世界银行WDI数据库，图为作者自绘。

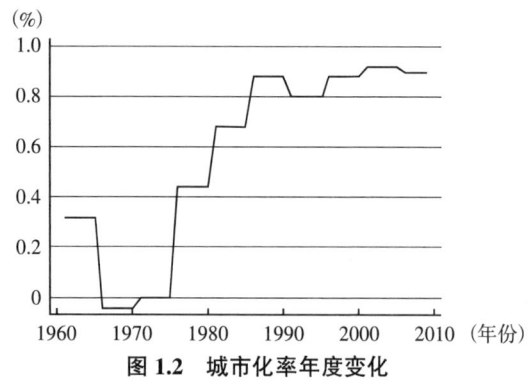

图1.2 城市化率年度变化

20世纪60年代前半期,中国的城市化水平较低,其年度增长率也不高。"知青上山下乡"运动则使城市化率持续降低,出现了逆城市化趋势,这种趋势在图1.2中能够清楚地反映出来。本阶段中国城市化进程缓慢的原因是国家对城乡采用了严格的二元分割管理策略,人口的流动受到限制。农民进入城市的途径有限,仅有部队转业、升学、毕业后安排工作和厂矿招工几种途径,因此城市化的进程相当缓慢。

改革开放之后,城市化的进程开始明显加速。以1992年为界,改革开放后的城市化进程可以分为两个阶段,其中1992年前为小城镇发展阶段。1980年左右,"文革"动乱结束后大量"知青"返城,使得城市化率在短期内出现了较大的提升。改革开放后,家庭联产承包责任制使农村的生产力得以释放,农产品产出增加,农民开始进入城市,再加上"知青"返城带来的城市人口增加,1980~1985年城市化增速基本为每年0.4个百分点。1985~1990年,国家鼓励兴办乡镇企业、鼓励就地转化身份、鼓励发展小城镇,在此推动下,城市化速率提升到了新的水平。在小城镇发展阶段中,中国的城市化思路是"控制大城市规模,合理发展中等城市,积极发展小城市""离土不离乡",劳动力更多地向乡镇转移。对此,学界的理由是,中国的特殊国情和当时的发展水平不足以提供足够的基础设施来容纳新进入的农民。这一时期出现了大量的小城镇,与之相伴的是乡镇企业的兴起(武力,2002)。

当时选择发展小城市的策略,尽管具有合理性,但违背了城市化规律，因而造成了大量浪费。乡镇企业由于布局分散、位于基础设施不完善的乡镇，无法享受聚集带来的技术外溢和规模效应，很快就走向衰亡。同时，由于缺乏工业基础，乡镇企业所从事的都是小手工业，技术进步并没有使其效率得到提升，因而中小城市的发展没有起到节约生产要素的作用。这一时期城市化进程的速度大幅提升，到20世纪80年代末，城市化率已达到30%左右。

1992年后，城市化进入了新的加速期。城市开始迅速蔓延，基础设施得以新增和改善。这一时期包括粮票制度取消、小城镇户籍制度改革等措施在内的政策，鼓励了农民进入城市谋求发展。同时，国企改革和私有经济的兴起为农民进入城市提供了就业机会。在此双重作用下，城市化的速率和城市化水平达到了新的高度。

1.1.2 城市化的内涵

从测度指标上说，常以从事非农业活动生产的人口占总人口的比例作为城市化水平的测度指标。然而，城市化现象作为当今世界特别是发展中国家最重要的经济社会现象，其内涵要从不同视角才能窥其全貌；城市作为一个复杂的巨系统，城市化对社会的影响之深刻也并非城市化率一个指标能完全涵盖。

迄今为止，不同学科对城市化有不同解读。从社会学的角度来说，城市化是生产生活方式从农耕文明向现代工业文明或后现代文明转变的过程。城市化使得农民大规模进入城市，他们从传统的农业生产部门进入工业生产部门之后，其生产方式发生了转变；从农村进入城市后，他们的生活变得更加紧张，可获得的商品、服务、设施的极大丰富使其生活方式发生转变。这些转变最终促使进入城市的农民成为新的城市居民。新市民可能会被原市民认为挤占了他们的生存空间而在身份上对其产生歧视；也可能会被认为是进入城市的"坐享其成"者，从而在融入城市过程中受到种种阻挠。

从地理学的角度来说，城市化是人口向一定空间聚集并在此范围内出现大量人造景观的过程。

从哲学的角度来说，工业文明和商业文明如此深刻地改变人们的行为方式和思维方式，以至于一方面"消费"逐步替代传统的意识形态而成为新的意识形态，改变人们的精神追求；另一方面，城市化为人们提供了方便的交通、通信手段，使得世界更为扁平，对所有的传统文化构成冲击，并形成新的"工业文化"。工业化的特征是标准化生产的标准化产品，因此哲学家们认为，工业文明主导的将是一个缺乏个性、没有差异的世界，以至于有哲学家发出了"我是他者的话语"的担忧。

从经济学的角度来说，城市化是生产要素向第二、第三产业部门转移的过程。在此过程中，农业人口向工业部门的转移表现为人口从农村进入城市。其背后的经济根源是第二、第三产业部门的生产效率高于农业部门，出于个人利益最大化的选择，农村人口离开农村进入城市，从而出现了城市化现象。

不同学科对城市化的描述均有其合理之处，对其进行综合后，本书认为城市化的内涵要从以下几个方面进行把握：

（1）城市化是农业人口向城市聚集的过程。这个过程是受城市所提供的更高的收入、更好的个人发展机会、更大的商品市场和更多的社会服务等因素驱动的。

（2）城市化是经济增长对第二、第三产业日渐依赖的过程。为了享有聚集所带来的规模效应和知识外溢出现了城市，其又使生产成本降低，从而促使更大规模的聚集出现。因此，生产方式的转变是城市化的重要内容。

（3）城市化进程对生活和生产方式都会产生深刻影响。一方面是由于城市为商品和服务提供了便捷的市场途径。另一方面，城市的发展依靠基础设施的不断完善。基础设施的完善不仅会使人力资本、金融资本、实物要素和信息不断流动，从而达到有效配置；而且会使城市居民有可能接受更好的公共服务，包括医疗、养老、教育和职业培训，有利于人力资本积累，从而对经济增长和城市化产生积极影响。

（4）城市化是城市形态不断向外蔓延的过程。尽管城市蔓延、城市病饱受诟病，但这是城市化过程中不可避免的现象。城市对生产要素的吸引力只有在完全被拥塞抵消之后才能停止，也只有如此，城市的蔓延才能停止。但这种均衡是建立在一定当前技术水平之上的，一旦出现重要的技术革新，均衡即有可能被打破，美国汽车工业的兴起与美国城市蔓延的相伴相随就很好地说明了两者的变化关系。

1.1.3 城市化进程中的争论

中国的城市化进程始终伴随着经济的高速增长，这引发了国内外学界对中国城市化进程的广泛关注。学者们的关注点包括：城市化与经济增长的关系；城市化进程与工业化进程的关系；城市化进程中产生的区域不平等现象；城市化与收入不平等加剧；城市化过程中的反贫困；城市规模的合理性；城市聚集与工业化；城市中的知识溢出等问题。

随着时间的推移，其中一些问题已经得到解答，如城镇发展的思路，在经历了"离土不离乡"的曲折之后，终于回归各种城市共同发展的思路。然而有关城市化的争论并没有彻底完结。随着城市的扩张和蔓延，"城市病"开始出现，尽管聚集带来的负外部性即拥塞，是享受经济活动在地理空间中集中而带来的规模效应、知识外溢的好处所需付出的代价，但对此仍质疑不断。如何在这两种张力间取得平衡，如何从城市体系角度考虑和设计城市发展，是具有理论和实践意义的问题。

城市化水平与城市基础设施供给的匹配度，是争论的另一个焦点。有学者认为，城市发展过度依赖于固定资产投资，尽管取得了短期内的经济增长，但从长期来看这种投资活动并不能提高城市发展水平；而基础设施作为固定资产投入的一部分，也被认为投入过量。与此相反的观点认为，基础设施具有网络外部性，能够使城市聚集产生的规模效应和知识外溢产生放大作用，它的投入降低运费和能源使用成本，提高信息和物质流动的效率，从而使社会的总生产成本降低、城市效率大幅提高。因而，基础设施对于城市增长、经济增长具有举足轻重的意义。本书将基础设施投入从固定资产投入中剥离出来单独研究，以明确其投入对经济增长和城市化的作用。

城市化水平与工业化程度的匹配度也受到经济学家的关注。经济活动在空间中聚集就是为了享受聚集所带来的正外部性，但这种外部性对不同的城市具有不同的作用。城市在区域中所起的作用越大，其产业形态越多样化，就越受益于雅可布斯外部性；城市在区域分工中越专注于传统的工业领域，专业化程度越高，就越受益于马歇尔外部性。不同学者依据不同的理论对这个问题展开了论述,但很少有人从城市效率角度对其进行探讨。本书从城市增长、经济增长和城市效率的角度,探讨了工业化程度以及产业结构对于长期增长的影响,进而对城市化与产业发展是否匹配的问题进行了分析。

1.2 研究意义

本书从已有研究未涉及过的视角切入,以城市效率的高低、各种因素对城市效率的影响大小作为探讨城市化道路的评判标准。通过对城市效率是否具有积极影响与世界其他国家的经验进行对比,为今后中国城市化道路提供参考,具有重大的理论和实践意义。

1.2.1 理论意义

本书从城市效率角度对城市化道路进行探讨,是对城市化道路研究的一种新视角。传统的城市化研究通常以增长理论为基础,探讨城市发展规律,梳理城市增长的影响因素,提出相应的政策与建议。本书则以城市缺口这一核心概念统率起城市增长的主要因素,并从供给—需求关系的角度探索各种要素的供给情况,评估过度供给或供给不足对城市效率的负面影响,估算其带来的城市效率和社会福利的损失,为评价城市化道路走向提供测度方法。

1.2.2 实践意义

中国城市化进程从改革开放前的封闭城市、城乡二元分割,到改革开放后的"村村冒烟""离乡不离土",再到回归以城市化促进经济增长,走过了曲折的道路。直至今天,对于城市化进程仍有许多争论,如基础设施特别是核心基础设施的供给是否过度;大城市病是以重新封闭城市还是以增加大城市数量、均衡区域间发展来解决;城市效率有哪些影响因素;人口流动限制或者说城市化不足对社会福利和城市效率有何影响。本书致力于通过回答这些问题为城市化道路的选择提供参考。

中国有自己的特殊国情，尽管西方发达国家的城市化经验对我们具有借鉴意义，但对于完全仿照其发展模式应持保留态度。例如，当前西方国家已经出现了逆城市化、郊区化的现象，这种现象在当今的中国也有所体现。中国的城市化进程能否走与西方国家相同的道路，通过本书的研究或许能够回答这一问题。

本书以城市缺口为核心概念，探讨影响城市效率的各种因素。城市化道路选择以提高城市效率为目的，因此笔者希望以本书的研究成果为制定科学的城市发展策略提供理论和实证上的依据。

1.3 研究内容与方法

1.3.1 研究内容

本书关注城市增长与城市效率的关系，首先从探讨城市增长规律入手，对中国城市缺口进行研究；其次进一步结合国内外经验进行研究，指出中国城市化进程中存在的问题；最后对城市化的未来路径选择进行探讨。

1.3.1.1 城市增长

规模效应和知识溢出使得在城市中投入将产生额外的报酬，进而导致更多生产要素涌入城市，这是城市的"吸引力"；同时城市出现了拥堵，造成通勤时间变长、竞争加剧、地租上升，这是城市的"斥力"。这两种力量达成均衡之后，城市的规模就确定了。城市间在生产要素市场上展开竞争，生产要素会流向回报更高的城市，从而在城市间形成均衡，进而形成城镇体系。

在长期，发展落后的城市与发展较早、发展水平高的城市之间的相对增长关系能够综合揭示经济增长过程中地区间差异是否扩大。城市是以"平行"方式，"离散"方式，还是"收敛"方式增长，是城市增长研究需要回答的问题。

本书第 2 章第 2 节关注的焦点是中国城市作为一个整体的演进规律。城市间的关系是指单个城市的规模与其位序的关系，采用 Zipf 定律进行描述，在一个为期 25 年的面板中研究中国城市间关系的动态规律，从而得出中国城市体系在所研究的时段内所遵循的规律。城市演进规律的第二方面是城市增长的方向，即在下一时刻在城市体系中所处的位置的演变规律，目的是探讨中国的城市体系是否具有稳定不变的特征，如果没有，那么城市是全部向同一规模演变，还是显示出强者越强、弱者越弱的特征，或者是所有城市保持相同的增长速率，以至于城市体系表现出非常强的稳定不变的特征。本书检验了城市增长服从随机游走的假说，并从社会经济和自然禀赋两个角度进一步探讨影响城市增长的一些因素。

1.3.1.2 城市效率

中国在经济增长上取得了巨大成就，然而对于是哪种要素在驱动这一增长则是一个有争议的话题。有学者认为是投资拉动了经济增长，有学者认为技术进步是一个合理的解释，还有的学者认为生产要素配置效率提高是经济增长的原因。本书研究发现，在中高收入国家中，投资驱动经济增长是一个普遍的规律，中国也不例外。然而，中国固定资本形成总额占 GDP 的份额从 1979 年的 40% 到 2009 年的 47%，经济增长对投资驱动的依赖随着时间推移，反而更强。因此有理由猜测，在中国经济增长的同时城市效率并没有得到大幅度提升。

为此，本书第 2 章第 4 节将对中国城市效率在时间、空间中的演进规律进行探讨，分析全要素生产率变化，揭示在中国城市化过程中生产要素的使用效率。此后，进一步研究对城市效率产生影响的因素。

1.3.1.3 城市缺口：半城市化问题

在大城市发展受到抑制和城乡二元结构的双重作用下，中国城市化进程中出现了城市化不足的问题，也被称为半城市化或伪城市化问题。这包含三个方面的含义。首先，由于城乡二元结构，农民是以暂时居住者身份进入城市的，并且常常只身进入，而把家庭留在农村。这些人并没有过上真正意义上城市居民的生活，也很难享有城市的商品和服务。农民进入城市的这种暂时性迁徙，导致他们需要常年在家乡和工作地之间奔波，形成中国特有的春运、留守儿童、空巢老人等现象，为社会稳定留下了隐患。

其次，大城市发展受到抑制，导致人力资本流动受阻、城市化不足。由于大城市规模受到人为控制，城市规模与城市经济发展水平可能不相匹配，从而影响城市效率和社会福利的提高。对大城市发展的限制使得资源投放更偏好于发展水平高的城市，加剧区域不平衡，使劳动力和资本进一步向已有大城市聚集，大城市病不仅没有得到缓解，反而被恶化。最后，城市的蔓延速度超过城市规模扩大的速度。地方政府在资本、劳动力和技术等生产要素上展开竞争，导致地方政府常常在土地出让中以居住用地补偿工业用地缺口，人为压低的工业用地价格使得用地量激增、城市加速蔓延，但城市化水平并未因此得到真正提高，依然存在城市人口规模与用地规模不匹配、城乡结合部出现城中村、失去土地的农民难以融入城市等问题。

本书将探讨城市化不足对城市效率、经济增长的影响，并估计城市化不足造成的城市效率和社会福利的损失。

1.3.1.4　城市缺口：工业化

城市化是生产要素由第一产业向第二、第三产业转移的过程。研究者们普遍认为中国的城市化滞后于工业化。本书第4章将通过研究与中国具有可比性的国家的城市化与工业化进程的规律，而检验中国城市化与工业化是否匹配，并进一步估计这种不匹配导致的效率和社会福利的损失。

1.3.1.5　城市缺口：基础设施

基础设施具有网络外部性、投资大和回报周期长特征。这些特征导致基础设施的提供更多地依赖于政府主导或者协调。国外城市化进程中，基础设施的提供通常由政府完成，这比私人资本提供更有效率，对城市化和经济增长具有重要意义。本书第5章研究国内外城市化进程中基础设施所发挥的重要作用，并用供给—需求模型估计城市化进程中基础设施存在的缺口。

1.3.2　研究方法

（1）统计分析法。本书建立时间跨度长、样本个体多的面板数据库，利用多种分类方法和统计口径对关键经济指标进行分析，建立起对研究对象的直观认识，并通过分析对城市化和城市效率的演进得出初步判断。

（2）多角度审视。本书试图从不同角度、不同层次分析城市化和城市效率的关系，梳理它们在空间上的分布和时序中的演变，运用各种原因对城市化和城市效率进行解释，得出具有说服力的结论。

（3）实证分析法。由于城市化涉及面比较宽泛，本书即使只对其中的关键部分进行研究，也需要采用多种方法、多个模型。本书在对城市化道路与城市效率的分析中，采用1985~2010年的中国地级以上城市构成的面板数据以及1960~2009年世界发展指标数据库部分指标构成的面板数据；对城市化进程采用随机过程模型、马尔科夫链模型和Zipf指数模型进行实证；对城市效率采用数据包络分析法得出各城市效率，并用空间面板回归得到结论；对城市缺口采用城市基础设施供给需求分析模型、城市规模最优模型等模型进行研究。

（4）比较分析法。本书将部分发达国家的城市化进程与我国城市化进程进行了比较，一方面可以明确我国目前所处的城市化发展阶段；另一方面可以通过这种对比，从发达国家在发展过程中走过的道路中吸取经验教训，并根据本书的实证结果提出有针对性的政策建议。

1.4 本书结构

本书结构如图1.3所示。本书一共分为9章：第2章对城市化与城市缺口研究相关文献进行综述。第3章介绍中国城市化过程中的缺口现象，对城市"缺口"概念进行描述，并建立起基准模型，便于后续比较研究。第4章从城市与产业角度探讨城市化水平与工业化水平之间的关系，采用个体—样本预测均值的比较方法，对城市化滞后于工业化的现象进行检验、计算，并对其产生原因进行分析。第5章对城市基础设施缺口进行估算。首先分析基础设施对城市增长、城市聚集和经济增长的作用；其次采用供给—需求模型对基础设施的需求进行描述，估算已有的基础设施与其需求之间的关系。第6章从人口城市化与土地城市化间的缺口角度探讨城市化的不足或半城市化、伪城市化对经济增长的负面影响。为得出具有普适性的规律，本章将与中国具有可比性的国家进行回归分析，得出城市化与经济增长的一般规律。再将此规律应用到中国及其城市中，得出城市化进程中城市规模的缺口，并进一步估计这种缺口给中国及其城市带来的损失。第 7 章利用世界银行提供的数据对全世界各国城市化经验进行检验。第 8 章是对美国城市化过程中的经验、教训的分析，并将其直接与中国实际进行对比，指出这些经验可能为中国城市化带来的启示。第 9 章总结发达国家在城市化进程中的经验，回顾中国现阶段城市化中存在的问题。概括现代化城市的主要特征，并提出中国城市化道路路径选择的政策建议。

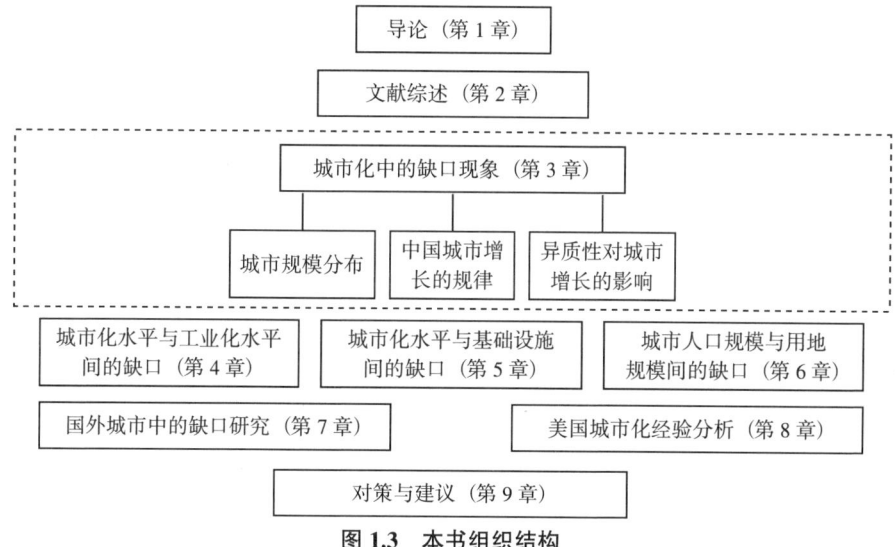

图 1.3　本书组织结构

1.5　可能的创新之处

第一，本书对中国城市化进程进行反思和回顾，分析了城市化以来中国城市的发展规律，并通过与国外规律进行参照和对比，得出我国城市化道路的特征，以及产生这种现象背后的原因。

第二，本书对城市效率的分析是将原本用于微观尺度的概念和方法在城市尺度上进行了类比。已有研究大多从厂商或行业的微观角度探讨经济效率，或者从省域、国家的宏观层面探讨经济效率，而本书从中观尺度对经济效率的探讨，既能够对城市化进程中生产要素的使用有效性进行测度，又能够灵活地为更大尺度的分析提供支撑，如在区域尺度、省域尺度、时间序列中等，从不同角度对城市化效率进行观察，进而得出普遍规律。

第三，本书提出"城市化缺口"概念，用以描述没有与迅速城市化进程协调发展的三个指标：一是城市规模，二是城市基础设施，三是城市中工业化水平。

第四，本书对城市的异质性给予充分考虑。无论是城市增长、城市效率还是城市化缺口，都注意到城市发展水平的不同、城市自身资源禀赋的差异等原因，每个城市在城市体系中所扮演的角色、承接的分工不同，在城市化过程中所需要配置的资源也就不同。本书针对不同发展阶段的城市，分别分析了其发展规律、发展效率和存在的问题，并提出差异化的城市化道路。

第五，本书引入新的技术手段和指标。在城市增长规律研究中，不同于传统的经济收敛通常采用巴罗和萨拉伊马丁（Barror and Sala-i-Martin, 1991）的 β 收敛的方法，本书运用马尔科夫转移矩阵判断城市收敛倾向；在城市增长和城市效率影响因素研究中，采用空间面板模型，排除空间自相关性对回归结果的影响；引入市场潜力作为城市所处区位的代理变量，分析城市与周边城市的相互作用关系对城市增长、城市效率的影响。

1.6 存在的不足

本书理论上的探讨还不够深入。尽管计算出了城市化中的缺口，但对其产生的原因仅停留在逻辑分析阶段，没有形成理论和数理模型。这是本书的一个缺憾。

由于城市化中存在的缺口是没有标准计算方法的新概念，本书在对其进行描述时所采取的方法、指标体系可能尚存在不足之处，可以在未来的研究中加以完善。

对于形成缺口原因的分析,在某些章节还不够深入。本书要处理三个缺口,每个缺口都分别代表一个研究方向,并涉及大量的文献,因此本书"缺口"问题的研究只能说是刚刚开始,后续还有大量相关工作。

2 文献综述

2.1 城市化中的争论

在中国城市化进程中,争议最多的问题就是中国走什么样的城市化道路。从文献表述来看,主要的论点有发展大城市、发展中等城市、发展小城市、发展农村或乡镇,而实际上一些学者可能会将这些论点混合在一起进行表述。从观点持有者的数量来看,发展大城市、发展小城市、发展乡镇是最为多见的观点。从观点演变的时间来看,在改革开放之初,城市劳动部门与农业部门劳动生产率的差距进一步暴露,以工业化带动城市化是学界的共识。在如何城市化的问题上,多数学者的看法是要走发展乡镇和小城市的道路,这与当时乡镇企业取得一定成功、传统逆城市化思维这两个背景是紧密相关的。而进入20世纪90年代之后,乡镇企业、农村城市化的问题进一步暴露,学者们的观点便发生了转变,但在发展大城市还是中小城市上依然有不同的看法。在2000年之后,学界的关注点逐步从城市规模转向了城乡二元问题,探讨城市化道路时考虑的问题也变得更为多元。

2.1.1 20世纪80年代围绕城市化道路的争论

梁立新(1987)正确地指出,城市是聚集经济发生的场所,资本、技术、劳动力在城市中聚集产生了巨大的经济效益。尽管他没有在规模效应和知识溢出、金融深化等概念间做出严格区分,但仍是当时文献中少有的从聚集经济的角度考虑城市化问题的。但当时"逆城市化"思潮在国内盛行，导致其很快转向讨论国外大城市的发展历史表明城市规模达到一定程度就会带来拥挤、污染、犯罪的"大城市病"。基于此，他指出，中国要走一条"城乡结合的新路，这条新路便是农村城镇化的道路"①。换句话说，梁立新认为中国的城市化道路是由农村逐步演变为城市，这种观点在当时的学界并非孤例。

四川省社会科学院《中国城市化道路》课题组（1987）探讨了多种城市化道路的可能性，但没有深入分析每种城市化道路的利弊与得失。他们指出，中国城市化的问题在于大城市吸收农业劳动力的能力欠缺，同时当时中国农业的生产力水平低下，要在短时间内迅速完成机械化、高效率的农业似乎不太可能②。因此课题组认为，中国的城市化道路应该走一条乡村城市化的道路，这个观点与梁立新（1987）的观点是一致的。

税尚楠、吴希翎（1984）认为，国外城市化的经验（主要指美国）表明，城市化的结果可能是城市太过拥挤、污染严重，从而导致人口重新向农村疏散，这种"逆城市化"的过程表明，我国城市化要走别的道路③。他们又从美国的郊区化中观察到，运输技术的进步使得郊区与中心城的通勤不构成城市化的问题，进而指出随着我国交通设施的完善和工业化水平的提高，从技术上说具有避免向城市聚集从而完成城市化的可能性。因此，他们提出了农村城市化的中国城市化道路。可以看出，税尚楠和吴希翎对于美国城市化的历史和经验进行了借鉴和学习，但他们忽视了美国的郊区化是在美国完成了城市化，即城市化率达到50%之后完成的；而郊区化所必要的高速公路、小汽车等现代交通设施和工具，也是有赖于城市化过程中的积累才完成的。

邹农俭（1987）与提倡农村城市化的学者相似，认为美国已经出现了"逆城市化"的过程，指出向城市聚集从历史经验看不是最优的选择。与其他学者不同的是，他进一步指出了中国的国情不适合走西方城市化的道

---

① 梁立新.大力发展小城镇是改变我国城乡关系的关键[J].社会科学，1987（1）：48-55.
② 四川省社会科学院《中国城市化道路》课题组.论中国农村人口城市化道路[J].社会科学研究，1987（4）：6-11.
③ 税尚楠，吴希翎.试论我国的乡村城市化道路[J].经济地理，1984（1）：33-39.

路。中国的国情是指中国的大城市少、人均耕地面积少、农业发展水平落后、地方财力无法支撑城市化的成本。他认为乡镇是城市化中的一个重要角色，因为乡镇星罗棋布，能够承担起城市提供的一些职能①。因此，他提出中国的城市化要以乡镇城市化为主，控制大中小城市的规模。

管益忻（1989）指出，城市化的途径无非有三种：一是以规模效应产生城市聚集，二是以高科技带动城市聚集，三是以乡镇企业带动城市化发展。他正确地认识到，当时在北京、广东、大连等城市出现的所谓"盲流"是城市化的一种表现，认为城市化是不可阻挡的趋势。他也敏锐地察觉到城市聚集是以规模效应和工业化为依托的。但当时乡镇企业的大力发展使其将乡镇企业与工业化画上了等号，得出了"乡镇企业城市化"的路径，认为这是适合中国的城市化道路②。这种思想中的合理成分在于，他看到了经济动机是城市出现的原因，因此城市化必然要以工业化和规模效应为驱动。宗寒（1982）基于同样的观察，认为中国城市化应该走以小城镇为主的路线。

赵玉馨（1983）则认为中国应该走一条"农村小城镇"的发展道路③。这种思想事实上是农村城市化和乡镇城市化道路的结合体，但她没有说明这条路径的合理性所在。

张雨林（1986）则从马克思列宁主义经典理论的角度出发，认为城市化本质上是资本密集的产物，向城市集中是农民失去土地、不得不进入城市受资本家盘剥的现象，是资本主义社会才有的事物。对于社会主义的中国而言，要以小城镇为城市化的抓手，他认为小城镇在将来是农村的工业、经济的中心，会承担类似于城市的职能④。

与此同时，也存在对农村城市化或小城镇城市化的反对声音。刘颖秋（1987）对小城镇发展中存在的问题进行了深刻的分析，认为中国小城镇已经进入盲目发展的阶段，造成了土地被浪费，环境被污染的问题。因此，他认为大力发展小城镇的城市化道路，希望依靠小城镇来吸收农村转

---

① 邹农俭.集镇发展与中国城市化道路[J].社会科学，1987（11）：33-37.
② 管益忻."龙港模式"——中国城市化的第三条道路[J].城市问题，1989（3）：31-32.
③ 赵玉馨.论中国式的城市化道路[J].未来与发展，1983（3）：13-15.
④ 张雨林.小城镇建设与城乡协调发展[J].中国社会科学，1986（4）：169-181.

移的劳动人口，是不必要且不经济的①。刘颖秋认为，对于人口接近或者已经超过300万的城市，其规模就必须严格加以控制；而人口尚未达到300万的城市，还可以酌情任其继续发展。但他同时强调，发展中小城市是城市化的主要途径，控制大城市规模是有必要的。

郭晓鸣、王新前（1987）与刘颖秋（1987）的观点类似，认为小城镇的发展导致了土地利用不集约、环境污染等问题。更为深刻的是，他们认识到小城镇的发展仍然是"城乡隔离"的发展，指出"基点仍然是以牺牲农村为代价的城乡差别发展战略"②。这个看法的深刻之处在于，无论发展小城镇的观点如何回避聚集的问题，小城镇的城市化方法本质上还是人口聚集。从制度上说，小城镇的居民仍然享受城市的福利，不同之处只在于人口不是向大城市聚集，而是向小城镇集中。郭晓鸣等的观点意识到城乡二元结构带来的城乡差异是中国城市化道路之争的一个本质原因。但是，他们并没有完全否决小城镇的发展道路，认为可以通过种种改良的方法使小城镇城市化道路继续发展。

张健雄（1989）从耕地有限的角度出发，论证了在中国的特殊国情下，城市化必然要走人口集中的发展道路。这与当时从国情论出发，得出必须发展小城镇或者农村城市化的思维完全相反，但相当有创新性。他还提出，中国的城市化要解决资金不足的问题，可以通过土地出让、市政债券等方式融资弥补城市化中的财政缺口③。这在当时是非常具有前瞻性的意见。将融资渠道作为城市化过程中的一个问题提出，在今天看来仍然具有可操作性。

曾涤（1988）指出，乡镇企业的效率低下、技术落后、造成大量污染，因此不是可持续的城市化道路，提倡回到发展已有大中小城市的道路上来④。这表明他意识到城市的发展是以规模效应、聚集效应驱动的，而乡镇企业由于缺乏技术支持、没有形成规模，在基础设施扩建后，造成经

---

① 刘颖秋. 从国情出发，走具有中国特色的城市化道路[J]. 计划经济研究，1987（9）：51-56.
② 郭晓鸣，王新前. 中国城市化道路的思考与选择——乡镇企业与城市化学术讨论会综述[J]. 经济体制改革，1987（4）.
③ 张健雄. 论我国的生态环境战略和城市化道路[J]. 管理世界，1989（2）：177-185.
④ 曾涤. 论中国的经济发展与城市化道路[J]. 城市，1988（1）：29-33.

济效益低下是必然的。曾涤进一步认为，由于大城市的效率更高，中国的城市化道路应该以发展大城市为主，这在20世纪80年代是独树一帜的理论观点。

刘维新、黄士正（1988）从国际分工合作的角度出发，指出资本主义国家已经到了向国外输出资本的阶段，我国在这个阶段要积极参与国际分工，抓住发展机遇，主动参与世界经济循环。他们认为，"中心城市"是参与国际分工与合作的支撑点，并且随着时间推移，我国东西部的差距会进一步扩大[①]。刘维新等的观点打破了就中国城市化论中国城市化的局限，从国际分工合作的角度论证发展中心城市的合理性，并敏锐地觉察到经济发展的极化规律，在当时也是开创性的。

杨重光、廖康玉（1984）和杨重光（1986）从城市经济中心理论出发，认为城市化的重点还是在城市，小城镇作为城乡间的结合点和完备城市体系中的一环是有重要意义的，但城市中心理论的主要应用还是在大中城市中开展。他们不仅从城乡关系的角度对城市化问题进行了阐述，而且从城市产业结构、基础设施保障两个方面论述了城市化的驱动和必备的硬件条件，是城市经济学比较系统、完备地对中国城市化问题的一个讨论[②]。尽管最终他们的结论是控制大城市，发展中小城市，但考虑到时代的局限性，这个结论的不足与其深入、系统地应用经济学理论对城市化问题的分析的意义相比，就显得不太重要了。

郭力君（1989）从城市收益的角度，指出理论界对于城市化的讨论太过强调城市的规模，认为城市的收益才是城市化道路选择的主要评判标准。他认识到了城市的经济属性，即城市是因为规模效应带来的费用节省而产生。但城市的规模与城市效益之间却存在着相关关系，他将这两者的联系直接隔断，没有看到城市规模的确定受到一些客观因素的制约，如经济因素[③]。因此，郭力君的贡献在于提出了新的问题，即城市化的目的是

---

① 刘维新，黄士正.《国际大循环战略与中国的城市化道路》研讨会综述[J]. 城市问题, 1988 (2): 64-65.
② 杨重光. 城市经济研究与经济体制改革[J]. 经济体制改革, 1986 (4): 21-29.
　杨重光, 廖康玉. 试论具有中国特色的城市化道路[J]. 经济研究, 1984 (8): 57-63.
③ 郭力君. 对中国城市化发展道路的思考[J]. 人文地理, 1989 (3): 60.

什么，并且对此做出了当时看来非常好的回答：追求更高的效益。但直接将城市效益与城市规模的联系隔断，是其研究中的不足。

史育龙、艾南山（1989）对干旱区域的城市化道路进行分析，在当时的理论界显得弥足珍贵。首先，他们正确认识到，城市的存在和发展都是以聚集效应为依托的，因此提出发展大城市具有合理性。其次，他们看到城市的规模是在一个城市体系下确定的①，这在当时城市化道路的讨论中是前无古人的。城市作为城市体系中的环节，它的职能取决于其在城市体系中的地位和扮演的角色，而一个城市的职能直接决定了它的产业结构，进而决定了城市的规模。这是非常深刻的洞见。他们认为在干旱区，由于自然环境的限制，城市不得不走聚集发展的道路，因为供水是干旱区城市化的一个重要制约因素。因此他们呼吁，控制大城市、发展中小城市的思路不应该"一刀切"，至少在干旱区，发展大城市是符合其现实条件的。史育龙等的结论似乎不具有普适性，但背后的洞见是深刻的。可供利用的资源在任何时刻都是稀缺的，而经济学就是研究如何集约利用资源的学科。从经济学的角度说，他们的分析手法是符合经济学原理并且具有推广价值的。

潘大建（1988）从国情论出发，认为发展多层次的城市体系是中国城市化的道路。他在文章中指出，聚集效应和规模效应是大城市的优点，但出于对"大城市病"的担忧，他认为还是应该走发展中小城市和就地转换的城市化道路②。潘大建的观点是农村城市化与发展中小城市两种思路的混合体。其研究的创见在于提出了要发展多层次的城市体系，这在当时就城市论城市的学术气氛中是比较少见的，这与史育龙、艾南山（1989）的观点具有相似之处。

2.1.2 20世纪90年代围绕城市化道路的争论

学术界对乡镇企业的反思引发了对城市化道路新的看法。20世纪90

---

① 史育龙，艾南山. 我国干旱区城市化道路初探[J]. 兰州大学学报（社会科学版），1989，17(4)：37-44.

② 潘大建. 关于我国城市化道路和城市规模的再认识[J]. 经济纵横，1988 (5)：54-56.

年代,关于城市化道路的主要观点是发展大城市或发展大中城市。但是发展小城镇、发展农村城市的观点并没有完全消失。在新的阶段,仍然有相当多的学者认为应该从国情、西方城市化的经验、教训的角度出发,走不同于西方城市化的道路。

远宝剑(1990)从产业分工的角度论证了发展就地转换的合理性。他认为,城市与乡镇之间应该进行分工,城市发展技术密集和知识密集的产业,乡镇则发展劳动力密集的产业。通过这种方式解决农村劳动力的就业问题①。其研究的正确之处在于看到了城市体系内部存在的产业分工与协作,这是在中外城市化进程中都被验证过的规律;但他错误地认为只有通过将企业设置在乡镇才能解决农业人口的转型,也忽视了20世纪80年代对乡镇企业造成大量浪费的批评。

胡必亮(1992)正确地认识到乡镇企业的发展不可能解决城市化问题。他利用刘易斯模型和罗斯托的相关理论对城市化问题进行了分析,指出刘易斯模型在一定意义上造成了"城市的幻觉",而罗斯托的理论无法消除"城市崇拜"②。因此,他得出的结论是,城市化不应走就地转化的道路,而是以小城镇为主。

吴大声(1999)认为,中国现有的城市无法支撑农民向城市转换,建立新城由于成本巨大也是不可能的;而中国的大城市已经人满为患,客观现实的约束使中国不能走以现有城市为中心的城市化道路。他继而表明,从理论上说,尽管大城市具有聚集效应,但根据马列经典作家的理论,大城市的聚集效应是由资本主义贪婪本性导致的,从结果上说,大城市聚集造成了"极端不利"的后果,为此作者认为中国仍然应该走小城镇发展的道路③。

朱通华(1990)结合江苏省的实践,表明中国走小城镇发展的道路是正确的。他认为大中城市的接纳能力已经到了上限,不可能容纳更多的农民进入。在这个时候,小城镇作为联系城市和农村的媒介,能够容纳农民

---

① 远宝剑. 从产业结构变化趋势看我国的城市化道路[J]. 管理世界,1990(4):196-197.
② 胡必亮. 农业剩余劳动力的地域转移与中国的城市化道路选择[J]. 农村经济与社会,1992(2):49-59.
③ 吴大声. 中国应走什么样的城市化道路[J]. 社会科学研究,1990(2):39-45.

进入、避免"农村凋敝，农民破产，大城市恶性膨胀"的局面[1]。小城镇在中国的城市化道路中扮演了城乡媒介、城市体系完善和工业化载体的角色。朱通华因此认为，中国走小城镇发展的道路是正确的，但他也认识到小城镇发展过程中存在的问题，如环境污染、土地浪费等，但这些问题能够通过改善管理方式得以解决。

康就升（1990）从规模效益的角度提出，城市化还是应该围绕现有城市进行，这是因为城市本身就是吸引人口进入城市的原因，而世界城市化史也表明现有城市基础上的城市化是城市化的主要形式。他从城市体系和城市内部两个层面分析了中国城市存在的问题，认为中国要完善城市体系，扩大城市规模。但同时，他认为中国的集镇本身就是"现有城市"的一种形态，因此中国城市化可以以集镇为中心，从低级向高级转变，逐步完成城市化。

孟晓晨（1990）回顾 20 世纪 80 年代的城市化道路，认为中国选择的城市化道路是"双轨"制的：一条轨道是直接进行城市化；另一条是"滞后城市化"，即乡镇企业带动的就地转化，将人口的职业非农化后，再"空间转移"（向城市转移）。他指出，这两种城市化的道路是殊途同归的，双轨最终要合并为一轨，即人口从农村向城市转移。而就地转化的城市化道路，在农村造成了土地浪费、环境污染，投资效益也比较低下，因此孟晓晨倾向于直接城市化的道路，但他并没有明确提出大中小城市的发展顺序。

李金来（1990）对中国城市化的进程进行了回顾，他注意到从世界各国的发展历史来看，城市化是不可阻挡的趋势。他同时也看到，在城市化过程中出现的所谓"城市病"对城市居民造成了不良影响，以及美国大都市区划过程中出现人口和产业向郊区疏散的现象，在此基础上提出了"一步到位"的城市化发展策略，即直接发展中等城市[2]。李金来认为，"大城市病"的出现是因为人口过于集中，而美国大都市区划过程正是对"大城市病"的一种反馈，因此中国的城市化不用走其他国家已经走过的弯路，

---

[1] 朱通华. 小城镇建设与中国城市化道路 [J]. 经济社会体制比较，1990（2）：60-63.
[2] 李金来. 我国城市化应走优先发展中等城市的道路 [J]. 城市问题，1990（2）：30-33.

可以直接进入最后的阶段。

同样是对中国和世界城市化进程进行比较，王放（1999）得出的结论与李金来（1990）的结论截然不同。王放在对中国的城市化进程和世界总体的城市化趋势进行比较之后，认为中国对城市规模的管制是违背城市自身发展规律的，也是违背全世界经济发展趋势的。他指出，城市有最优的规模存在，超过这个规模城市就表现为规模不经济，但中国的城市化进程尚处于向中等城市聚集的时期，因此主要矛盾还是城市规模不够大，而不是规模不经济[1]。从世界发展的总体趋势和城市自身的发展规律两个角度看，他认为中国应该放开对城市规模的控制，为城市集约发展创造条件，使城市自发发展到适当的规模。

吴道文（1992）对当时中国出现的各种城市化的理论进行了综述和对比，他指出，中国的城市化是不可阻挡的趋势。问题在于，现有城市接纳人口的能力不够，尽管城市享有聚集效应，但无论是城市数量还是财政开支都无法支持农民直接进入城市。他进一步引用马列经典作家的理论，指出大城市的发展已经导致了"极端严重"的结果[2]。因此，他提出要以小城镇发展作为城市化的道路。因为在小城镇发展过程中，城市发展的资金是由当地企业和民众自发解决的，而不由国家承担，这就解决了资金来源的问题。小城镇星罗棋布，吸纳农村人口的能力强，并且靠近农村，能够带动农村经济的发展。从小城镇发展自筹资金的角度来说，吴道文已经将立场转向了市场条件下要素自由流动带动城市化发展的观点，但他对这种观点并没有一以贯之地坚持，否则他得出的结论应该是，在大中小城市这种自筹资金的方式都是可以实现的，并且人口聚集带来的外部性是可以由政府出面协调和解决的。当然，当时理论界似乎还没有注意到政府在协调和处理外部性上的责任和优势。

马夫、吴海鹰（1992）提出的控制中小城市、发展大城市的城市化道路，在 20 世纪 90 年代的争论中是比较前卫的理论，因为在整个 20 世纪 90 年代，学界的整体氛围都是对农村城市化、小城镇城市化的检讨和反

---

[1] 王放. 论中国可持续的城市化道路 [J]. 人口研究，1999（5）：56-63.
[2] 吴道文. 中国城市化道路理论评述 [J]. 人口与经济，1992（3）：55-58.

思，从而提出回到人口向城市集中的"传统城市化"意义上来，而马夫等则走得更远。他们认为，随着工业化进程的推进和国民经济的进一步发展，中国的农民要完成职业转换成为城市居民，这是不可阻挡的趋势。从国情的角度来说，由于耕地面积少，土地尤其要严格限制、集约使用，发展大城市正是集约利用土地的方式。最后，他们从规模效应的角度出发，认为大城市尤其能够享有规模效应，因此提出了"适度控制特大城市、发展大中城市、控制小城市"的发展策略[①]。在今天看来，对比美国纽约、芝加哥、洛杉矶等大都市区的发展历程，马夫等的观点仍然是保守的，但在当时的讨论中，他们的观点已经非常前卫，而对特大城市的限制根源还是在对"大城市病"的恐惧上。

2.1.3　21世纪围绕城市化道路的争论

关于城市化道路的争论在21世纪出现了新的形态。关于发展什么样的城市，大城市还是小城市，学界仍有人讨论，但已不是关注的重点。随着中国城市化进程的日益深化，人口向大城市聚集已经是不可阻挡的趋势。北京、上海等一线城市人口不断突破城市总体规划所设定的规模，表明尽管我国政府一直提倡控制特大城市规模，但经济力量的驱动使得这些管制措施显得力不从心。在2000年之后，城市化的讨论更多围绕着如何处理好城乡关系、城市聚集效应与拥塞之间的关系等问题。

对于发展什么样的城市，此时的学界共识已经日益清晰，就是要发展大城市。仲小敏（2000）回顾了小城镇发展中的诸多问题，认为在21世纪，中国的城市化要走城乡一体发展的路线[②]。其理论依据是城市对农村的吸纳力不足，另外基于农业的基础地位，农村的生产力水平必须提高才能够为城市提供农产品。中国城市存在区域发展不均衡的问题，因此对于不同区域应该有不同的发展方式：对于东部成熟的城市体系而言，需要进一步深化城市化的内涵，提高城市化的品质；中部城市要吸引人口进入城市，加强基础设施建设；西部要在巩固已有大城市的基础上，发展一批中

[①] 马夫，吴海鹰. 论90年代我国城市化道路的选择 [J]. 城市问题，1992（1）.
[②] 仲小敏. 世纪之交中国城市化道路与对策构思 [J]. 经济地理，2000（3）：54-57.

小城市，完善城市体系的结构。

王海霞（2000）则对乡村城市化建设进行了回顾和反思。在乡村城市化的发展过程中，耕地迅速减少、缺乏工业废弃物的处理措施导致的环境急剧恶化、乡镇企业不成规模导致的规模不经济等问题，使乡村城市化成为一条不可持续的城市化道路。因此，他提出了加强中心城市功能、以市场为导向发展中小城市、打破城乡隔阂等措施进行城市化建设[1]。从今天的角度来看，无论是以市场为导向，还是打破城乡隔阂，都是自2000年以来中国城市化的主旋律。

高福来（2003）将"三农"问题与城市化联系在一起。以户籍制度为代表的城乡二元结构意味着社会福利、升学、就业等方方面面的城乡分割。"三农"问题需要通过城市化来解决。他认为城市化是解决"三农"问题的唯一出路，要让农民"离土又离乡"，城市要成为吸纳劳动力转移的目的地[2]。从农村的发展来说，要注意进行规模经营，提高农村的劳动生产率，从而将农民从土地上解放出来进入城市。从城市的发展策略来看，中国的城市化要发展大城市，但同时要在以市场为导向的前提下发展中小城市。

汪冬梅、杨学成（2003）对小城镇发展过程中的经验得失进行了回顾，指出在新的时代背景下，应该走一条多元发展的城市化道路：大中小城市多元发展，城市规模多元化；人口转移模式多元化，不一定都进小城镇，也未必都进大城镇，人口的去向由市场决定；东、中、西部根据各自区域的发展特点选择适当的城市化策略[3]。

陈角军、景普秋（2008）回顾了中国城市化的进程，总结了其中的经验教训。他们认为在中国城市化过程中，城市化滞后于工业化、城市体系建设失衡是突出问题。他们指出，应在充分尊重城市发展规律和中国客观国情的基础上，形成新型城市化道路，其内涵是工业化与城市化协调发展，大中小城市协调发展，政府、市场和多元经济体共同推进，建设资

---

[1] 王海霞. 慎提乡村城市化[J]. 城市研究，2000（4）：12-14.
[2] 高福来. "三农"问题与中国城市化道路[J]. 经济与管理研究，2003（5）：28-32.
[3] 汪冬梅，杨学成. 中国城市化道路的反思与探索[J]. 改革，2003（5）：18-23.

源、环境友好的城市①。

殷广卫、薄文广（2011）指出，没有必要以大城市为城市化的主导，这是因为大城市已经达到了一定的聚集程度，能够自发地吸引资源和人口进入，而强调大城市的主导作用，可能造成新的不公。另外，也不能以农村城镇化为城市化的主导，因为农村城镇化的实践经验已经表明这种城市化道路是行不通的，会导致大量的土地浪费和环境污染，随着短缺经济的时代过去，这种发展模式也成为了历史。因此，殷广卫等认为，应该以县级市为重点推动城市化，其现实依据是东部发达地区和四川、重庆城乡统筹的县域经济发展良好②。从城市体系的角度看，县是城乡的结合点，是能够兼顾城乡公平的均衡点。但殷广卫等在所举的例子中忽视了一点，就是东部发达地区和成渝两地的县域经济发展是建立在已有城市化基础之上的，特别是东部发达地区的城市体系已相对完备，这时发展县，与西方大都市化进程具有相似性，但对于我国其他城市体系尚未发育成熟的区域，成渝两地和东部发达地区的发展经验缺乏移植的外部条件。

2.2 城市化的演进规律

2.2.1 基于城市规模分布的解释

城市化是人口从农业部门向工业部门转移的过程，同时也是城市人口不断增加的过程。因此，城市化的演进规律首先体现为城市规模分布的变动。学界对城市规模的兴趣始于德国地理学家 Auerbach 在 1913 年发现规模—位序规律，该规律表明城市规模与城市等级的乘积近似于一个乘数（Auerbach，1913）。George Zipf 对这个规律做了进一步阐述后，Zipf 定律

---

① 陈角军，景普秋. 中国新型城市化道路的理论及发展目标预测 [J]. 经济学动态，2008（9）：4-15.

② 殷广卫，薄文广. 基于县级城市的城乡一体化是我国城市化道路的一种政策选择 [J]. 中国软科学，2011（8）：111-121.

被应用于不同国家、不同时期城市规模分布规律的描述,并被认为精确刻画了城市规模分布的上尾部分(Upper Tail of Distribution)(Zipf,1949)[①]。尽管 Zipf 定律在实证研究中得到了证据支持,但对于城市规模的分布为何呈现出这样的分布规律则成为困扰许多城市经济学家的一个谜。正如克鲁格曼所言,与经济学模型通常过于简单而现实较为复杂相反,学界提出各种复杂的模型来解释形式简单的城市规模分布规律,但并没有就此背后的经济驱动因素达成广泛共识。Zipf 定律有不同的表达方式,最基本的是基于 Auerbach 的定义,城市规模分布应该满足 Pareto 分布:

$$P(Size>S)=\frac{a}{S^{\zeta}} \tag{2.1}$$

或:

$$\ln P(Size>S)=\ln a - \zeta \ln S \tag{2.2}$$

其中,S 是城市规模,P 是规模比 S 大的城市的概率(Auerbach,1913)。Zipf 的贡献在于,他指出城市规模分布不仅应满足 Pareto 分布,而且 Pareto 系数 ζ 应该为 1,即城市规模与大于此规模的城市出现的概率之积是一常数(Zipf,1949)。

与 Zipf 定律近似的是位序—规模法则,即第二大城市的规模是最大城市规模的一半,第三大城市的规模是最大城市规模的 1/3,以此类推。因此,若将城市按其规模大小从大到小排序,$S_{(1)}>S_{(2)}>\cdots>S_{(n)}$,则有 $S(i)\approx k/i$,其中 k 是一常数,i 是城市的位序(Gabaix,2004)[②]。

在一些文献中,也有采用与概率分布函数定义一致的情况:

$$P(Size<S)=1-(\frac{S}{\sigma})^{-\alpha} \tag{2.3}$$

其中,σ 是样本中最小城市的规模,α 是控制分布函数形状的参数,被称为 Pareto 系数。当 $S<\sigma$ 时,P 为 0(Gangopadhyay,Basu,2009;Sarabia,Prieto,2009)。

[①] Zipf, G. K. Human Behavior and the Principle of Least Effort [J]. The Southwestern Social Science Quarterly, 1949, 30 (2): 147–149.

[②] Gabaix, X. and Y. M. Ioannides. The evolution of city size distributions [J]. Handbook of Regional and Urban Economics, 2004, 4: 2341–2378.

在 Zipf 定律的实证研究中，研究者们关注的焦点在于 Pareto 系数 ζ 是否为 1。众多实证研究表明，ζ 只是渐进地为 1，而且通常都比 1 大。Rosen 和 Resnick 于 1980 年检验了 44 个国家在 1970 年的城市分布，发现 Pareto 系数的均值为 1.136，取值范围为 [0.81, 1.96]，标准差为 0.19。44 个国家中有 32 个国家的 Pareto 系数值大于 1 （Rosen，Resnick，1980）[1]，这表明大多数国家的人口分布较等级—位序规律要平坦[2]（Soo，2005）。他们进一步指出，Pareto 系数对于城市的定义和样本规模的选择都相当敏感（Rosen、Resnick，1980）。城市定义的困难在于官方以行政范围进行的统计口径与经济学意义上的城市不一致（Soo，2005；Gabaix，2003；Cheshire，1999[3]）。而样本规模的选择是指城市规模分布的上尾部分的确定，即样本中最小规模的城市对于 Pareto 系数相当敏感（Soo，2005；Giesen、Zimmermann、Suedekum，2010；Eeckhout，2004；Black、Henderson，2003）。

Eaton 和 Eckstein 对法国 39 个城市 1876 年、1911 年、1936 年、1954 年、1962 年、1982 年和 1990 年的数据，以及日本 40 个城市 1925~1985 年中每 5 年的数据，进行了 Zipf 定律的检验。结果表明，法国的城市规模分布支持 Pareto 系数为 1 的假设，从而遵从 Zipf 定律；而日本城市的 Pareto 系数为 0.96496，略小于 1。这说明法国的城市规模分布比日本的更平坦（Eaton、Eckstein，1997）。

Soo 对 73 个国家分别采用 OLS 估计和 Hill 估计检验了 Zipf 定律。结果表明，采用 OLS 估计时 Pareto 系数取值区间为 [0.7287, 1.719]，其中 39 个国家的系数明显大于 1，这与 Rosen 和 Resnick 的研究结果一致。采用 Hill 估计时此区间为 [0.7824, 1.742]，其中有 43 个国家的系数接近 1。与 Rosen 和 Resnick 的研究结果不同的是，Soo 发现当采用城市聚集区（Urban Agglomerations）作为统计口径时，Pareto 系数小于 1，Zipf 定律失效。他进一步认为，这表明在过去的 20 年中大城市郊区化趋势加强（Soo，

---

[1] Rosen, K. T. and M. Resnick. The size distribution of cities: An examination of the Pareto law and primacy [J]. Journal of Urban Economics, 1980, 8 (2).

[2] Soo, K. T. Zipf's law for cities: A cross-country investigation[J]. Regional Science and Urban Economics, 2005, 35 (3): 239-263.

[3] Cheshire P. Trends in sizes and structures of urban areas [J]. Handbook of Regional and Urban Economics, 1999, 3: 1339-1372.

2005)。

Black和Henderson对美国1900~1990年的数据进行了实证分析。他们采用的统计口径是基于行政边界的大都市区，接近一半的都市区由单个城市构成。作者采用了大于1990年最小城市的规模与平均城市人口的比值，作为对每10年数据阈值选择的准则。结果表明，Pareto系数的估计对阈值的选择非常敏感：对所有的城市十年度规模进行回归，其取值在0.85附近震荡；而只取分布的上尾部分（前1/3的大城市）时，各年份截面回归所得系数值都非常接近1（Black、Henderson，2003）[1]。

Anderson和Ge对中国1949~1999年的城市人口分布进行了实证分析。结果表明，在改革开放前，Pareto系数在1%的置信度上接近于1，但其在改革开放后不断增大，从而中国的城市分布呈现出比Zipf定律的预测更为平坦的分布（Anderson、Ge，2005）[2]。

Gangopadhyay和Basu对中国1990年和2000年的城市规模分布，以及印度1981年、1991年和2001年的城市规模分布进行了验证，每组数据都采用了OLS估计和最大似然法估计。结果表明，两个国家在选定年份的Pareto系数都显著大于1，因此不遵从Zipf定律[3]。这与Anderson和Ge的研究结论相同（Gangopadhyay、Basu，2009）。

Ioannides和Overman采用局部Zipf指数（Local Zipf Exponent），对美国1900~1999年的数据进行了计算。他们指出，这期间美国的Zipf指数一直在下降，可能是由于在研究时间段中有较低的局部Zipf指数的小城市进入研究样本（Ioannides、Overman，2003）[4]。

Nitsch对1925~2002年的Zipf定律的相关文献进行了元分析（Meta-analysis）。结果表明，Zipf定律在实证中不会总严格成立，因而他们建议

---

[1] Black, D. and V. Henderson. Urban evolution in the USA [J]. Journal of Economic Geography, 2003, 3 (4): 343-372.
[2] Anderson, G. and Y. Ge. The size distribution of Chinese cities [J]. Regional Science and Urban Economics, 2005, 35 (6): 756-776.
[3] Gangopadhyay, K. and B. Basu. City size distributions for India and China [J]. Physica A: Statistical Mechanics and its Applications, 2009, 388 (13): 2682-2688.
[4] Ioannides, Y. M. and H. G. Overman. Zipf's law for cities: An empirical examination [J]. Regional Science and Urban Economics, 2003, 33 (2): 127-137.

将 [0.8，1.2] 设定为系数的合理取值区间。分析显示，Pareto 系数通常大于 1，但在以下情况下会相对较小：采用都市区作为统计口径时、使用近年数据时、使用美国数据时、样本较少时以及文献只报道了单个样本时（Nitsch，2005）[①]。

从已有的研究结果来看，Zipf 定律主要在美国、日本、法国等国家进行了实证分析，这些国家无论是经济发展水平还是城市化率都已经达到了较高水平，因此城市的规模分布倾向于稳定不变是一个合理的猜测。但是，要看到在城市化发展到一定水平之后，借助于汽车的普及和高速公路的修建，以美国为代表的国家经历了郊区化（Sub-urbanization）的过程。在这个过程中，围绕着中心城市产生了职住均向卫星城扩散的现象，从而影响了城市规模分布的演进，这在 Soo（2005）以及 Ioannides 和 Overman（2003）的研究中表现比较明显。对于中国而言，正在经历的快速城市化进程可能与这些发达国家的样本呈现出不同的演进规律，其背后是中国城市化的特殊性，包括制度、经济发展方式、资本积累、区域发展不平衡等因素。然而，Anderson 和 Ge（2005）的研究表明，中国的 Zipf 指数在改革开放后一直呈向上趋势，其直接意义是中国的城市规模分布越发趋近，在更进一步的意义上可能预示着中国经济发展、人口流动和自由迁徙的逐步放开，使得家庭能够选择符合自己劳动力禀赋的劳动力市场，进入相应城市，进而导致后进城市的追赶型（Catch up）增长，从而使得区域间的差距逐步缩小。

另外，Zipf 定律在本质上是幂律的一个特殊形式，它在一些国家的失效使得研究者们转向思考城市分布是否遵从幂律；如果遵从，那么遵从什么样的幂律。随机过程的引进使得关于城市规模演进规律的研究出现了受传统 Zipf 定律启发，但分布函数不同于 Pareto 分布的猜想。研究者们提出了各种不同于传统 Pareto 分布的函数用于对城市规模分布规律描述，如 Reed 认为，几何布朗运动产生幂律的原因在于观测的时间 t 自身也应被视为随机变量，其分布通常是指数分布，从而城市规模分布应是双 Pareto 分布。他在此基础上进一步提出，若新城市的产生服从 Yule 过程，则城市规

[①] Nitsch, V. Zipf zipped [J]. Journal of Urban Economics, 2005, 57 (1): 86–100.

模分布将呈双 Pareto 分布。他分别对美国和西班牙的两个区域进行了研究，结果表明双 Pareto 分布能够很好地与数据吻合，特别是在分布的下尾部分。利用似然比检验发现，不同的区域具有不同的分布（Reed，2002）。

Eeckhout 认为城市规模分布的 Pareto 分布实际上是对数正态分布，其密度函数定义为：

$$\phi(\hat{u}, \hat{\sigma}) = \frac{1}{\hat{\sigma}\sqrt{2\pi}} e^{-(\ln S - \hat{u})^2 / 2\hat{\sigma}^2} \tag{2.4}$$

作者采用 Kolmogorov-Smirnov（KS）统计量进行拟合优度检验。结果表明，对数正态分布对美国 2000 年的数据拟合很好（Eeckhout，2004）[①]。

Benguigui 和 Blumenfeld-Lieberthal 提出了一个新的分布函数：

$$y = y_0 - H(\alpha) a [b + H(\alpha) x]^\alpha \tag{2.5}$$

其中，y 表示规模的对数，x 表示位序的对数。当 α < 1 时，H(α) 为 -1，反之为 1；当 α = 1 时，式（2.5）就是传统的 Pareto 分布。Benguigui 和 Blumenfeld-Lieberthal 对 35 个国家的 41 个案例进行实证研究发现，仅 17 个案例能够满足 Pareto 分布，1 个案例为 α < 1，12 个案例为 α > 1，还有一些由于分布不一致或数据波动强烈导致不能求出 α（Benguigui、Blumenfeld-Lieberthal，2007a）。他们还提出了一个随机增长和新城市引入的模型，生成了 α 大于、等于或小于 1 的 "城市规模分布谱"（Benguigui、Blumenfeld-Lieberthal，2007，2009）[②]。

Gangopadhyay 和 Basu 对 Pareto 和 Tsallis q 指数分布进行了对比研究。Tsallis q 指数分布的定义为：

$$p_{\theta,\sigma}(x) = \frac{\theta}{\sigma} \left(1 + \frac{x}{\sigma}\right)^{-\theta-1} \tag{2.6}$$

其中，x 是城市规模。当 x 取值大、σ 为最小城市的规模时，上式就

[①] Eeckhout, J. Gibrat's law for (all) cities [J]. American Economic Review, 2004, 94(5): 1429-1451.

[②] Benguigui, L. and E. Blumenfeld-Lieberthal. The temporal evolution of the city size distribution [J]. Physica A: Statistical Mechanics and its Applications, 2009, 388 (7): 1187-1195.

Benguigui, L. and E. Blumenfeld-Lieberthal. A dynamic model for city size distribution beyond Zipf's law [J]. Physica A: Statistical Mechanics and its Applications, 2007a, 384 (2): 613-627.

Benguigui, L. and E. Blumenfeld-Lieberthal. Beyond the power law—A new approach to analyze city size distributions [J]. Computers, Environment and Urban Systems, 2007b, 31 (6): 648-666.

是 Pareto 分布。他们对中国和印度的城市规模分布进行了研究，用最大似然法估计了分布参数，并用 KS 统计量进行了拟合优度检验。结果表明，两个国家的城市规模分布在选择的最小城市规模相当大时，其分布服从 Pareto 分布；然而 KS 统计量也表明对于整个分布而言，无论是 Pareto 分布还是 Tsallis q 指数分布都不能很好地逼近真实分布（Gangopadhyay, Basu, 2009）。

Sarabia 和 Prieto 使用 PPS 分布（Pareto-Positive Stable Distribution）与 Pareto 分布、Tsallis 分布、对数正态分布进行了对比研究[①]。PPS 分布的定义为：

$$P(\text{Size} < S) = 1 - e^{-\lambda \log(s/\sigma)^\nu} \quad (2.7)$$

当 $s < \sigma$、λ、σ、$\nu > 0$ 时，$P = 0$。当 $\lambda = \nu = 1$ 时，式（22）为 Zipf 定律；当 $\nu = 1$ 时，其为 Pareto 分布。他们用最大似然法求出分布参数，并用 AIC（Akaike's Informatino Critersion）统计量评价模型对数据的符合程度，其定义为：

$$\text{AIC} = 2\log l - 2d \quad (2.8)$$

其中，$\log l$ 是最大似然法的似然性，d 为参数个数。AIC 的值越大意味着拟合程度越高。他们利用这 4 个分布对西班牙 1998~2007 年的数据进行了研究，结果表明，采用 PPS 分布得到的 AIC 值比采用其他 3 个分布得到的值都要大（Sarabia, Prieto, 2009）。

Giesen、Zimmermann 和 Suedekum 利用双 Pareto 分布和对数正态分布对 8 个国家进行了对比研究，并利用式（2.8）的 AIC 统计量以及 BIC 统计量（Bayesian Information Criterion）进行了拟合优度检验。结果表明，两个分布都能够很好地符合实际分布，但由于双 Pareto 分布能够解释城市增长模型，他们认为双 Pareto 分布更值得推荐（Giesen、Zimmermann、Suedekum, 2010）[②]。

陈彦光等根据城市体系的空间结构具有分形特征，推断城市等级体系

[①] Sarabia, J. M. and F. Prieto. The Pareto-positive stable distribution: A new descriptive model for city size data [J]. Physica A: Statistical Mechanics and its Applications, 2009, 388 (19): 4179-4191.

[②] Giesen, K., A. Zimmermann and J. Suedekum. The size distribution across all cities-double Pareto lognormal strikes [J]. Journal of Urban Economics, 2010, 68 (2): 129-137.

也具有分形特征，进而提出了三参数的 Zipf 定律，并对美国 1998 年的城市规模分布进行了实证分析。他们认为，市等级体系的多分形模型能够将中心地理论和 Zipf 定律有效地统一起来（陈彦光、罗静，2006）[1]。

高鸿鹰和武康平应用 OLS 估计，以中国各个省和中、东、西各区域为单位，应用 1997 年、2000 年和 2003 年的人口和经济数据进行了实证研究。他们指出，Pareto 分布能够很好地描述中国人口和经济规模的分布，但由于中国幅员辽阔和区域发展不平衡，Pareto 指数在省际和区域间有明显差异。从纵向上看，东部地区和全国城市人口规模分布指数在 3 年中均呈下降趋势，这表明中国城市规模分布更加不集中，而中部中小城市规模的扩大并没有影响到全国城市人口规模分布的变化趋势（高鸿鹰、武康平，2007）[2]。

2.2.2 基于随机过程模型的解释

采用随机过程模型对城市规模分布进行解释，是对城市规模分布研究的重要分支，产生了一系列理论和实证成果。其中解释最成功、被实证最多的是 Gibrat 定律。Gibrat 根据 Kapteyn "随机过程产生幂律"的思想建立了 Gibrat 定律，指出一个成比例的随机增长过程将产生一个渐进的对数正态分布，而不是 Pareto 分布[3]。然而 Champernowne 在一篇研究收入分布的文章中表明，当收入变化的期望与收入相互独立时，随机增长过程也可能产生 Pareto 分布[4]。在这篇文章中，Champernowne 将收入分为若干组，用 $X_r(t)$ 记录时间 t 时在第 r 个收入等级中的人数，用 $p'_{rs}(t)$ 表示在每 $Y_t \sim Y_{t+1}$ 年中，由收入等级 r 跃入等级 s 的比例。则有：

$$X_s(t+1) = \sum_{r=0}^{\infty} X_r(t) p'_{rs}(t) \tag{2.9}$$

---

[1] 陈彦光，罗静. 城市化水平与城市化速度的关系探讨[J]. 地理研究，2006，25(6)：1063-1072.
[2] 高鸿鹰，武康平. 我国城市规模分布 Pareto 指数测算及影响因素分析[J]. 数量经济技术经济研究，2007，24(4)：43-52.
[3] Eeckhout, J. Gibrat's law for (all) cities [J]. American Economic Review, 2004, 94(5)：1429-1451.
[4] Champernowne, D. G. A model of income distribution [J]. The Economic Journal, 1953, 63 (250)：318-351.

在一系列假设下解得：

$$X_s = b^s \tag{2.10}$$

Champernowne 随后表明，即使松散假设，幂律仍然成立（Champernowne，1953）。Simon 提出了一个模型，他假设每时期有 P 人到达，以概率 π 建立新城市，以 1−π 的概率去已有城市，每个城市以其自身的规模为比例获得新人口。该模型被认为是第一个对 Zipf 定律做正式解释的随机模型，但存在严重的退化问题。Krugman 指出，Simon 这个模型可能会出现人口无限扩张的问题，而 π 减小时将导致城市规模收敛为 Pareto 分布的时间非常漫长（Krugman，1996）[①]。

Gabaix 在 Champernowne 和 Simon 的工作基础之上，综合了两个模型的特点，用 Gibrat 定律对城市规模分布的产生过程进行了解释。他假设 γ^i_{t+1} 是城市 i 的增长比，则：$S^i_{t+1} = \gamma^i_{t+1} S^i_t$，其中 γ^i_{t+1} 是密度函数 $f(\gamma)$ 独立同分布的随机变量，假设归一化后的城市规模为常数且等于 1，则有：

$$\int_0^\infty \gamma f(\gamma) d\lambda = 1 \tag{2.11}$$

则增长率分布的运动可以用城市规模 S^i_t 的累积分布函数 $G_t(S)$ 表达为：

$$G_{t+1}(S) = P(S_{t+1} > S) = \int_0^\infty G_t\left(\frac{S}{\gamma}\right) f(\lambda) d\gamma \tag{2.12}$$

稳态时，G 满足：

$$G(S) = \int_0^\infty G\left(\frac{S}{\gamma}\right) f(\lambda) d\gamma \tag{2.13}$$

由此可见：

$$G(S) = a/S \tag{2.14}$$

其中，a 是常数[②]。同时，Gabaix 表明，达到稳态的条件是防止城市无限变小，因此增加了带有障碍的随机行走机制，他在文章中用反射几何布朗运动（Reflected Geometric Brownian Motion）来描述这一条件。当反射边

[①] Krugman, P. Confronting the mystery of urban hierarchy[J]. Journal of the Japanese and International Economies, 1996, 10 (4): 399–418.

[②] Gabaix, X. Zipf's law for cities: An explanation [J]. The Quarterly Journal of Economics, 1999a, 114 (3): 739–767.

界确定后，城市规模的分布将收敛于 Pareto 分布。Gabaix 指出，城市规模的增长率与城市自身的规模相关是对 Gibrat 定律的偏离。由几何布朗运动知城市规模的变动可写为：

$$dS_t/S_t = \mu(S)dt + \sigma(S)dB_t \tag{2.15}$$

由局部 Zipf 指数的定义得 $\xi(S) = -Sp'(S)/p(S)$：

$$\xi(S) = 1 - 2\frac{\mu(S)}{\sigma^2(S)} + \frac{\partial \sigma^2(S)/\sigma^2(S)}{\partial S/S} \tag{2.16}$$

其中，μ 是增长率均值，σ 是增长率的方差。因此对 Zipf 指数为 1 的偏离可能有两个原因：一是如果城市规模的增长率高，会使得分布比其 Zipf 指数为 1 时收敛速度慢；二是如果方差过大，会使得分布变得扁平（Gabaix，1999a、1999b）[1]。

Ioannides 和 Overman 认为 Gabaix 的工作提供了检验 Gibrat 定律的基础，并利用美国 1900~1990 年的数据第一次对其进行了检验。他们根据 Gabaix 对偏离 Gibrat 定律的讨论，利用式（2.15）和式（2.16）使用非参数估计法计算了城市增长率对城市规模的条件均值与条件方差，并计算了局部 Zipf 指数。结果表明，城市增长率的均值和方差都随城市规模的变化而变化。但是，在 5% 的置信区间内，增长率的均值为 0 且方差为常数。因此，他们认为根据实验结果，Gibrat 定律不能正式被拒绝，并认为它至少在分布的上尾部分与现实是接近的（Ioannides、Overman，2003）。

Reed[2] 与 Gabaix 不同，不假设存在一个反射的边界，他指出城市初始规模为 X_0，在几何布朗运动进行 T 个步长之后，城市的平均规模将服从对数正态分布：

$$\ln \widetilde{X}_T \sim N[X_0 + (\mu - \sigma^2/2)T, \sigma^2 T] \tag{2.17}$$

假设城市的产生遵循 Yule 过程，即在（t，t + dt）的时间内，任意城市产生新城市的概率为 λdt，则在第一个城市创建的 t 个步长之后，城市数的期望为 $e^{\lambda t}$。对上式对时间的指数分布求积可得：

---

[1] Gabaix, X. Zipf's Law and the Growth of Cities [J]. The American Economic Review, 1999b, 89（2）: 129-132.

[2] Reed, W. J. The Pareto, Zipf and other power laws [J]. Economics Letters, 2001, 74（1）: 15-19.

$$f_{\bar{x}} = \frac{\alpha\beta}{\alpha+\beta} \left[x^{-\alpha-1} e^{\alpha u_0 + \alpha^2 \sigma_0^2/2} \Phi\left(\frac{\ln x - u_0 - \alpha^2 \sigma_0^2}{\sigma_0^2}\right) \right] + x^{\beta-1} e^{-\beta u_0 + \beta^2 \sigma_0^2/2} \Phi^c\left(\frac{\ln x - u_0 - \beta^2 \sigma_0^2}{\sigma_0^2}\right)$$

(2.18)

其中，Φ 是标准正态分布，$\Phi^c = 1 - \Phi$，α 与 β 是二次方程的根。式 (2.18) 被称为双 Pareto 分布：在 x 趋近于无穷时，上式为 Pareto 分布，描述了城市规模的上尾分布；在 x 趋近于 0 时，上式则描述了城市规模下尾分布。利用西班牙和美国 4 个区域的数据进行实证分析发现，双 Pareto 分布能够很好地符合其分布（Reed，2001，2002）。

Eechkout 采用类似 Ioannides 和 Overman 的思路，对 Gibrat 定律进行了实证研究。他建立起模型：

$$g_i = m(S_i) + \varepsilon_i \qquad (2.19)$$

其中，g_i 是归一化的城市 i 的增长率，S_i 是城市规模[1]。他强调不预先假设函数 m( ) 的形式，而采用非参数估计的方法得到城市规模与增长率之间的关系。其研究结果与 Ioannides 和 Overman 的一致，在 5% 的置信水平上不拒绝增长率独立于城市规模（Eechkout，2004）。

Benguigui 和 Blumenfeld-Lieberthal 提出了一个与 Gabaix 等类似的模型，其不同之处在于它采用经过 K 个步长后产生新城市的方法。K 是时间的函数使得新城市的产生能够适应不同的情况。他们通过数值模拟的方法对美国的情况进行了模拟，结果表明该模型与美国城市规模分布的动态过程吻合（Benguigui、Blumenfeld-Lieberthal，2007）。

Garmestani、Allen 和 Gallagher 对美国东南部和西南部 1990 年的城市规模分布的不连续性进行了研究。他们发现，美国东南部的 310 个城市规模自组织成为 3 个组，对每个类别单独用 Pareto 分布回归能够得到很好的拟合度，美国西南部的 161 个城市亦然。Zipf 定律可以由 Gibrat 定律生成，而 Gibrat 定律认为城市的增长率独立于城市规模，因此他们认为，城市规模分布的这种分段符合 Zipf 定律的这一现象，是由于每个组别受到组内一致的过程控制（Garmestani、Allen、Gallagher，2008）[2]。

---

[1] Eeckhout, J. Gibrat's law for (all) cities [J]. American Economic Review, 2004, 94(5): 1429–1451.
[2] Garmestani, A. S., C. R. Allen and C. M. Gallagher. Power laws, discontinuities and regional city size distributions [J]. Journal of Economic Behavior & Organization, 2008, 68 (1): 209–216.

Eaton 和 Eckstein[①] 采用 Quah（1993）提出的统计方法估计转移概率矩阵和城市规模分布的长期演进结果。他们将 t 时的城市规模分为 6 类，用 F_t 表示每类城市规模出现频次的分布，假设矩阵 F_t 服从一阶 Markov 过程，则有：

$$F_{t+1} = M \cdot F_t \tag{2.20}$$

其中，M 是一个 6×6 的转移概率矩阵，任意元素 M_{ij} 表示在下一时期 j 列对应的城市跃迁到 i 行的概率，M 对角线上的元素接近 1 意味着城市规模的增长收敛于平行增长，则 s 期后的分布为：

$$F_{t+s} = M^s \cdot F_t \tag{2.21}$$

通过对法国和日本城市数据的模拟，他们认为，法国的城市是以平行方式增长的，而日本的城市增长则没有收敛的证据。

Dobkins 和 Ioannides 探索了美国城市间的空间相互作用，建立了距离变量和一个测度临进性的变量。结果表明，新城市出现在有邻居的地方，这种趋势随新城市规模的历史增加而增强。而距离则不总是规模和增长的重要决定因素：对于有邻居的城市而言，其增长率是独立于规模的；反之则轻度受到规模影响（Dobkins、Ioannides，2000）。

Dobkins 和 Ioannides[②] 指出，在式（2.21）中，当 s 趋近于无穷时，若 F 存在，其性质可以说明城市的增长特征是发散、收敛或是平行的，F 为质点时，表明增长是收敛的；F 为极化或分段分布时，表明增长是发散的。修改式（2.21）以允许新城市的进入可得：

$$F_{t+1} = \frac{I_t}{I_{t+1}} M_t F_t + \frac{I_t^n}{I_{t+1}} \varepsilon t \tag{2.22}$$

其中，I_t^n 是 t 到 t+1 时期内产生的新城市。Dobkins 和 Ioannides 对美国 1900~1990 年的数据进行了实证研究，令 M_t 和 $\tau_t = I_t^n / I_{t+1}$ 不随时间变化，τ_t 的取值表现出跨期变化的特征。他们模仿 Eaton 和 Eckstein 将城市规模分为 6 类的同时，又将其做十等分以进行对比研究。结果表明，M 在城市规

[①] Eaton, J. and Z. Eckstein. Cities and growth: Theory and evidence from France and Japan [J]. Regional Science and Urban Economics, 1997, 27 (4): 443-474.

[②] Dobkins, L. H. and Y. M. Ioannides. Dynamic Evolution of the US City Size Distribution [M]. Economics of Cities: Theoretical Perspectives, Cambridge University Press, 2000: 217-260.

模分布的上尾部分有递增的集中趋势,且大多数运动发生在相邻的单元间,很少有跃迁超过一个等级的(Dobkins、Ioannides,2000)。

Overman 和 Ioannides 认为,Eaton 等和 Dobkins 等(Eaton,1997;Dobkins、Ioannides,2000)的研究中将城市规模分布的连续状态空间离散化而得到转移矩阵的方法有两个问题:一是间隔不易选取,如 Eaton 等将其分为6个等级,Dobinks 等增加为10个等级;二是这个转移矩阵没有表达出城市位序的变化,而只是描述了规模的变化。他们在不对城市规模离散化的前提下用 Quah(1993)提出的方法估计了美国 1900~1990 年数据的一个连续转移核(Transition Kernel),得到与 Dobkins 和 Ioannides 一致的结论。为了描述城市位序在时间中的运动,他们以1920年的城市位序为 x 轴,将逐年的城市规模的对数投射到 y 轴上,从而清晰地描述了城市位序的运动。此外,他们构建了 Slope、CerCorr、Variance 三个统计变量来测度分布变化的特征。结果表明,在不同的区域,城市分布间的运动是不同的;第二层级的城市运动幅度比一线城市大(Overman、Ioannides,2003)[1]。

Black 和 Henderson 采用与 Eaton 等和 Dobkins 等类似的方法,将美国 1900~1990 年的城市规模离散化。为了考虑新城市的进入,有:

$$F_{\infty+\tau}=(1-i)^{\tau}M^{\tau}F_{\infty}+[I-(1-i)M]^{-1}[I-(1-i)M^{\tau}]iZ \quad (2.23)$$

其中,i 为新城市产生的概率,Z 是新城市在 t+1 期的 F 中的分布[2]。M 的最大似然法估计量表明,只有对角线和跃迁一个等级的单元有显著的转移概率,并且向更大城市规模跃迁的可能性更大。利用 M 估计平均首达时间,即一个城市下一次访问某一状态的期望时间,则城市向更大规模运动的时间要比向更小规模运动的时间短,如由最大规模城市等级运动到最小规模城市等级,需要5500年(Black、Henderson,2003)。

Sharma 利用美国 1900~1990 年的数据,分析了城市规模演进受外生冲击时的表现。单位根检验表明城市人口序列具有非平稳性;协整分析表明美国的城市在长期可能是平行增长的,而在短期对此的偏离可能是外生冲

---

[1] Overman, H. G. and Y. M. Ioannides. Cross-sectional evolution of the US city size distribution [J]. Journal of Urban Economics, 2001, 49 (3): 543-566.

[2] Black, D. and V. Henderson. Urban evolution in the USA [J]. Journal of Economic Geography, 2003, 3 (4): 343-372.

击影响所导致（Sharma，2003）①。

Anderson 和 Ge 对中国 1949~1999 年的城市规模进行了研究。他们采用与 Eaton 和 Eckstein 相同的方法，用中国改革开放前（1949~1980 年）和改革开放后（1980~1999 年）的数据分别进行实证分析，求得式（2.21）中的转移概率矩阵 M。分析表明，改革开放后由于小城市的出现，上端集中的趋势减弱。此外，改革开放后新城市的规模比改革开放前大。因此他们认为，改革开放前，中国新城市的规模较小使得已有城市的相对位序升高，而已有城市中的小城市扩张为中等城市，大城市则保持其原有的位序，这使得改革开放前的城市规模分布没有迥异于 Zipf 定律。而改革开放后，小城市的发展速度快于大城市，新城市往往以中等规模出现，导致城市规模分布呈现收敛趋势（Anderson、Ge，2005）②。

Bosker 等研究了第二次世界大战对德国 1925~1999 年城市规模分布的影响。他们采用与 Eaton 和 Eckstein 类似的方法估计出了式（2.21）中的转移概率矩阵 M。结果显示，德国的城市规模分布对第二次世界大战的冲击相当敏感，其中小城市受到的冲击较小，城市发展的模式被冲击完全改变（Bosker，2008）③。

蒲英霞和马荣华等利用长三角地区 1984~2002 年的数据，估计了 Pareto 分布的系数。结果表明 1984~1994 年，Pareto 系数一直略低于 1，1994~2001 年则略高于 1，并且逐年增大。他们认为这是在此期间中小城市的数量和规模扩大、城市化进程加快的结果。蒲英霞和马荣华等还指出，长三角的城市增长不是一种平行增长，而是收敛趋势较微弱的收敛增长。为了描述该区域城市规模分布的演进，他们将城市规模分为 5 个等级，估计出了式（2.21）中的转移概率矩阵，并与 Black 和 Henderson 一样估计了平均首达时间。结果表明，城市规模小于平均城市规模的，在其偏

---

① Sharma, S. Persistence and stability in city growth [J]. Journal of Urban Economics, 2003, 53(2): 300–320.
② Anderson, G. and Y. Ge. The size distribution of Chinese cities [J]. Regional Science and Urban Economics, 2003, 35(6): 756–776.
③ Bosker, M., S. Brakman, H. Garretsen and M. Schramm. A century of shocks: The evolution of the German city size distribution 1925–1999 [J]. Regional Science and Urban Economics, 2008, 38(4): 330–347.

离初始状态后的 2~3 年就能恢复初始状态（蒲英霞、马荣华，2010）。

2.2.3　城市经济学和地理经济学传统

经济学理论对城市规模分布的解释可以分为两个传统：一是城市经济学传统，二是地理经济学传统。在这两种传统中，产生向心力作用的规模收益递增，产生离心力作用的拥塞、贸易和市场出清都发挥着重要的作用。Henderson 于 1974 年提出的单中心城市模型和 Lucas 于 1989 年提出的干中学模型是许多研究的基础。

Henderson[①] 指出，城市通过从事专业化生产获得规模效应，以抵消聚集带来的拥塞等负外部性。由于城市从事专业化生产的技术规模效应不同，产生了不同的城市规模。他假设劳动、资本和土地为生产要素，其中资本和劳动可以在城市间流动。每个城市都生产一种专业化产品 X_1、一般性产品即住宅 X_3 以及由 X_1 和 X_3 共同作为输入的产品区位。他没有考虑空间因素，因此住宅消费被视为空间中同质但随城市规模增加价格会上升的产品。居民的支出用于购买 X_1、居住服务 X_3 以及进口品 X_2。城市的最优规模出现在效用函数最大化时，城市的均衡规模出现在投资者的投资和区位决策及劳动者行为最优时。Henderson 表明，在一定的假设下，第 n+1 个城市出现在当第 n 个城市的规模达到 $(n+1)N^*/n$ 时，其中 N^* 为最优城市规模。Henderson 的模型解释了不同城市规模存在的原因，但他没有说明城市规模分布为何服从 Pareto 分布。

Lucas[②] 在 Solow 模型的基础上建立了人力资本具有外部效应的人力资本积累模型和干中学模型。前者假定劳动者的人力资本在休息时产生，而后者假设人力资本在工作中产生且具有专业性。他采用实物资本和人力资本加权的劳动作为生产要素，采用 C-D 形式的生产函数，表明模型能够与经验观测相符合。

Eaton 和 Eckstein 将 Henderson 和 Lucas 的模型综合在一起，假设城市

---

① Henderson, J. V. The sizes and types of cities[J]. The American Economic Review, 1974, 64 (4): 640-656.
② Lucas, R. E. On the mechanics of economic development [J]. Journal of Monetary Economics, 1988, 22 (1): 3-42.

的产出由城市面积、平均人力资源、有效劳动力共同决定。劳动力为获得更高的人力资本而选择城市居住。劳动力的移民动机最终因为城市间人力资本的同化而被消除。该模型解释了城市规模分布的稳定性，但没有说明为何城市规模分布符合 Pareto 分布。

Gabaix 提出了一个包含能够增加消费者效用的"设施"（Amenity）的模型。设施是独立同分布的，并受到一定的冲击。他假设了规模效应不变的生产函数，以便在工人视工资为给定时求出城市人口，进而给出了人口增长率的表达式。他指出，由于式中出现的效用、设施都与城市规模无关，因此城市规模的增长服从 Gibrat 定律。Córdoba 指出，Gabaix 的模型中规模效应不变不符合规范，并认为其并没有阐明"设施"的含义。

Eeckhout[①] 认为在城市中，聚集带来的正外部性和拥塞带来的负外部性间存在一种张力。正外部性体现在对劳动力边际产品的加成上，负外部性则表现在劳动供给的减少上。他假设技术受到外生冲击而进步。劳动者在城市间选择各自获得效用最大的城市居住，使得所有城市劳动者的效用一致，此时规模效应为一常数，如果它是正幂函数，且是城市规模的减函数，则城市规模的极限分布将是对数正态分布，城市规模的增长服从 Gibrat 定律。

Rossi-Hansberg 和 Wright[②] 借鉴 Lucas 的内生增长理论和 Henderson 的城市增长理论，建立了内生决定城市产生与消亡的模型。假设全要素生产率与行业技术、人口规模和人力资本相关，其中行业技术受到服从一阶 Markov 过程的冲击。在城市中，居民对居住地无差异，即地租与通勤成本之和对所有居民相同。消费者在随机序列上排列偏好，并在工作中积累人力资本。开发者为企业提供津贴以吸引企业，并使得全要素生产率至少与其他城市一样。最终，他们表明，当没有实物资本且生产率冲击持久时，或有线性实物资本、没有人力资本、折旧率为 100% 时，城市规模的增长满足 Gibrat 定律，城市规模满足 Zipf 定律。

Córdoba[③] 指出，城市的规模可能受到市场范围或负外部性的制约，为

---

① Eeckhout, J. Gibrat's law for (all) cities [J]. American Economic Review, 2004, 94(5): 1429-1451.

② Rossi-Hansberg, E. and M. L.J. Wright. Urban structure and growth [J]. Review of Economic Studies, 2007, 74 (2): 597-624.

③ Córdoba, J. C. On the distribution of city sizes [J]. Journal of Urban Economics, 2008, 63 (1): 177-197.

此他分别在这两种条件下建立了模型来讨论城市规模的分布。在市场范围受制约的条件下，Córdoba 采取了与 Henderson 类似的方式建立模型，同 Rossi-Hansberg 一样，他假设生产函数中的技术遵从外生的 Markov 过程，人口规模同时产生规模经济和负外部性。在负外部性的约束条件下，Córdoba 将前述模型中的规模经济中加入资本，并认为最终产品由一个规模收益不变的技术产生。模型表明，产生 Pareto 分布的城市规模的城市经济模型的前提是，生产要素的随机分布服从 Pareto 分布。

Krugman[①] 在新经济地理学的框架下建立起了类似中心地理论的模型。他假设农业人口在长为 2D 的线上均匀分布，由于交通成本的存在，工厂的选址在城市中或靠近城市的地方最为经济，工厂在开始时没有偏离城市的动机。当城市扩张时，厂商将在到城市中心最优的距离建立新厂。这个模型能够产生克里斯塔勒所描述的那种城市等级体系，但它没有回答城市规模分布为何服从幂律的问题。

Brakman 和 Garretsen[②] 等在 Krugman 的基础上加入了外部性对固定成本和可变成本的影响，建立了产出、工资均衡的方程，并认为在考虑冰山成本时，存在两个极限情况：多个城市产生或者单一大城市的兴起。对英国前工业化、工业化和后工业化时期城市的不同增长方式的模拟表明，其模型能够产生 Zipf 定律所描述的城市规模分布。

2.3 城市化进程中的不协调

2.3.1 城市化水平与城市基础设施间的不协调

经济增长将受益于在基础设施上充分的公共投入，这一看似明显的事

---

① Krugman, P. Confronting the mystery of urban hierarchy[J]. Journal of the Japanese and International Economies, 1996, 10 (4): 399-418.

② Brakman, S., H. Garretsen, C. Van Marrewijk and M. Van Den Berg. The return of zipf: Towards a further understanding of the rank-size distribution[J]. Journal of Regional Science, 1999, 39 (1): 183-213.

实长期受到经济学家的忽视,直至阿肖尔(Aschauer,1989a、1989b、1989c)的系列文章之后才被给予足够的重视。阿肖尔认为基础设施对生产效率的作用强于其他投资,通过将基础设施投入作为与其他资本区分的要素引入希克斯技术中性的集总生产函数,结果显著地表明一些被称为"核心基础设施"的设施在一国的经济增长中扮演了枢纽角色[①]。

巴罗(Barro,1990、1991)对 AK 生产函数进行了修改使其包含公共部门。政府同时为生产和居民生活提供产品。当控制居民消费为常数时,模型表明一旦公共产品投入率低于私有部门,私有资本的产出将出现递减[②]。

阿斯法罕尼和拉米雷斯(Esfahani、Ramírez,2003)用新增长理论推出的结构方程模型计算了基础设施向稳态趋近的收敛速度,认为国家的异质性是导致收敛速度差异的原因[③]。

斯特劳布等(Straub、Vellutini、Warlters,2008)采用增长核算(Growth Accounting)框架和跨国回归两种方法检验了基础设施投资是否对于东亚经济增长具有贡献。结果表明对于大多数变量而言,基础设施、生产率和增长具有显著联系。但是他们认为,基础设施投资的初步作用是放松对经济发展的约束,打开瓶颈,而非直接鼓励增长[④]。

班纳吉、迪弗洛和钱(Banerjee、Duflo、Qian,2009)认为交通网络建立倾向于历史城市,因此提出了内生安排交通运输网络的问题。通过研究中国城市 1986~2003 年交通网络、区域人口和经济表现间的关系表明,邻近交通网络对各部门人均产出具有较强的作用[⑤]。

[①] Aschauer, D. A. Is public expenditure productive? [J]. Journal of Monetary Economics, 1989a, 23 (2): 177-200; Does public capital crowd out private capital? [J]. Journal of Monetary Economics, 1989b, 24 (2): 171-188; Public investment and productivity growth in the Group of Seven [J]. Economic Perspectives, 1989c, 13(5): 17-25.

[②] Barro, R. J. Government spending in a simple model of endogenous growth [J]. Journal of Political Economy, 1990, 98 (5): 103-125.
Barro, R. J. and X. Sala-i-Martin. Economic growth and convergence across the United States [J]. National Bureau of Economic Research, 1990.

[③] Esfahani, H. S. and M. T. Ramíez. Institutions, infrastructure, and economic growth [J]. Journal of Development Economics, 2003, 70 (2): 443-477.

[④] Straub, S., C. Vellutini and M. Warlters. Infrastructure and economic growth in East Asia [M]. World Bank Publications, 2008.

[⑤] Banerjee, A., E. Duflo and N. Qian. On the road: Access to transportation infrastructure and economic growth in China [J]. National Bureau of Economic Research, 2012.

埃杰特、科兹鲁克和萨瑟兰（Egert、Kozluk、Sutherland，2009）对OECD国家1960~2005年的数据进行分析表明，具有网络外部性的基础设施的投资将促进经济增长，且基础设施投入比资本存量更具有影响力，因为外部性竞争的存在增强了规模经济。值得注意的是，他们还指出电信和电力部门的投资在长期有稳健的积极作用，并且这种作用具有高度的非线性，在实物资本存量低时作用更大[1]。

希门尼斯（Jimenez，1995）表明，在基础设施发达地区的企业更可能采用新技术的假设下，全要素生产率是基础设施禀赋的函数，物理投资提高了生产率和长期增长率。针对中国幅员广阔、技术依赖进口而非本地自发研究的情况而言，他的论证特别有用。进一步地，原料、能源产地与工业活动发生地的分离使得对交通运输的依赖进一步增强[2]。

弗莱舍和陈（Fleisher、Chen，1997）认为交通线路长度解释了中国各省的全要素生产率水平与增长[3]。穆迪和王（Mody、Wang，1997）采用23个行业部门1985~1989年的增长数据，表明道路网络长度和通信便利度已经成为经济发展的引擎[4]。

德穆格（Démurger，2001）通过对1985~1998年24个省级面板数据的增长模型估计，发现改革开放程度、地理位置和基础设施禀赋的差异解释了各省份经济增长表现的不同，为中国基础设施投资和经济增长间的关系提供实证依据。其中，交通便利程度是解释增长差距的重要分化因素，通信在减少孤立的负担中扮演重要角色[5]。

萨胡、戴瑟和那塔拉嘉（Sahoo、Dash、Nataraj，2010）考察了1975~2007年基础设施在促进经济发展中扮演的角色。结果表明，基础设施发展

---

[1] Egert, B., T. Kozluk and D. Sutherland. Infrastructure and growth: Empirical evidence [J]. CESifo Working Paper, 2009.

[2] Jimenez, E. Human and physical infrastructure: Public investment and pricing policies in developing countries [J]. Handbook of development economics, 1995, 3: 2773-2843.

[3] Fleisher, B. M. and J. Chen. The coast-noncoast income gap, productivity, and regional economic policy in China [J]. Journal of Comparative Economics, 1997, 25 (2): 220-236.

[4] Mody, A. and F. Y. Wang. Explaining industrial growth in coastal China: Economic reforms... and what else? [J]. The World Bank Economic Review, 1997, 11 (2): 293-325.

[5] Démurger, S. Infrastructure development and economic growth: An explanation for regional disparities in China? [J]. Journal of Comparative economics, 2001, 29 (1): 95-117.

具有比私人或公共投资更强的促进作用。他们认为，为取得可持续的增长，在人力资源形成和基础设施建设两个方面都有必要制定经济政策①。

娄洪（2004）在基础设施内生和外生的情况下分别探讨了经济增长与基础设施的作用。结果表明，在这两种情况下基础设施或能产生恒定内生增长，或能减缓增长递减的趋势，因而他认为基础设施能够推进经济长期增长②。

刘生龙、胡鞍钢（2010）首先用索洛残差法测算出了中国各省份全要素生产率的增长率；其次在C—D生产函数中增加基础设施作为生产要素投入，估计了基础设施对各省全要素生产率的影响。结果表明，交通、能源和信息基础设施具有外部性③。

刘生龙、胡鞍钢（2011）将基础设施引入引力模型，利用省际层面数据进行了研究，结果表明交通设施改善促进了区域间的贸易往来，对区域一体化起到了积极的作用④。

从文献综述可以看出，首先，研究者们的关注点大都在经济增长与基础设施间的关系；其次，大部分研究者肯定了基础设施对经济长期增长的促进作用。然而，基础设施、城市化进程和经济增长三者间的关系，以及基础设施的需求和供给关系鲜有研究者讨论，因此这正是本书将要探讨的问题。

2.3.2 城市化水平与工业化水平间的不协调

城市化与工业化的关系，是从人类已有的城市化经验对城市经济发展所处阶段进行判断，之后回答城市化与工业化发展是否协调的问题。在这方面，钱纳里、赛尔昆（Chenery、Syrquin，1975）的研究已被广泛接受并在中国的具体情况下进行了检验⑤。张颖、赵民（2003）利用钱纳里模型

---

① Sahoo, P., R. K. Dash and G. Nataraj. Infrastructure development and economic growth in China [J]. Institute of Developing Economies (IDE) Discussion Paper, 2010, 261.
② 娄洪. 长期经济增长中的公共投资政策——包含一般拥挤性公共基础设施资本存量的动态经济增长模型 [J]. 经济研究, 2004 (3): 10-19.
③ 刘生龙，胡鞍钢. 基础设施的外部性在中国的检验：1988~2007 [J]. 经济研究, 2010, 45 (3): 4-15.
④ 刘生龙，胡鞍钢. 交通基础设施与中国区域经济一体化 [J]. 经济研究, 2011 (3): 72-82.
⑤ 钱纳里，赛尔昆. 发展的型式 [M]. 北京：经济科学出版社, 1988.

对中国的城市化水平进行了判断，认为中国城市化率偏低，但这是处于城市化起飞阶段的普遍特征①。刘等（Liu、Li、Zhang，2003）认为，与其他处于相同发展阶段的发展中国家相比，中国城市化率滞后于工业化率。安虎森、陈明（2005）用人均 GNP 作为标准衡量，认为中国不存在城市化滞后于工业化的问题，但二者关系并不协调②。常、布兰达（Chang、Brada，2006）利用相似的方法得出结论，认为中国城市化水平与经济发展水平间的缺口在不断扩大③。

另一种研究范式是诺瑟姆（Northam，1975）提出的城市化进程的"S"形曲线④。周一星（1982）指出，经济发展水平与城市化水平的关系存在对数曲线关系。陈彦光、周一星（2005）对"S"形曲线进行了改进⑤。冯、李（Feng、Li，2006）认为中国符合"S"形曲线，目前处于第二个阶段，但城市化率仍然偏低⑥。王建军、吴志强（2007）利用"S"形曲线对世界各国的城市发展阶段进行了判断，认为中国城镇化的曲线与其他国家相同⑦。然而王德、彭雪辉（2004）对日本城市化过程的研究表明，日本大部分地区既不符合"S"形曲线规律，又与钱纳里的学说不符⑧。戴维斯、亨德森（Davis、Henderson，2003）同样没有发现"S"形曲线存在的证据。

还有一些学者使用其他方法检验城市化与工业化的协调关系。陈明星、陆大道和查良松等（2009）⑨以及陈明星、陆大道和刘慧等（2010）

---

① 张颖，赵民. 论城市化与经济发展的相关性——对钱纳里研究成果的辨析与延伸 [J]. 城市规划汇刊，2003（4）：9-18.
② 安虎森，陈明. 工业化、城市化进程与我国城市化推进的路径选择 [J]. 南开经济研究，2005（1）：48-54.
③ Chang. G. H. J. C. Brada. The paradox of China's growing under-urbanization[J]. Economic Systems，2006（30）：24-40.
④ Northam，R. M. Urban Geography [M]. New York：John Wiley & Sons，1975.
⑤ 陈彦光，周一星. 城市等级体系的多重 Zipf 维数及其地理空间意义 [J]. 北京大学学报（自然科学版），2002，38（6）：823-830.
⑥ Feng，J. X.，D. D. Li. Stages of Urbanization：Is China's urbanization poised to take off? [N]. Working Paper，2006.
⑦ 王建军，吴志强. 1950 年后世界主要国家城镇化发展——轨迹分析与类型分组 [J]. 城市规划学刊，2007（6）：47-53.
⑧ 王德，彭雪辉. 走出高城市化的误区——日本地区城市化发展过程的启示 [J]. 城市规划，2004（11）：29-34.
⑨ 陈明星，陆大道，查良松. 中国城市化与经济发展水平关系的国际比较 [J]. 地理研究，2009（2）：464-474.

利用四象限法得出结论,认为城市化水平与经济发展水平是协调的①。

从这些研究来看,尽管城市化水平滞后于工业化水平是主要声音(钟水映、李晶,2002),但也有不同的意见,认为城市化水平与工业化水平相互协调和超前工业化水平皆有人在。研究者们的研究思路基本上是在国家间进行比较,少有在国家内进行比较②。本书将对采用国际、国内两种尺度的数据进行比较,对中国城市化水平与工业化水平的关系进行探讨。

2.3.3 城市蔓延

城市蔓延是指随着城市发展,城市的边界不断向外延伸的状况。与此相伴的是城市就业和居住的郊区化。布鲁克纳、范思勒(Brueckner、Fansler,1983)在1983年最早把城市蔓延用城市经济学的框架进行了分析。他们以单中心城市模型为理论基础,用美国40个小都市区的横截面数据研究了城市蔓延的影响因素,认为城市蔓延是理性市场进程的结果③。布鲁克纳(Brueckner,2000,2001)进一步指出,土地市场失灵、交通拥塞的外部性和地方政府的财政预期3个原因加剧了城市空间规模的扩大④。麦格拉斯(McGrath,2005)用美国最大的33个大都市区的面板数据对布鲁克纳和范思勒1983年的工作进行了检验,结果再次表明,"蔓延是旧的市场进程的结果,而非经济系统失去控制的并发症"⑤。波奇菲尔德等(Burchfield、Overman、Puga、Turner,2006)利用卫星影像获得城市边界,并在识别扩张的时空格局的基础上,发现蔓延与以下因素正相关:工作岗位分散化程度、城市对公共交通或汽车的依赖、人口增长、持有未开发土地的价值、自然地理条件、城市边缘未被城市规划管制的土地比例、公共

---

① 陈明星,陆大道,刘慧. 中国城市化与经济发展水平关系的省际格局 [J]. 地理学报,2010 (12): 1443–1453.

② 钟水映,李晶. 经济结构、城市结构与中国城市化发展 [J]. 人口研究,2002 (5): 63–70.

③ Brueckner, J.K., D.A. Fansler. The economics of urban sprawl: Theory and evidence on the spatial sizes of cities [J]. The Review of Economics and Statistics, 1983 (3): 479–482.

④ Brueckner, J.K., D.A. Fansler. Urban sprawl: Diagnosis and remedies [J]. International Regional Science Review, 2000 (23): 160–171.

⑤ McGrath, D. T., More evidence on the spatial scale of cities [J]. Journal of Urban Economics, 2005 (58): 1–10.

服务融资对当地纳税人的影响度低①。邓等（Deng、Huang、Rozelle、Uchida，2008）采用麦格拉斯（McGrath，2005）的思路，用卫星影像获得的城市边界数据对中国县及以上的城市蔓延进行了研究，表明经济因素是驱动城市扩张的主要动力。利希滕贝格、丁（Lichtenberg、Ding，2009）对中国沿海的研究表明，土地价值、农业用地价值和政府财政收入对市区的影响与模型预测的方式一致②。

从这些研究可以发现，学者们将目光聚焦在了城市蔓延的原因解释上，而对城市蔓延对经济造成的影响几乎没有提及。从单中心城市模型的角度来说，城市空间规模的扩大导致了通勤成本上升，进而聚集的负外部性增加，因此对于经济的影响应该是负的。本书将对这一问题进行阐述。

2.4 城市效率

欧美发达国家的增长放缓和东亚发展中国家的经济繁荣，使得经济学家对全要素生产率的变化产生了兴趣（Wu，2001）③，他们相信效率增长的差异是产生这种现象的原因（Wu，1995；Baumol，1986；De Long，1988；Wolff，1996）。

对于城市中各种生产要素对生产率的贡献，学者们基于自身的实证研究存在不同的看法，对中国要素生产率及其变化的研究，多是针对省际尺度或分行业的研究。Ezaki、Sun（1999）利用传统经济增长核算法计算了1981~1995年中国各省份的效率，指出在此期间中国各省的效率增长显著。他们认为，中国在改革开放后15年中的经济迅速增长很大程度上得益于高资本投入，其对GDP的贡献率为50%；劳动力对GDP的贡献率在15%

---

① Burchfield, M., H. G. Overman, D. Puga, M. A. Turner. Causes of sprawl: A portrait from space [N]. Working Papers, University of Toronto, Department of Economics, 2005.

② Lichtenberg, E., C. R. Ding. Local officials as land developers: Urban spatial expansion in China [J]. Journal of Urban Economics, 2009 (1): 57–64.

③ Wu, Y. Is China's economic growth sustainable? A productivity analysis [J]. China Economic Review, 2001, 11 (3): 278–296.

左右；全要素生产率以每年 3%~4%的速率增长，对 GDP 的贡献率在 40% 左右。由此可见，在中国的城市化进程中投资和城市效率是两个重要的带动因素，而劳动力的贡献度则较弱，这与中国的外向型经济、在全球价值链中处于低端具有高度的一致性。他们指出，在"八五"期间，由于资本投入和技术进步都集中在了东部地区，导致了东部与中部和西部的差距进一步扩大，特别是在人均收入方面表现更为明显[①]。

然而，Wu（2001）采用随机前沿分析表明，在 20 世纪 80 年代，整个经济的要素生产率呈现的是先下降、后上升的"J"形变化，经济增长的主要驱动是投资。到了 20 世纪 90 年代，技术进步成为影响经济增长的主要原因。与 Ezaki、Sun（1999）相反，Wu 发现在 20 世纪 80 年代和 90 年代，中国区域间的技术进步是收敛的，这表现为在 80 年代改革开放后，后进地区追赶先进地区；在 90 年代，区域间的技术效率收敛。这与 Ezaki 和 Sun（1999）判断区域间差距进一步加大的结论完全相反。Wu（2001）的结论被 Quo 等（2006）采用数据包络分析（Data Envelment Analysis，DEA）方法利用 1979~2003 年省级数据对其再次证实。

颜鹏飞、王兵（2004）对 1978~2001 年中国省级面板数据采用 DEA 方法计算和分解了全要素生产率，他们发现在 20 世纪 80 年代，中性技术进步导致技术进步率为负，但技术效率出现了明显提高，特别是纯技术效率对此有主要贡献[②]。这个结论与 Wu（2001）的研究具有一致性。在 90 年代，技术进步成为要素生产率提高的主要因素，而规模效率和纯技术效率出现下降，这表明经济要素配置的结构得到了极大提高，这与 Wu（2001）的研究结论也是一致的。他们进一步分析了对技术效率产生影响的因素，值得注意的是在他们的回归结果中人力资本对要素效率的作用是负的，其解释是人力资本需要进一步与技术等其他因素紧密结合才能产生应有的作用，但他们没有进一步说明这个解释的依据。事实上，由于外向型经济处于全球价值链的底端，更高的人力资本并没有在劳动力市场中找到匹配的

[①] Ezaki, M. and L. Sun. Growth accounting in China for national, regional, and provincial economies: 1981-1995 [J]. Asian Economic Journal, 1999, 13（1）: 39-71.
[②] 颜鹏飞，王兵. 技术效率，技术进步与生产率增长：基于 DEA 的实证分析 [J]. 经济研究，2004，12（55）: 5.

工作，从而导致之前教育投资的损失。

何枫、陈荣（2004）利用1990~2001年中国各省份的面板数据，采用随机前沿分析法分析了经济开放程度对技术效率的贡献，回归结果表明，国际贸易和直接投资都对技术效率有所影响，但后者的影响更大[①]。郭庆旺、贾俊雪（2005）利用索洛残差法、隐性变量法和潜在产出法估算了1979~2004年中国的全要素生产率，并且表明全要素生产率对中国经济增长的贡献微弱，是典型的投资驱动增长方式[②]。王志刚、龚六堂等（2006）采用随机前沿分析方法，利用1978~2003年中国省际面板数据对全要素生产率进行了分解，并研究了投入要素对产出的影响，结果表明，劳动投入的平均产出高于投资[③]。傅晓霞、吴利学（2006）利用1978~2004年的中国省际面板数据，采用随机前沿分析法计算了技术效率，并进一步表明资本投入对经济增长的重要影响因素[④]。舒元、才国伟（2007）利用1980~2004年的省际面板数据采用DEA方法测度和分解了全要素生产率，表明技术扩散过程与距离存在相关关系[⑤]。

一些经济学家对行业和以企业为决策单元的微观研究尺度效率进行了研究。郑玉歆、张晓等（1995）使用随机前沿分析法计算了1980~1992年广州、厦门、深圳、上海4个城市300家企业的技术效率和全要素生产率，并分行业进行了比较[⑥]。刘小玄（2000）利用1995年的截面数据分行业和所有制，在企业层面上探讨了工业企业效率的差异，他指出国有企业的效率最低，而私营个体企业效率最高[⑦]。姚洋、章奇（2001）利用39个行业的37769个企业样本进一步探讨了所有制、R&D支出、企业规模、

[①] 何枫，陈荣.经济开放度对中国经济效率的影响：基于跨省数据的实证分析[J].数量经济技术经济研究，2004（3）：18-24.

[②] 郭庆旺，贾俊雪.中国全要素生产率的估算：1979~2004[J].经济研究，2005，6（5）：1-60.

[③] 王志刚，龚六堂，陈玉宇.地区间生产效率与全要素生产率增长率分解（1978~2003）[J].中国社会科学，2006（2）：55-66

[④] 傅晓霞，吴利学.技术效率，资本深化与地区差异——基于随机前沿模型的中国地区收敛分析[J].经济研究，2006，41（10）：52-61.

[⑤] 舒元，才国伟.我国省际技术进步及其空间扩散分析[J].经济研究，2007（6）：106-118.

[⑥] 郑玉歆，张晓，张思奇.技术效率，技术进步及其对生产率的贡献——沿海工业企业调查的初步分析[J].数量经济技术经济研究，1995（12）：22-26.

[⑦] 刘小玄.中国工业企业的所有制结构对效率差异的影响——1995年全国工业企业普查数据的实证分析[J].经济研究，2000（2）：17-25.

FDI及其外溢效应和地理位置对企业效率的影响[①]。顾乃华、李江帆（2006）用1992~2002年中国各省份的面板数据计算了服务业的效率并研究了对效率产生影响的因素，结果表明，市场化程度和劳动者素质差异是导致服务业技术效率区域差异的重要原因[②]。

在大量关于经济效率研究的文献中，针对中国城市效率的研究并不多见。Charnes（1989）等应用DEA方法计算了28个城市的效率[③]。在此基础上，Byrnes和Storbeck（2000）对28个城市进行分区，研究区域间行为对城市效率的影响，进而表明城市效率得益于区域合作[④]。Au和Henderson（2006）建立了一个城市经济模型计算了中国205个城市的效率，并研究了城市效率与城市规模的倒"U"形关系。李培（2007）利用DEA方法计算了1990~2004年中国城市的全要素生产率，并采用空间计量模型探讨了对技术效率有影响的因素[⑤]。戴永安（2010）采用随机前沿分析法计算了2001~2007年中国地级以上城市的城市效率及其变化[⑥]。郭腾云、董冠鹏（2009）研究了城市空间结构与城市效率的关系[⑦]。

[①] 姚洋，章奇. 中国工业企业技术效率分析[J]. 经济研究，2001（10）：13-19.
[②] 顾乃华，李江帆. 中国服务业技术效率区域差异的实证分析[J]. 经济研究，2006（1）：46-56.
[③] Charnes, A., W. W. Cooper and S. Li. Using data envelopment analysis to evaluate efficiency in the economic performance of Chinese cities [J]. Socio-Economic Planning Sciences, 1989, 23（6）：325-344.
[④] Byrnes, P. E. and J. E. Storbeck. Efficiency gains from regionalization: Economic development in China revisited [J]. Socio-Economic Planning Sciences, 2000, 34（2）：141-154.
[⑤] 李培. 中国城市经济增长的效率与差异[J]. 数量经济技术经济研究，2007，24（7）：97-106.
[⑥] 戴永安. 中国城市化效率及其影响因素——基于随机前沿生产函数的分析[J]. 数量经济技术经济研究，2010（12）：103-117.
[⑦] 郭腾云，董冠鹏. 基于GIS和DEA的特大城市空间紧凑度与城市效率分析[J]. 地球信息科学学报，2009，11（4）：482-490.

3 城市化中的缺口现象

自改革开放以来,中国的城市化取得了辉煌成就,对经济发展产生了巨大的推动作用。在这样的背景下,通过与其他国家城市化规律的对比对中国城市化进程中存在的问题进行梳理,对今后城市化道路的选择具有重要的政策参考价值。本章探讨中国城市化进程中的缺口现象,它包括三方面内容:首先是城市规模或城市化水平滞后于工业化水平导致的城市化水平与工业化水平间的缺口;其次是城市人口规模增速与城市用地规模增速不一致导致的城市人口规模与用地规模间的缺口;最后是城市提供的基础设施不能满足城市化需要的城市化水平与基础设施间的缺口。

本章通过与其他国家的对比或国内自身发展规律的对比,阐述了城市化中的缺口现象,并继续搭建起用于进行比较的基准模型。基准模型是在不考虑三个缺口前提下的城市增长规律,包括城市规模分布的规律、基于随机过程的城市增长规律、城市体系的长期发展趋势、空间异质性的影响以及城市化与经济增长间的关系。在对缺口现象进行详细分析和探讨时,这些基准模型提供了分析的框架和依据。

3.1 城市化水平与工业化水平间的缺口

本节用于进行国家间比较的数据来自世界银行 WDI (World Development Indicator) 数据库,用 231 个国家 1960~2009 年的指标构造的面板数据进行分析。

工业化率的计算有两种方法：其一是采用工业附加值在 GDP 中所占比重衡量，其二是以雇佣工人数占总劳动力比重衡量。本书采用前者作为衡量标准，图 3.1~图 3.4 分别给出了高收入国家、中高收入国家、中低收入国家和低收入国家（国家收入分组参照世界银行 WDI 数据库的分法，其中高收入国家包括了 OECD 和非 OECD 高收入国家）工业化率与城市化率的散点图，并将中国的工业化率与城市化率的对应关系包括在内，以便于对比。为了便于将中国城市化水平与工业化水平缺口与世界其他国家进行比较，每幅图中给出了作为参照对象的其他国家城市化与工业化的拟合曲线，该曲线代表了该组中一定工业化水平下的平均城市化水平。

如图 3.1 所示是高收入国家和中国工业化与城市化关系的对比。从中可以清晰地看到，随着工业化程度的不断提高，中国的城市化水平不断地接近高收入国家的平均水平，但在最高点处仍然有 20%~30% 的差距。值得注意的是拟合曲线的斜率是负的，这表明高收入国家正经历"去工业化"过程，即工业不断向世界落后地区转移，而以服务业支撑国民经济和城市化进程。这一现象在 4 个国家收入分类中是独一无二的。

如图 3.2 所示是中高收入国家和中国的工业化与城市化关系的对比。从散点图判断，在中高收入国家，工业化与城市化的关系是正相关的；拟合线的斜率为正但比较平缓。从图中可以得出结论：首先，随着经济进入较高的发展阶段，工业对于吸引劳动力进入城市虽然仍具有积极作用，但

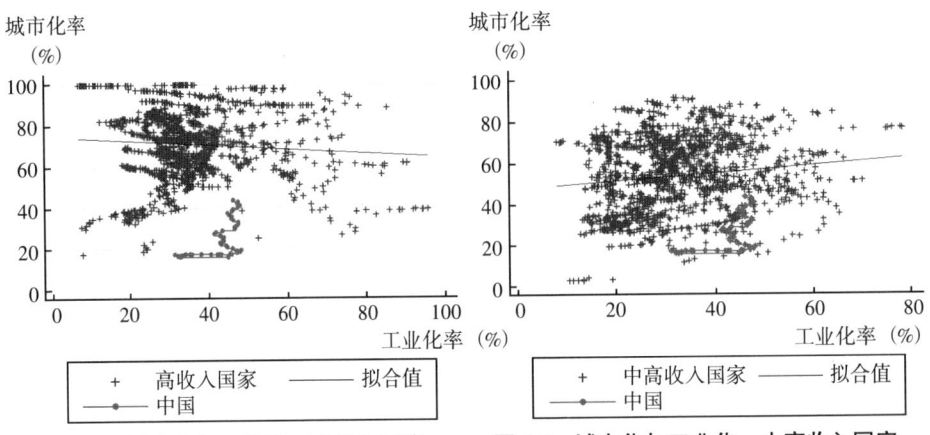

图 3.1 城市化与工业化：高收入国家　　图 3.2 城市化与工业化：中高收入国家

这种作用在变得微弱；而服务业可能日益成为城市化的驱动因素。其次，中国的城市化水平距离中高收入国家的平均水平仍然有10%~15%的差距。考虑到中国在WDI中被归为中高收入国家，我们认为这个差距可以被认为是中国城市化水平与工业化水平间的缺口。

如图3.3所示是中低收入国家和中国的工业化与城市化关系的对比。从散点图判断，中低收入国家分组中工业化与城市化的关系有两个特点：一是工业化率较低，大部分国家的工业化率在40%及以下。二是工业化率与城市化率的关系显著正相关，这个特点在拟合曲线上表现得更为明显，拟合曲线的斜率为正且是4个国家收入分组中最陡峭的。这意味着在中低收入国家，劳动力从农业生产部门向工业生产部门转移是驱动城市化进程的主要因素。从中国与该组其他国家的对比来看，尽管在初期中国的城市化水平表现出了明显的滞后，但随着工业化的不断深入，中国的城市化水平已经达到了中低收入分组的平均水平。

如图3.4所示是低收入国家和中国的工业化与城市化关系对比。从散点图看，低收入国家的工业化水平更低，并且城市化水平也较低，因此散点图呈现狭长形态。拟合曲线的斜率为正，但比中低收入国家平缓、比中高收入国家陡峭。这表明低收入国家处于工业化起步的阶段，城市不断吸引农业人口进入，但由于工业化水平不高，工业化对城市化的带动作用还没有完全地显现出来。从中国与该组中其他国家的对比来看，中国的城市

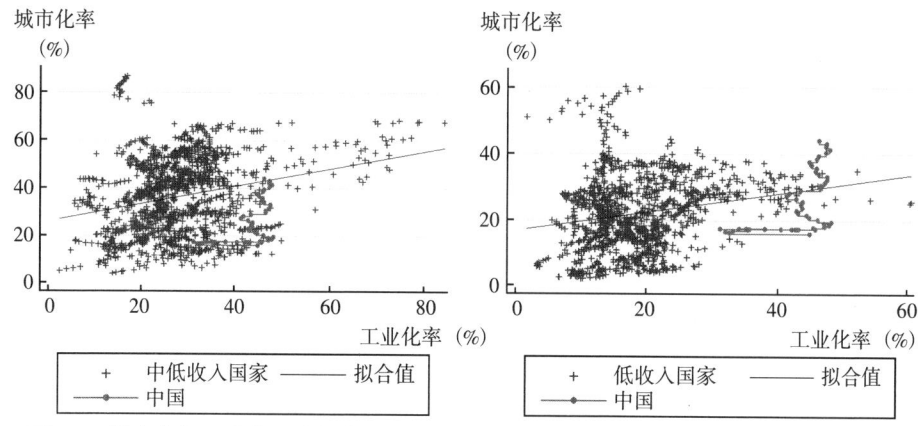

图 3.3 城市化与工业化：中低收入国家　　图 3.4 城市化与工业化：低收入国家

资料来源：世界银行WDI数据库，图形为作者自绘。

化水平超过了该组平均水平的 10%~15%。

通过以上分析可以得出与前人稍有不同的结论：首先，中国的城市化水平与工业化水平间确实存在缺口，这个缺口为 10%~15%；其次，在不同的国家收入分组中，中国城市化水平与工业化水平间是否存在缺口、缺口的程度是不同的，因此笼统地说中国工业化间与城市化间存在缺口是不准确的，特别是考虑到在与低收入国家的对比中，中国的城市化率明显高于平均水平。

安虎森、陈明（2005）认为，人均 GDP（在其文章中未区分 GNP 与 GDP）更能代表工业化的水平，并以此标准得出了中国城市化水平不存在滞后的结论。为了验证这一结论，本书以与图 3.1~图 3.4 相同的方法给出了各收入分组国家的人均收入与城市化水平的散点图、拟合曲线以及中国的对应情况（见图 3.5~图 3.8）。图中采用的人均 GDP 是以购买力平价法测度的，在制图时进行了对数变换以便观察。从图中可以看到：首先，在除低收入组外的国家中，中国的城市化水平是低于世界平均水平的；其次，与以工业化率为衡量依据不同的是，收入水平越高，城市化水平越高，两者存在显著的正相关关系，并且拟合曲线的陡峭程度随收入水平增加而增加。

至此可以得出结论，无论是以工业化率还是以人均 GDP 作为衡量工业化水平的依据，中国的城市化水平都是滞后于工业化水平的，这个缺口在不同的收入分组中表现不同，但由于中国被归为中高收入国家，因此采用

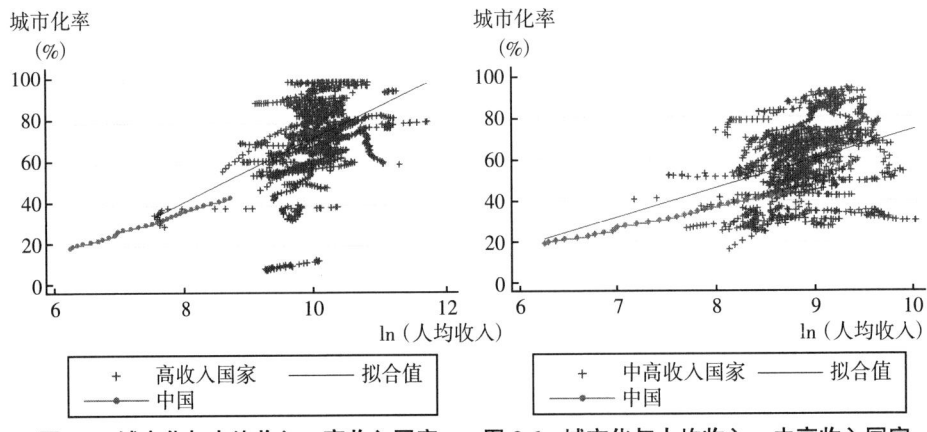

图 3.5　城市化与人均收入：高收入国家　　图 3.6　城市化与人均收入：中高收入国家

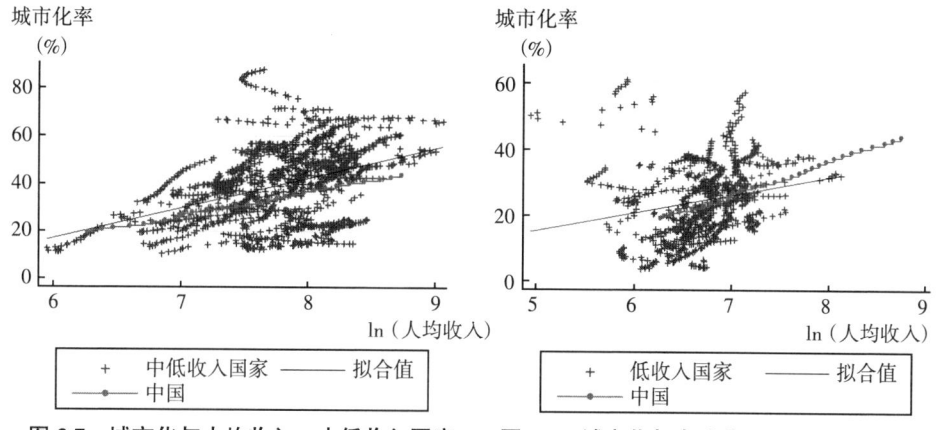

图 3.7 城市化与人均收入：中低收入国家　　图 3.8 城市化与人均收入：低收入国家

中国城市化水平与该组的平均水平差距作为中国城市化水平与工业化水平间缺口的测度结果，为 10%~15%。

3.2 城市人口规模与用地规模间的缺口

城市人口规模与用地规模间缺口的表现是城市用地迅速扩张，城市边界蔓延的速度超过了城市人口增长的速度，这种模式的城市化对于人口众多、土地资源紧张的国家来说是不可持续的。新中国成立以来，中国的城市化率从 18% 增加到 48%[1]，城市化率递增的速度是平均每年 1%；然而城市建成区面积扩张了 50%[2]。从这一现象中可以直观地看到城市化进程中土地的城市化速率超过了人口的城市化率。如图 3.9 所示是中国 1985~2009 年的城市化率和建成区面积平均增长率的情况，图中表明，尽管建成区面积的增长率随时间出现波动，但即使增长率最低的年份也高于 10%，远远超过了城市化率的增加幅度。我们称这一现象为城市人口规模与用地规模

---

[1] 资料来源：世界银行数据库。
[2] 发改委. 提高特大城市人口密度，防止过度扩展 [EB/OL]. 新华网。

间的缺口。

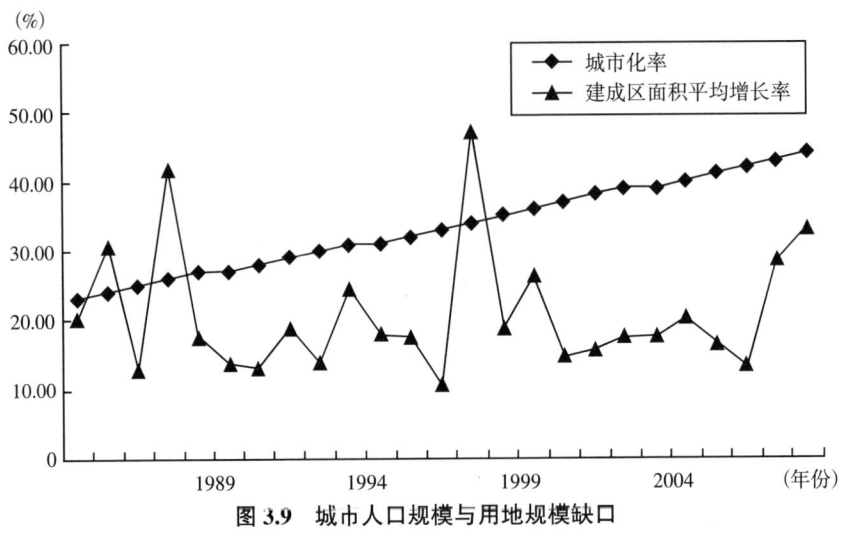

图 3.9　城市人口规模与用地规模缺口

从发达国家的城市化经验来看，城市扩张似乎是不可避免的发展规律。但需要注意的是，发达国家的城市迅速扩张是建立在对汽车的高度依赖、城市化已经达到一定水平的基础上的（Glaeser、Kahn，2004），处于比中国当前的城市化水平和经济发展水平更高的阶段。中国城市人口规模与用地规模间的缺口会对经济造成消极影响，并导致多方面的问题。

首先，城市迅速扩张是以占用农地为前提的，这就导致了失地农民进入城市的一系列问题。农村土地的集体所有制使得农民对于土地赔偿几乎没有议价能力，而是由村负责人代为协调，这中间就存在寻租空间。这也是在城市化进程中征地导致的群体事件屡发的原因。另外，农民被动进入城市后可能由于缺乏在城市中谋生的技能，被动城市化的农民在城市生活中在经济、社会交往、文化等方面被城市拒绝，造成新的城市贫困。

其次，城市用地迅速扩张，导致城市效率降低。这主要通过三种渠道传导：第一，城市边界扩大后，人均通勤时间增加，有效劳动时间减少，使城市提前到达当前经济发展能够支撑的拥塞极限，并降低城市居民生活的舒适程度。第二，城市边界扩大后，需要相应地修建基础设施，包括交通、供水、供电、污水处理等。由于资金投入较多，在中国常常见到新城区在外表上已经是城市,但基础设施、生活方式却没有相应改变的"伪城市化"现象。第三,经过多年的发展,旧城区形成了相对完善的各种基础设施,包括交通设施、文化设施、商业设施、卫生设施,这些设施的存在提升了旧城区的土地价值。因此,开辟和建设新城区,而保持旧城区的低密度面貌,事实上是对旧城区地租的低估,旧城区设施提供的便利得不到有效利用,会造成资源浪费。

最后,城市用地规模的过快扩张,导致城市环境不友好。城市土地规模越大,交通时间越长,汽车尾气的排放也就越多,这导致城市的环境质量下降、负外部性增加。公共交通能够在一定程度上缓解这种矛盾,但负责在一些人口密度较小的居住区和工作地之间通勤的公共交通的使用效率低下,也会增加尾气的排放量。

3.3 城市化水平与基础设施间的缺口

从理论分析可以看到,当谈到基础设施时,研究者的研究对象往往只包括了"核心基础设施",即通信、电力和交通基础设施。核心基础设施的界定是它们具有网络外部性、投资规模大且回报率低、回报周期长。本书中所说的基础设施,则是在"核心基础设施"上加入了教育和卫生两个部门投入后的基础设施,这是因为城市化不仅是经济、城市外观的现代化,也是城市居民生活的现代化。

从考察指标来看,本书采用世界银行 WDI 数据库中的实物指标作为核心基础设施人均水平的衡量依据。由于 WDI 数据库在教育和卫生部门仅记录了投资情况,为进行跨国比较,在这两个部门仍然使用投资水平作为衡量依据。与城市化水平与工业化水平间缺口的分析方法类似,本节仍然使用城市化率和人均 GDP 作为城市化水平的衡量指标,将中国与国外其他国家的人均基础设施持有量与城市化率或人均 GDP 间的差距作为基础设施的缺口。

图 3.10~图 3.15 给出了核心基础设施与卫生、教育部门中国与国外对

比的情况。基于前述理由，此处仅列出了中国与中高收入国家组的对比。图中的散点表示中高收入国家组中除中国外其他国家的投影，拟合曲线表明这些国家城市化水平与基础设施建设水平的平均情况。从图中可以看到，基础设施缺口在不同的部门情况各异。总的来说，核心基础设施的建设水平随着城市化水平的提高而提高。但是在教育和卫生两个部门，情况并非如此。需要指出的是，卫生和教育支出均采用公共支出的卫生和教育经费占 GDP 的比重，这与我国教育和卫生市场没有放开、经费基本由政府提供有关。从图中可以看到，随着城市化水平提高，卫生和教育支出的 GDP 占比并没有提高。我国的通信和电力消耗水平则超过了中高收入国家组的平均水平。

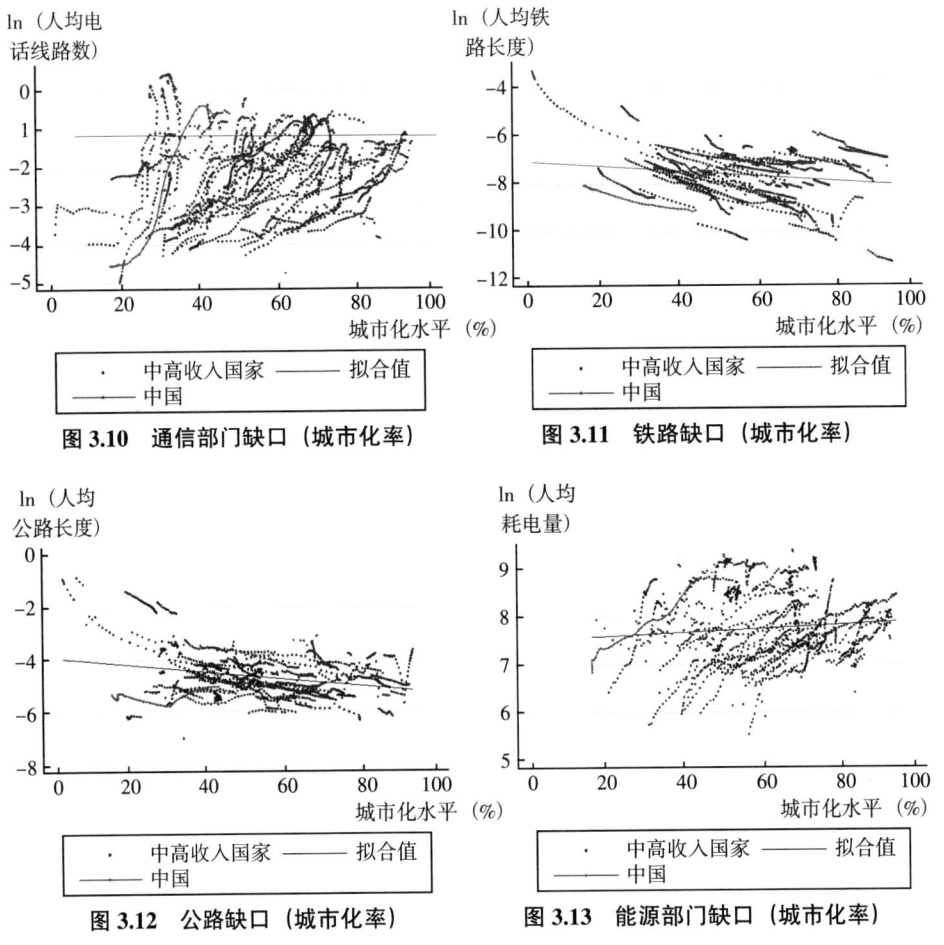

图 3.10　通信部门缺口（城市化率）　　图 3.11　铁路缺口（城市化率）

图 3.12　公路缺口（城市化率）　　图 3.13　能源部门缺口（城市化率）

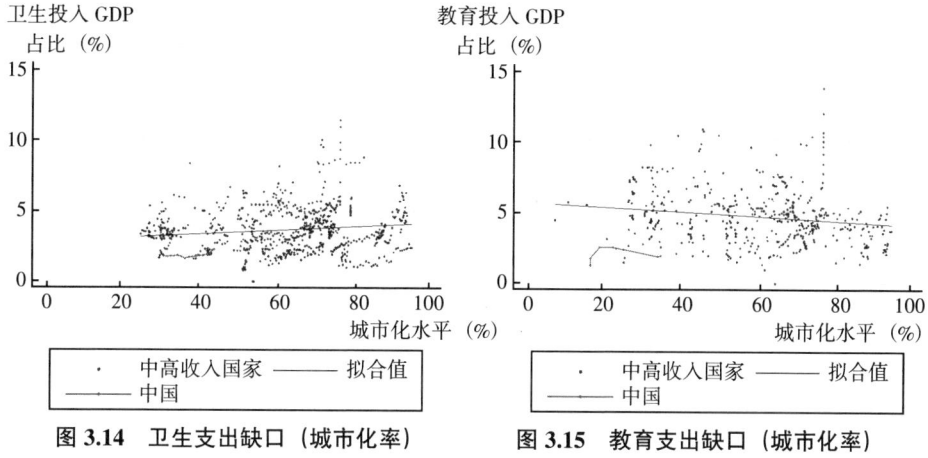

图 3.14 卫生支出缺口（城市化率）　　图 3.15 教育支出缺口（城市化率）

图 3.16~图 3.21 给出了以人均收入衡量城市化水平的情况下，中国与中高收入国家组平均水平的差距。从图中可以看到，结论与图 3.10~图 3.15 类似，在此不再赘述。

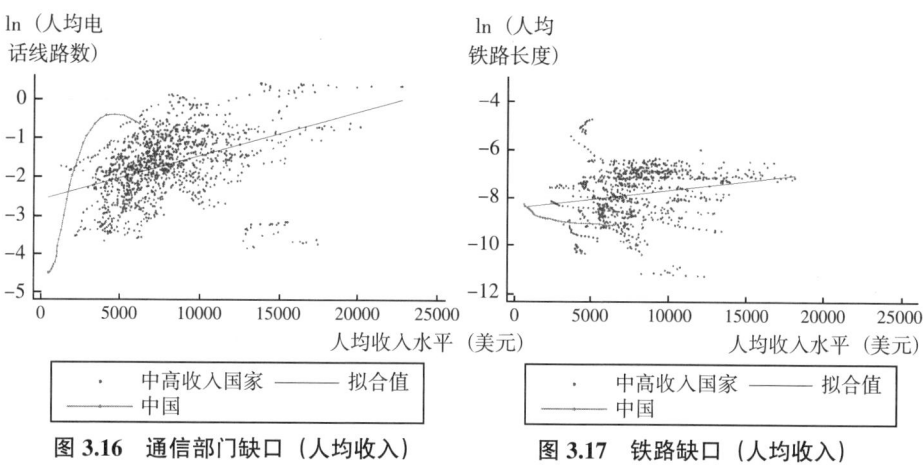

图 3.16 通信部门缺口（人均收入）　　图 3.17 铁路缺口（人均收入）

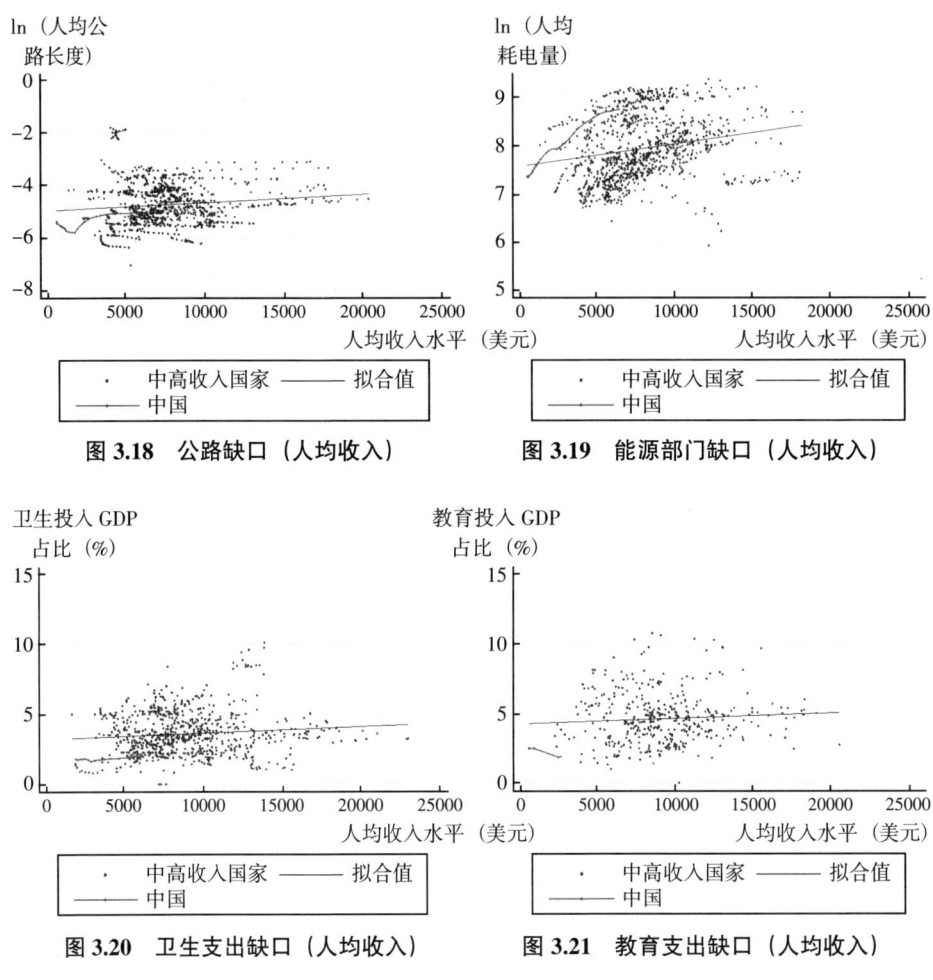

图 3.18 公路缺口（人均收入）

图 3.19 能源部门缺口（人均收入）

图 3.20 卫生支出缺口（人均收入）

图 3.21 教育支出缺口（人均收入）

3.4 缺口研究的基准模型

3.4.1 中国城市规模的分布规律

Zipf 定律有不同的表达方式，最基本的是根据 Auerbach 的定义，认为城市规模分布应该满足 Pareto 分布：

$$P(\text{Size} > S) = \frac{a}{S^\zeta} \tag{3.1}$$

或：

$$\ln R = \ln a - \zeta \ln S \tag{3.2}$$

其中，S 是城市规模，P 是规模比 S 大的城市的概率（Auerbach，1913），R 是城市的位序，将城市按其规模从大到小排序，规模最大的为 1。Zipf 的贡献在于，他指出城市规模分布不仅应满足 Pareto 分布，而且 Pareto 参数 ζ 应该为 1，这即是城市规模与大于此规模的城市出现的概率之积是一常数（Zipf，1949）。ζ 也被称为 Zipf 系数，当它大于 1 时表明城市规模分布比 Zipf 定律所预测的要平坦；当它小于 1 时表明实际分布比 Zipf 定律所描述的陡峭。笔者采用式（3.2）对 Zipf 系数进行估计。

为了保证数据的一致性，笔者根据国家 1963 年对城市的定义，把市辖区人口在 100000 以上的地级市作为研究对象。1984~2008 年的城市规模数据来自《中国城市统计年鉴》（1985~2009），1984 年前的数据则来自《中国城市四十年》。以 1949 年为起点，逐年采集数据直至 2008 年。表 3.1 给出了样本的情况。从表中可以看到，从新中国成立初到 1964 年和 1978~1984 年是新城市增长率最快的两个阶段，其增长率在 3%~6%。1986 年之后，新城市的增长速率减缓，基本维持在 1%~2%。从城市平均规模来看，改革开放前后出现了明显的差异。1978 年前，城市平均规模并不一直是正增长，其原因可能是受到三年自然灾害、"文化大革命"的影响。同时，尽管这个阶段的城市数量增长迅速，但是以建立小城市为其发展模式。1978 年后，城市规模的均值和方差都不断增大，表明尽管新增城市的速率放缓，但原有城市的规模或新增城市的规模比改革开放前大。这种现象与 Black 和 Henderson 对美国城市演进的过程并不完全相同。Black 和 Henderson 根据产品周期理论指出，由于标准化产品的生产布局在了其他国家，美国的城市更倾向于提供信息和服务的功能，从而导致了城市进一步聚集。

对每年的城市规模降序排列得到每个城市在当年的位序，代入式（3.2）计算得到新中国成立以来逐年的 Zipf 系数。为了提高拟合精度，笔

表 3.1 城市规模统计（1949~2008 年）

年份	样本数	均值	方差	最小值	最大值	年份	样本数	均值	方差	最小值	最大值
1949	50	46.67	65.72	10.15	416.97	1990	239	52.70	80.89	10.26	749.65
1952	74	41.57	68.02	10.14	503.38	1991	241	53.34	81.28	10.11	752.82
1957	98	50.37	79.12	10.06	606.97	1992	244	54.28	81.47	10.09	756.10
1958	110	50.33	75.04	10.31	575.42	1993	249	55.35	83.44	10.09	810.35
1961	122	51.90	79.73	10.09	638.20	1994	254	56.66	84.11	10.05	824.91
1962	122	50.17	77.85	10.24	632.54	1995	262	56.96	84.82	10.02	833.80
1963	118	51.55	80.82	10.01	635.53	1996	262	58.42	85.79	10.40	841.75
1964	122	51.30	80.91	10.04	638.45	1997	266	59.34	87.45	10.26	868.79
1965	122	52.01	81.39	10.40	638.85	1998	269	60.02	89.51	10.08	893.72
1970	132	48.05	70.85	10.27	576.42	1999	270	61.34	92.34	10.20	923.19
1975	145	48.95	69.53	10.21	553.13	2000	273	62.70	94.93	10.40	938.21
1978	153	50.01	70.16	10.09	553.47	2001	274	65.17	98.24	10.07	983.84
1980	169	51.11	73.87	10.37	598.34	2002	276	68.90	102.53	10.69	1003.08
1984	202	50.42	76.53	10.20	672.57	2003	277	74.96	108.84	10.67	1024.99
1985	212	50.65	76.66	10.20	687.13	2004	277	78.01	112.96	11.20	1080.00
1986	213	51.39	77.94	10.37	698.73	2005	278	82.40	118.23	11.37	1128.37
1987	219	51.92	79.18	10.26	711.13	2006	279	84.27	120.87	10.06	1151.19
1988	230	51.66	79.43	10.02	722.86	2007	279	81.74	124.73	10.06	1174.05
1989	236	52.21	80.40	10.01	743.45	2008	252	88.33	132.61	10.98	1192.24

者采纳 Gabaix 和 Ibragimov 的建议，将位序减去 0.5 之后再代入原式[①]（Gabaix、Ibragimov，2008）。

图 3.22 是所有城市 Zipf 系数在时序中变化的情况。可以看到，全国城市的 Zipf 系数在 [1.08，1.2] 区间内，这个结果与 Anderson 和 Ge（2005）的研究结论近似。根据 Nitsch 的建议，由于严格的 Zipf 定律并不成立，当 Zipf 系数在区间 [0.8，1.2] 中时也可以认为是 Zipf 定律在松散情况下的

---

① Gabaix X. and R. Ibragimov. Rank −1/2: A simple way to improve the OLS estimation of tail exponents [J]. Journal of Business & Economic Statistics，2011（10）：24-39.

满足。因此，笔者与 Anderson 和 Ge（2005）及 Gangopadhyay 和 Basu（2009）持不同意见，认为在中国范围内，Zipf 定律在松散的条件下是成立的。与美国、法国、日本等发达国家相反，中国的城市规模分布并不是静止不动的。在改革开放前，Zipf 指数在 [1.08, 1.15] 的区间波动，之后一直增长，这种趋势在 1994 年达到顶点之后开始下降。Black 和 Henderson（2003）指出，Zipf 系数大表明城市规模分布均匀，相反表明城市聚集程度高。因此可以认为，中国城市规模分布在改革开放后均匀分布的趋势到 1994 年左右，开始向高度聚集的方向发展。总体来看，全国的城市规模分布比 Zipf 定律所预测的要均匀。

为了进一步明确中国东、中、西三个区域城市发展的区别，笔者又将样本拆分为东、中和西部，逐年应用式（3.2）进行回归。为提高拟合精度，同样将位序减去 0.5。对这三个区域分别回归的结果如图 3.23~图 3.25 所示。具体的 Zipf 系数如表 3.2 所示。

图 3.23 是对东部城市应用 Zipf 定律所得到的结果。对比全国和其他两个区域的图像，可以看到中国东部的 Zipf 系数震荡幅度是最小的，并且也是与发达国家的实证结果最接近的一个。考虑到东部地区在中国经济发展中的地位，以及其城市群发育的成熟度，可以认为这个结果是符合现实的。东部城市规模分布的 Zipf 系数在改革开放前一直低于 1，表明改革开放前东部的聚集程度比 Zipf 定律所预测的要高。改革开放后，Zipf 系数的值始终大于 1，但仍在 [0.8, 1.2] 区间内，因此可以认为 Zipf 定律在中国东部是成立的。与全国的情况类似，东部城市的城市规模在 2000 年之前一直以更均匀的分布演进，在 2000 年达到 1.136 的顶峰之后开始略微下降。

图 3.24 绘制了对西部应用 Zipf 定律得到的 Zipf 系数在时序中的变化。从趋势上看与全国的变化模式非常接近。其值在 [1.05, 1.21] 区间，因此可以认为西部的城市规模分布符合 Zipf 定律。Zipf 系数在改革开放后开始增大，到 1993 年开始减小。与全国情况不同的是，西部的 Zipf 系数在 1983 年达到峰值。

图 3.25 是对中部应用 Zipf 定律得到的结果，其 Zipf 系数取值在 [1.24, 1.43] 区间震荡，因此中部的城市规模分布并不符合 Zipf 定律。从

其发展规律来看,与全国和其他两个区域的规律不同,改革开放后其 Zipf 系数减小,直到 1989 年开始增长;而在其他三种情况下,城市规模分布都是先均匀分布演进,再开始聚集。

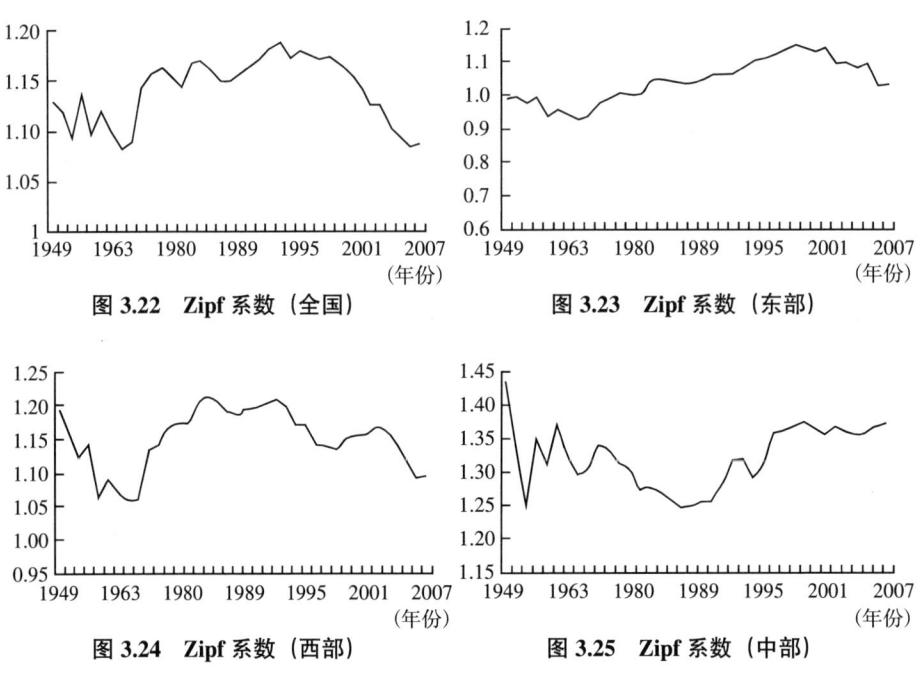

图 3.22 Zipf 系数(全国)

图 3.23 Zipf 系数(东部)

图 3.24 Zipf 系数(西部)

图 3.25 Zipf 系数(中部)

表 3.2 Zipf 详细系数

年份	全国			东部			中部			西部		
	截距	ξ	R^2	截距	ξ	R^2	截距	ξ	R^2	截距	ξ	R^2
1949	6.744	1.128	0.968	5.841	0.987	0.968	6.180	1.434	0.943	5.045	1.192	0.915
1952	6.903	1.118	0.981	6.008	0.994	0.980	6.155	1.333	0.971	5.157	1.157	0.983
1957	7.304	1.092	0.972	6.304	0.975	0.971	6.558	1.249	0.962	5.686	1.121	0.953
1958	7.616	1.136	0.971	6.474	0.992	0.963	7.130	1.349	0.969	5.917	1.142	0.935
1961	7.588	1.095	0.960	6.295	0.934	0.956	7.248	1.312	0.945	5.756	1.062	0.907
1962	7.609	1.120	0.968	6.344	0.955	0.962	7.330	1.371	0.960	5.767	1.090	0.907
1963	7.540	1.097	0.967	6.298	0.941	0.963	7.192	1.323	0.958	5.711	1.068	0.917
1964	7.504	1.081	0.964	6.249	0.926	0.960	7.133	1.297	0.954	5.705	1.057	0.916
1965	7.544	1.088	0.966	6.308	0.937	0.962	7.151	1.304	0.962	5.774	1.059	0.912

续表

年份	全国			东部			中部			西部		
	截距	ξ	R^2	截距	ξ	R^2	截距	ξ	R^2	截距	ξ	R^2
1970	7.783	1.144	0.966	6.412	0.975	0.963	7.382	1.341	0.948	6.151	1.133	0.925
1975	7.959	1.156	0.961	6.558	0.989	0.960	7.530	1.335	0.947	6.326	1.140	0.911
1978	8.067	1.162	0.959	6.687	1.003	0.958	7.544	1.313	0.939	6.527	1.166	0.916
1980	8.147	1.154	0.962	6.774	0.997	0.964	7.634	1.306	0.942	6.639	1.173	0.928
1984	8.250	1.143	0.963	6.945	1.002	0.966	7.667	1.274	0.944	6.751	1.172	0.940
1985	8.402	1.167	0.967	7.166	1.041	0.971	7.730	1.278	0.946	6.924	1.201	0.948
1986	8.435	1.170	0.968	7.192	1.045	0.974	7.731	1.269	0.944	6.993	1.213	0.948
1987	8.438	1.161	0.966	7.189	1.035	0.972	7.738	1.261	0.942	7.006	1.206	0.947
1988	8.429	1.149	0.964	7.209	1.029	0.971	7.727	1.248	0.937	6.976	1.190	0.948
1989	8.470	1.149	0.962	7.277	1.035	0.968	7.765	1.249	0.939	6.979	1.184	0.947
1990	8.524	1.156	0.963	7.319	1.039	0.967	7.822	1.257	0.941	7.046	1.194	0.946
1991	8.578	1.163	0.963	7.418	1.056	0.969	7.846	1.257	0.940	7.071	1.195	0.946
1992	8.653	1.172	0.961	7.470	1.060	0.967	7.984	1.280	0.939	7.128	1.201	0.946
1993	8.743	1.183	0.960	7.524	1.061	0.963	8.175	1.317	0.942	7.198	1.207	0.944
1994	8.822	1.188	0.956	7.654	1.081	0.964	8.266	1.321	0.933	7.200	1.196	0.940
1995	8.793	1.172	0.951	7.770	1.099	0.966	8.187	1.292	0.928	7.139	1.170	0.946
1996	8.859	1.180	0.949	7.831	1.106	0.965	8.290	1.308	0.927	7.181	1.171	0.944
1997	8.880	1.176	0.946	7.912	1.118	0.967	8.533	1.358	0.933	7.094	1.141	0.944
1998	8.880	1.171	0.945	7.990	1.130	0.968	8.561	1.361	0.933	7.108	1.139	0.958
1999	8.915	1.173	0.947	8.088	1.147	0.974	8.614	1.368	0.938	7.113	1.133	0.957
2000	8.923	1.167	0.946	8.087	1.136	0.966	8.685	1.375	0.938	7.176	1.148	0.966
2001	8.933	1.157	0.945	8.109	1.126	0.963	8.695	1.365	0.934	7.233	1.154	0.968
2002	8.955	1.145	0.942	8.281	1.138	0.960	8.690	1.356	0.935	7.283	1.155	0.972
2003	8.968	1.125	0.938	8.222	1.091	0.937	8.779	1.368	0.939	7.429	1.167	0.971
2004	9.017	1.125	0.935	8.276	1.094	0.937	8.774	1.362	0.942	7.526	1.162	0.960
2005	8.996	1.105	0.928	8.299	1.080	0.923	8.815	1.355	0.933	7.488	1.144	0.960
2006	8.982	1.095	0.923	8.388	1.093	0.925	8.865	1.357	0.930	7.433	1.121	0.959
2007	8.837	1.084	0.935	7.928	1.026	0.928	8.911	1.369	0.935	7.196	1.091	0.970
2008	8.870	1.087	0.937	7.960	1.028	0.928	8.935	1.371	0.937	7.247	1.095	0.971

3.4.2 中国城市体系的演进规律

3.4.2.1 Gibrat 定律

Gabaix 在前人工作的基础上用 Gibrat 定律对城市规模分布的产生过程进行了解释。假设 γ^i_{t+1} 是城市 i 的增长比，可得 $S^i_{t+1} = \gamma^i_{t+1} S^i_t$，其中 γ^i_{t+1} 在时间和城市中是独立同分布的，假设归一化后的城市规模为常数且等于 1，则有：

$$\int_0^\infty \gamma f(\gamma) d\lambda = 1 \tag{3.3}$$

则增长率分布的运动可以用城市规模 S 的累积分布函数 $G_t(S)$ 表达为：

$$G_{t+1}(S) = P(S_{t+1} > S) \int_0^\infty G_t(\frac{S}{\gamma}) f(\lambda) d\lambda \tag{3.4}$$

稳态时，G 满足：

$$G(S) = \int_0^\infty G(\frac{S}{\gamma}) f(\lambda) d\lambda \tag{3.5}$$

由此可见：

$$G(S) = a/S \tag{3.6}$$

其中，a 是常数（Gabaix，1999a，1999b）。从式（3.6）可知，如果城市增长过程确实是一个随机过程，则城市规模的分布在稳态时将遵从 Zipf 定律。由于增长率是独立同分布的，这意味着对不同规模的城市而言冲击是相同的，即增长率与城市规模是无关的。Clark 和 Stabler 以及 Black 和 Henderson 都指出，检验 Gibrat 定律等同于城市规模演进的单位根检验（Stabler、Black，1991；Black、Henderson，2003）。因此，笔者采用下式对 Gibrat 定律进行检验：

$$\ln(S_{it+1}) - \ln(S_{it}) = \alpha + \delta_t + \gamma \ln(S_{it}) + \varepsilon_{it} \tag{3.7}$$

检验的零假设是 $\gamma = 0$，若假设成立则城市的增长率与城市规模无关，Gibrat 定律成立；相反，若 $\gamma < 0$ 则原假设被拒绝。由于原假设下 ε_{it} 不允许有自回归过程，因此简单 OLS 估计就足以完成检测。结果如表 3.3 所示。

表 3.3　Gibrat 定律检验

	1 所有样本	2 小城市	3 中等城市	4 大城市	5 特大城市
$\ln(S_{it})$	−0.0644** (0.0041)	−0.1755** (0.013)	−0.1582** (0.0094)	−0.2451** (0.0154)	−0.1191** (0.0165)
样本数	5969	1659	2482	1034	792
修整后 R^2	0.199	0.292	0.334	0.440	0.198

注：* 表示置信水平为 10%，** 表示置信水平为 5%。

表 3.3 中第 1 列为所有样本的回归结果，式（3.6）的假设被拒绝，这意味着对于样本总体而言，Gibrat 定律是不成立的。值得注意的是，$\ln(S_{it})$ 的 t 统计量为 −15.57，足以补偿有限样本的面板数据估计时的向下偏误。

基于 Gibrat 定律的假设，独立同分布的增长率 γ 相当于在不同规模的城市上限定了相同的外生冲击，为防止这个假设导致的错误判断出现，对不同城市规模做进一步的检验是有意义的。表 3.3 的第 2~5 列给出了对不同城市规模进行 Gibrat 定律检验的结果。其中，小城市定义为规模在 20 万人口以下的城市，中等城市则是 20 万~50 万人口规模的城市，大城市是 50 万~100 万人口规模的城市，特大城市是 100 万人口以上的城市。从表中可以看到，当分组进行检验时，$\ln(S_{it})$ 的系数比第 1 列的更大。至此，Gibrat 定律可以正式地被拒绝。我们可以从中得出以下经验结论：中国城市规模的增长不能用 Gibrat 定律来解释。因此，笔者转向用其他模型来解释中国的城市增长。

3.4.2.2　城市长期增长趋势

Quah（1993）提出用 Markov 链来描述分布的演进过程，其思路是用一个低维的矢量 F_t 表示每类城市规模出现频次的分布，假设矩阵 F_t 服从一阶 Markov 过程，则有：

$$F_{t+1} = M \cdot F_t \tag{3.8}$$

其中，M 是一个 n×n 的转移概率矩阵，任意元素 M_{ij} 表示在下一时期 j 列对应的城市跃迁到 i 行的概率，M 对角线上的元素接近 1 意味着城市规模的增长收敛于平行增长。则 s 期后的分布为：

$$F_{t+s} = M^s \cdot F_t \tag{3.9}$$

当 s 趋近于无穷时，若 F 存在，其性质可以说明城市的增长特征是发散、收敛或是平行的。F 为质点时，表明增长是收敛的；F 为极化或分段分布时表明增长是发散的。

为更清晰地描述城市增长的动态规律，笔者采用与 Eaton 和 Eckstein（1997）类似的方法估计中国城市的概率转移矩阵。由于 1984 年后的数据是连续的，故而舍弃在此之前的数据不用。与之前的研究不同的是，笔者根据东、中、西三个地区的划分对各个区域的概率转移矩阵进行了估计，以比较不同区域城市发展规律的差异。

笔者估计概率转移矩阵采用的是 Quah（1993）提出的方法[①]。在计算前将各城市的规模除以对应年份的平均城市规模进行归一化处理。用 [0，0.25，0.5，1，2，20] 将归一化后的城市规模分为 5 类。表 3.4~表 3.7 列出了全国和各区域的概率转移矩阵，u 表示平均城市规模。

与 Eaton 和 Eckstein（1997）及 Dobkins 和 Ioannides（2000）的研究相比，全国及东、中、西部三个区域的概率转移矩阵有以下不同点：首先，概率转移矩阵的主对角线上的数值并不都接近 1。除中部外，规模小于 0.25u 的城市在下一年增长到更高等级的概率比停留在当前等级高。其次，处于大于 2 倍平均规模等级的城市并没有表现出最高的稳定性。这表明，中国的城市增长以中小城市的发展为主。这与蒲英霞、马荣华（2009）等的研究成果具有一致性。

从各区域的概率转移矩阵来看，东部城市与发达国家的增长方式最为接近。随着城市规模增大，主对角线上的数值相应增加。规模小于 0.25u 的城市下一年跃迁到更高等级的概率为 0.6，这表明东部城市小城市增长的速度较快；相反，西部规模小于 0.25u 的城市下一年跃迁到更高等级的概率为 0.33，而规模在 [0.25u，0.5u] 的城市在下一年转移到更高等级的概率为 0.45，这表明西部的城市运动主要发生在中等城市。

表 3.4、表 3.5 最后一行分别给出了全国和东部城市的遍历分布。可以看到，90%以上的城市集中在了最高的两个等级。这说明中国的城市增长是一种收敛增长，中小城市的增长速度快，在不断趋近大城市的规模。

[①] Quah 公布了计算概率转移矩阵的程序和用 C 语言写的源代码，在 http://econ.lse.ac.uk/~dquah/tsrf.html 可以下载。

表 3.4　全国城市概率转移矩阵

	0.25u	0.5u	u	2u	5u
0.25u	0.38	0.54	0.08	0	0
0.5u	0.01	0.74	0.25	0	0.01
u	0	0	0.87	0.13	0
2u	0	0	0.01	0.98	0.01
20u	0	0	0	0.13	0.87
遍历分布	0	0	0.048	0.877	0.075

表 3.5　东部城市概率转移矩阵

	0.25u	0.5u	u	2u	5u
0.25u	0.3	0.6	0.1	0	0
0.5u	0.01	0.77	0.22	0	0
u	0	0	0.88	0.12	0
2u	0	0	0.01	0.96	0.03
20u	0	0	0	0.02	0.98
遍历分布	0	0	0.025	0.443	0.532

表 3.6　中部城市概率转移矩阵

	0.25u	0.5u	u	2u	5u
0.25u	0.2	0.2	0.2	0.2	0.2
0.5u	0	0.76	0.24	0	0
u	0	0	0.87	0.13	0
2u	0	0	0	0.99	0
20u	0	0	0	0.15	0.85
遍历分布	—	—	—	—	—

表 3.7　西部城市概率转移矩阵

	0.25u	0.5u	u	2u	5u
0.25u	0.67	0.33	0	0	0
0.5u	0	0.45	0.45	0	0.1
u	0	0	0.86	0.14	0
2u	0	0	0.01	0.98	0.01
20u	0	0	0	0.22	0.78
遍历分布	—	—	—	—	—

笔者对新中国成立以来全国和东、中、西部城市规模进行 Zipf 回归和城市规模演进的结果表明：第一，中国的城市规模分布并不是稳定不变的，而是经历了均匀分布向聚集分布的过程；第二，中国的城市增长是一种收敛增长，中小城市的发展速度比大城市快；第三，中国的城市规模分布比 Zipf 定律所预测的要均匀。

从区域差异来看：第一，东部的城市规模分布与 Zipf 预测的分布规律近似，其演进方式也与发达国家的最接近；但与发达国家的平行增长不同，东部城市仍是一种收敛增长。第二，中部城市的规模分布最为均匀，这导致了其演进方式极大地区别于其他地区。第三，西部的小城市向更高等级城市转移的动力不如东部。

用 Zipf 定律和 Markov 链对中国城市规模演进规律进行刻画后，本书接下来的研究将对这种演进规律的经济驱动进行探索，验证是基础设施、历史原因、人力资本积累、产业类型还是其他原因导致了东、中、西部城市演进方式的差异，进一步探索城市规模演进规律。

3.4.2.3　空间异质性的影响

新经济地理学和规模经济的文献都强调空间异质性对城市规模的影响，它包括自然地理条件和区位，其中自然地理条件包括地形、气候、矿藏等。Gabaix 指出良好的自然地理条件能够增加居民的效用（Gabaix,1999a），使得人们更愿意聚居于此，并进而影响城市规模增长。本书主要从能够增加城市舒适度（Amenity）的因素（地形和气候）的影响来考察自然地理条件对城市增长的影响。气候用多年平均气温、多年平均降水测度，地形用城市海拔的众数、坡度的平均值来测度。

城市所处的区位是新经济地理学中解释城市规模增长中的关键因素。本书采用市场潜力（Market Potential）刻画城市所处区位对它的影响。市场潜力的计算方式如下：

$$mp_j(t) = \sum_{i \neq j} \frac{S_i(t)}{d_{ij}} \tag{3.10}$$

$$MP_j(t) = \frac{mp_j(t)}{mp(t)} \tag{3.11}$$

式（3.10）中，$S_i(t)$表示第 i 个城市在 t 时刻的人口，d_{ij}表示第 i 个城市与第 j 个城市的距离。式（3.11）是对市场潜力归一化，$\overline{mp}(t)$是 t 时刻横截面的市场潜力均值。相对市场潜力测度了每个城市在各时刻的相对需求或竞争力。不同理论对市场潜力的作用并不相同，如贸易理论认为，由于邻近城市为产品提供了市场，因此更大的市场潜力会为快速增长提供机遇（Head、Mayer，2006）。而新经济地理学的区位理论则表明，大城市在空间竞争中夺取了增长所需的资源，使得它最邻近的城市都是小城市（Fujita，1999）。

我们通过式（3.11）来估计空间异质性对城市增长率的影响：

$$\ln(S_{it+1}) - \ln(S_{it}) = \alpha + \delta_t + \beta X_{it} + \varepsilon_{it} \qquad (3.12)$$

其中，空间异质性用 X_{it} 表示，它包括了多年平均降水（Perciptation）、多年平均温度（Temperature）、海拔众数（Elevation）、坡度平均值（Slope）和市场潜力（Market Potential）。用 δ_t 捕捉外生冲击，如科技进步。其他不可观测的城市特征包含在误差项 ε_{it} 中。

本书中多年平均降水和多年平均温度来自《中国省情市情县情大典》[1]。城市的高程来自中国科学院数据中心[2]提供的数字高程模型（Digital Elevation Model，DEM），坡度由 DEM 在 GIS（Geographic Information System，GIS）软件中生成。坡度通常用度或百分比来表示，本书中采用百分比。城市的经纬度坐标和边界来自国家地理信息中心[3]。为获得每个城市高程和坡度的众数，用 GIS 软件根据城市边界进行统计。如图 3.26、图 3.27 所示。

市场潜力的计算是在 GIS 软件的二次开发接口上完成的，其计算步骤为：

（1）将城市的经纬度转换为 GIS 文件，把各城市每年的人口数据赋予相应的城市。

（2）用 Lambert 投影将经纬度转换为平面坐标系。

（3）计算两两城市之间的距离，建立邻接矩阵。

（4）根据式（3.10）逐年计算每个城市的市场潜力。

---

[1] 许永康. 中国省情市情县情大典 [M]. 北京：兵器工业出版社，1997.
[2] http://datamirror.csdb.cn/admin/datademMain.jsp.
[3] http://nfgis.nsdi.gov.cn/nfgis/chinese/c_xz.htm.

如表 3.8 所示是各年度市场潜力的统计量描述。

表 3.8　市场潜力统计量描述

年份	样本数	均值	方差	最小值	最大值	年份	样本数	均值	方差	最小值	最大值
1984	202	135.84	2050.06	29.66	290.26	1997	266	208.41	4428.70	45.14	399.63
1985	212	143.16	2201.28	31.39	300.76	1998	269	212.88	4587.10	46.16	407.65
1986	213	146.11	2274.77	32.02	306.67	1999	270	218.49	4850.08	47.32	418.37
1987	219	151.44	2441.84	33.19	317.9	2000	273	226.00	5237.39	48.82	432.46
1988	230	158.05	2635.93	34.56	328.12	2001	274	236.56	5886.80	50.88	446.51
1989	236	163.40	2837.96	35.66	337.46	2002	276	252.65	6541.62	54.05	469.22
1990	239	166.95	2958.40	36.4	343.34	2003	277	275.79	7669.58	59.34	505.46
1991	241	170.37	3059.88	37.13	348.39	2004	277	285.37	8098.15	61.99	525.17
1992	244	175.54	3240.05	38.22	355.09	2005	278	303.82	9274.99	65.67	613.34
1993	249	182.89	3482.37	39.75	363.36	2006	279	311.92	9743.68	67.71	566.38
1994	254	190.70	3754.18	41.37	373.81	2007	279	289.23	8457.14	60.64	635.04
1995	262	197.02	3980.60	42.72	382.08	2008	252	292.51	8768.12	60.76	644.43
1996	262	202.23	4177.59	43.84	389.17						

注：计算中城市规模的单位为万人，距离单位为千米。

对海拔、坡度、平均降水量和气温进行归一化处理后取对数，市场潜力则根据式（13.11）归一化后取对数，代入式（13.12）中进行估计。考虑到城市特征存在的异质性，本书采用 GLS 进行估计。结果如表 3.9 所示中列出。

表 3.9　城市异质性对城市增长的影响

变量	1	2	3	4
	所有城市		人口规模百万以上	人口规模百万以下
多年平均气温 ln（temperature）	0.0123** (0.000383)	0.0118** (0.000442)	0.0117** (0.000741)	0.0165** (0.0020)
多年平均降水 ln（perciptation）	−0.0028** (0.000536)	−0.0027** (0.000543)	−0.00250** (0.000631)	−0.00303** (0.00130)
海拔 ln（elevation）	0.0006** (0.000186)	0.0005** (0.000188)	0.0006** (0.0002)	0.0007** (0.000285)

续表

变量	1	2	3	4
	所有城市		人口规模百万以上	人口规模百万以下
坡度 ln（slope）	−0.0023** (0.000363)	−0.0023** (0.000365)	−0.00282** (0.000341)	0.00066** (0.00046)
市场潜力 ln (market potential)		0.0017** (0.000822)	0.00215** (0.0009)	−0.00789** (0.00183)
修正后的 R^2	0.202	0.213	0.210	0.212

注：* 表示置信水平为 10%，** 表示置信水平为 5%。

表 3.9 第 1 列是单独估计自然条件对城市增长率的影响。结果表明，城市气温每增加 1% 或其平均降水量每减少 1% 将增加 0.0123% 和 0.0028% 的城市增长率。干燥、温暖的城市更能吸引人们居住，这在一定程度上证实了 Gabaix 所说的城市的舒适程度使得居住于此能够获得更高的效用，进而加快城市的增长。海拔对城市增长率的影响似乎不大，而坡度则表现出比较显著的影响，平均坡度每平缓 1%，城市增长率增加 0.0023%。

第 2 列报道了加入了市场潜力进行估计的情况。可以看出，自然地理因素对城市增长率的影响没有因为新增的变量发生大的改变，而市场潜力在一定程度上解释了城市增长，即市场潜力越大，城市增长越快。因此平均而言，中国城市的增长符合贸易理论的解释，即城市邻近规模大的城市时，自身的增长能够获益。

经验结论：就中国城市总体而言，自然地理条件对城市增长率的影响是明显的。人们更倾向于居住在温暖、干燥、平坦的城市。城市能够从较大的市场潜力中获益，以更快的速度增长。

第 3 列和第 4 列报道了特大城市和规模小于 100 万人口的城市的对比。可以看到，气候对于城市增长的作用依然显著。不同的是，第 4 列中市场潜力的系数为负，这表明对于特大城市而言邻近规模大的城市并没有如贸易理论预测那样使得增长速度加快，而是符合了新经济地理学模型预测的，由于来自邻居的竞争、空间上形成的拥塞而使得增速受到影响。地形的影响则相对弱化了，无论是海拔还是坡度对城市增长的影响都微弱了。我们又将百万人口规模以下的城市分解为小城市、中等城市和大城市，得到的结论是类似的，唯一不同的是对小城市而言，市场潜力的系数并不显著，并非如新经济地理学模型预测的当邻近规模大的城市时，由于来自邻居的竞争抑制了小城市的增长。

修正的经验结论：尽管从总体看市场潜力对于城市增长起到促进作用，但是特大城市却由于空间竞争和聚集带来的拥塞，其增长因此受到抑制。

本书首先检验了 Gibrat 定律对于中国的城市是否成立。尽管这个定律在西方国家得到了大量证据的支持，但是它却不能解释中国的城市增长。这意味着中国城市规模的增长率是与其发展历史及其现状有关的。由此笔者转入经济学模型对其进行解释。笔者尝试考察气候、地形和市场潜力的空间异质性对城市增长的影响。结果表明，禀赋好的城市，即气候适宜、地形平坦、拥有较大市场潜力的城市，增长速度更快。然而对于特大城市而言，市场潜力对城市增长的作用是负向的。

理论上来讲，中国的城市增长并非某个单一的模型能够解释。城市的自然地理条件所带来的舒适和其所处的区位共同作用于城市的增长。就总体而言，市场潜力大的城市由于能够享受到聚集的外部性，符合贸易理论的预测，进而享有更高的增速。但是当聚集的负外部性出现时，拥塞、空间竞争将使得市场潜力大成为抑制城市增长的因素，这种情况出现在特大城市中。因此，可以认为中国城市增长的现实是处于各种经济模型中间的一个情况。

通常情况下市场潜力对于城市增长具有促进作用，但这种促进作用是通过知识溢出，还是如同梯度理论所说的那样通过产业转移，又或者是通过中心地理论所说的那样通过其在区域中扮演的角色而实现的，尚未明了。因此，今后可以对市场潜力对城市增长的作用方式进行研究，进一步探索中国城市增长的规律。

3.4.2.4 城市化与城市经济增长

城市化进程与经济增长具有不可分割的关系。为了对城市化与经济增长的关系有清楚的认识，笔者以城市产出为依赖变量、以城市规模为自变量进行了回归。为了选择最优的函数形式，笔者尝试了产出—城市规模全对数模型、产出—城市规模模型、产出增长率—城市规模模型、产出增长率—城市规模全对数模型。结果如表 3.10 所示。

表 3.10　城市规模与经济增长

模型编号	1	2	3	4
变量	lnGDP（GDP 对数）	GDP	GDP 增长率	GDP 增长率（取对数）
lnPop（城市规模对数）	2.746***			0.034
Pop（城市规模）		3.791***	0.002**	
_cons	3.968***	1128.1***	0.004	−0.016

注：* 表示显著性为 1%，** 表示显著性为 0.5%，*** 表示显著性为 0.1%。

其中，第 1 列是产出—城市规模全对数模型，第 2 列是产出—城市规模模型，第 3 列是产出增长率—城市规模模型，第 4 列是产出增长率—城市规模全对数模型。为了便于描述，对这 4 个模型分别进行了编号。从表 3.10 中可以看到，城市规模对于产出和产出增长率都具有积极的作用。为了从这些模型中选择最合适的模型，笔者采用了 AIC 和 BIC 准则进行判定，这些模型的 AIC 和 BIC 值如表 3.11 所示。

表 3.11　城市规模与经济增长模型选择

模型	观测数	ll (null)	ll (model)	df	AIC	BIC
1	6489	−11002.7	−8403.04	2	16810.09	16823.64
2	6489	−109646	−106728	2	213459.4	213473
3	6232	−9787.42	−9782.02	2	19568.04	19581.52
4	6232	−9787.42	−9787.09	2	19578.18	19591.66

从表 3.11 中可以看出，在模型 1 和模型 2 之间更倾向于选择模型 1，即全对数形式；在模型 3 和模型 4 之间则倾向于选择模型 3，尽管这两个模型的 AIC 和 BIC 值相差不远，但从系数的显著性上看，选择模型 3 更好。

用 2010 年各城市 GDP 的 20、40、60 和 80 分位数作为分组依据对城市分组进行回归，以检验城市规模与经济增长的关系是否具有稳健性。结果如表 3.12 所示。

表 3.12 城市规模与经济增长：产出分组回归

变量	低产出	中低产出	中等产出	中高产出	高产出
lnpop	2.325***	3.888***	3.171***	2.659***	2.298***
_cons	5.870***	0.830**	2.902***	4.143***	4.729***

注：* 表示显著性为 1%，** 表示显著性为 0.5%，*** 表示显著性为 0.1%。

从表 3.12 中可以看出，对于所有产出组的城市，城市规模对于产出均具有积极的作用；对于中低产出水平和中等产出水平的城市，即产出水平在 20~60 分位数的城市，其城市规模扩大对于产出的影响最大。这表明，城市化不足可能是这些城市产出水平低下的原因。也就是说，由于聚集程度不够，经济的规模效应没有完全发挥出来，因此城市规模扩大能够极大地提高这些城市的产出水平。值得注意的另一个现象是，高产出组的城市，城市规模对城市产出也有显著积极的影响，因此城市化水平不高不只是在中低产出和中等产出城市存在的问题，同时也是高产出城市所面临的问题。

从区域差异的角度来看，笔者以检验处于不同区域的城市，其城市规模的增长对经济增长是否具有同样的积极效应，笔者对东、中、西部城市进行了分组回归。

如表 3.13 所示是按城市位于东、中、西部进行分组的回归结果。从表中可以看出，在 3 个区域中，城市规模与经济增长的正向相关关系均能成立，并且中部城市对城市规模扩大的反应最为强烈，其次是西部城市。由此可以推测，东部城市由于其城市化水平比较高，城市规模继续扩大对于经济增长的影响弱于其他地区。

表 3.13 城市规模与经济增长：区域分组回归

变量	东部	中部	西部
lnpop	2.177***	3.750***	3.093***
_cons	6.084***	0.21	3.149***

注：* 表示显著性为 1%，** 表示显著性为 0.5%，*** 表示显著性为 0.1%。

表 3.14 进一步报道了城市规模对人均 GDP 的影响。为了确定模型形式，采用了人均 GDP 与城市规模对数的半对数和全对数两个模型，根据表

3.15 列出的 AIC 和 BIC 数值，应该选择后一个模型作为人均 GDP 与城市规模的关系模型。

表 3.14　人均 GDP 与城市化

变量	人均 GDP	人均 GDP 对数
lnpop	−19.48***	1.746***
_cons	82.80***	3.968***

注：* 表示显著性为 1%，** 表示显著性为 0.5%，*** 表示显著性为 0.1%。

表 3.15　人均 GDP 模型选择

模型	观测数	ll（null）	ll（model）	df	AIC	BIC
半对数	6489	−97866.7	−97607.4	2	195218.7	195232.3
全对数	6489	−9711.24	−8403.04	2	16810.09	16823.64

注：* 表示显著性为 1%，** 表示显著性为 0.5%，*** 表示显著性为 0.1%。

为了进一步明确不同产出水平和不同区域条件下城市规模对人均产出的作用，笔者根据高、中、低产出水平和东、中、西部城市两种分组对样本进行了回归。表 3.16 和表 3.17 报道了回归结果。从表中可以看出，城市规模对人均产出具有显著的积极效应。从影响程度来看，中低产出水平和中等产出水平的城市中城市规模对人均产出的影响明显强于其他产出水平的城市；从区域来看，中部城市的人均产出水平对城市规模的影响水平高于西部城市，东部城市最弱。

表 3.16　人均 GDP 与城市化：按产出分组

变量	低产出	中低产出	中等产出	中高产出	高产出
lnpop	1.325***	2.888***	2.171***	1.659***	1.298***
_cons	5.870***	0.830**	2.902***	4.143***	4.729***

注：* 表示显著性为 1%，** 表示显著性为 0.5%，*** 表示显著性为 0.1%。

表 3.17　人均 GDP 与城市化：按区域分组

变量	东部	中部	西部
lnpop	1.177***	2.750***	2.093***
_cons	6.084***	0.21	3.149***

注：* 表示显著性为 1%，** 表示显著性为 0.5%，*** 表示显著性为 0.1%。

综上所述，可以得出如下经验结论：①城市规模对城市的产出水平具有显著的积极作用；②这种积极作用不因产出水平的高低、城市所处的区域而改变；③中部城市对城市规模扩大的需求大于西部城市，西部城市则大于东部城市；④从收入分组回归的结果来看，中低产出和中等产出的城市中城市规模对经济增长、人均 GDP 的积极作用最为显著。

3.5 本章小结

本章首先通过国内外的城市化水平、工业化水平、基础设施建设水平和国内的城市土地规模增长率与城市人口增长率的关系，揭示了中国在城市化过程中的缺口现象，从结果来看，无论是以工业化率还是以人均 GDP 作为衡量工业化水平的依据，中国的城市化水平都是滞后于工业化水平的，这个缺口在不同的收入分组中表现不同，这是区别于已有研究的一个地方。通常学者在考虑城市化与工业化关系时，容易将中国的情况与具有某些特征的国家进行对比，如通过与发达国家对比，发现我国存在巨大缺口；而通过与发展中国家对比，发现几乎没有缺口；通过与落后贫穷的国家对比，发现我国远超过世界水平，从而提出"超城市化"的提法。在本章中，通过控制收入分组的方法，可以发现在上述 3 个缺口中，都需要在具体的收入分组中进行讨论，否则就会产生偏差。例如，由于中国被归为中高收入国家，因此采用中国城市化水平与该组的平均水平差距作为中国城市化水平与工业化水平缺口的测度，为 10%~15%。

我国生产性基础设施的供给事实上是与世界平均水平同步的，但生活服务设施，如教育和医疗则远远低于世界相同收入分组中的国家。对这种现象的一个解释就是地方政府以经济增长作为其第一要务，在任期和财政的双重约束下，采取了短期行为以最大化自身利益（政绩），从而选择率先发展基础设施这种能够立刻拉动经济发展的投资项目，并且由于大量资金被基础设施建设所占用，导致生活服务类设施的供给相对不足。新增长理论已经表明，实物资本的积累能够在短期内产生水平效应，但没有增长效应，只有对人力资本投资才能够真正刺激经济内生增长。地方政府当前的短期性行为，并没有为中国城市经济的长期发展奠定良好的基础，这将在本书后续章节中展开论述。

在对发展中的缺口现象予以揭示之后，本章转而对中国城市的发展规律进行了探讨，旨在建立起全书的分析框架。对中国城市规模分布演进规律的探索表明，控制大城市、发展中小城市的发展思路会导致小城市发展较快，中国城市出现了平行增长的现象。这种现象在2000年前后发生转变。用马尔科夫转移矩阵对规模演进的规律进行分析得出了相同的结论。

关于城市增长的著名 Gibrat 假说在中国并不成立。这表明中国城市的增长并不是一种随机游走的过程，这使得一些能够解释城市体系发展的理论不再有效。因此，本章探讨了空间异质性对城市增长的作用，经济增长与城市化的同步性和基础设施对城市增长的作用。就空间异质性而言，本章探讨了社会人文因素和自然地理因素对城市增长的作用，结果表明，自然地理条件对城市增长率的影响是明显的。人们更倾向于居住在温暖、干燥、平坦的城市。城市能够从较大的市场潜力中获益，以更快的速度增长。本章引入的市场潜力因素对城市增长具有显著的影响，从总体上看，市场潜力对城市增长起促进作用，但是特大城市却由于空间竞争和聚集带来的拥塞增长受到抑制。本章采用主成分分析法得到了对基础设施进行综合描述的指标，从而确定了基础设施对城市增长的作用。结果表明，基础设施对于城市化进程的积极影响不以城市的经济水平或城市化水平的差异而改变方向，但是不同发展水平的城市对基础设施的需求有明显的发展阶段的差异。

城市化与经济增长间的关系已经被大量文献所证实，而本章对两者间关系的探讨旨在建立起完备的分析框架。分析结果表明，城市规模对城市的产出水平具有显著的积极作用，并且对所有产出水平、所有区域的城市这种积极作用均是显著的。从区域间的差异来看，中部城市经济对城市规模的影响最强烈，其次是东部城市，最后是西部城市；从收入分组回归的结果来看，中低产出和中等产出的城市中城市规模对经济增长、人均 GDP 的积极作用最为显著。

4 城市化水平与工业化水平间的缺口

工业化与城市化是相互促进的。英国受工业革命的影响，是城市化进程最早开始的地方。生产要素在空间上的分布不均匀导致厂商选址时考虑运费、劳动力和聚集效应以节省成本和提高收益，从而使得工业生产在空间中聚集，带来了大量的人口形成城市，与之相伴的是，城市提供生产所需的基础设施和工人生活所需的生活设施，工人的消费刺激了当地商业和服务的发展，围绕着工业体系建立起的城市进而衍生出了各种服务功能，如文化、艺术、商业、金融、贸易、科学研究、技术创新等。这些功能使得城市对劳动力产生吸引力，反过来又吸引新的居民进入城市。

从家庭的角度看，城市意味着可以提供多种多样的商品和服务，这使得交易费用极大下降，节省的交易费用可以看作是家庭从城市中获得的隐形收益；城市可以提供更多的就业机会和发展途径，工业部门的生产效率高于农业部门，从而导致劳动力不断地从农业生产部门向第二产业转移；城市提供的基础设施使得生活更加舒适和便利，这包括了城市所提供的文化设施、娱乐设施、教育设施、卫生设施、公共交通设施等，这些设施具有非排他性、不可分割性，它们的提供是以城市聚集了大量的人口，使得设施的使用成本相对较低、设施的规模效应能够得以发挥为前提的，为此这种生活的便利也是家庭在城市中获得的隐形收益。家庭最大化自身利益的结果就是，城市中聚集越来越多的人口，劳动力总是向着生产效率与自身能力最优匹配的城市流动，从而造成了城乡之间、城市与城市之间的人口流动，这种流动导致了城市化率提高、城市规模扩大、特大都市出现。

从厂商的角度看，在工业化初期，由于技术手段的限制，城市的区位或自然禀赋对于其选址非常重要。但随着时间的推移，特别是技术进步和设施完善使运费不断下降，使得城市提供的基础设施、聚集的人口、丰富的信息、广袤的市场相对生产区位更加重要，此时厂商更愿意向着区域的中心城市、交通枢纽、接近市场的位置布置生产，从而城市化反过来受到了工业化的影响。

当城市的聚集效应在厂商选址中变得重要时，厂商的选址问题就变得更为复杂，从而使得城市化与工业化的关系出现变化。城市聚集带来了各种正外部性的同时，也带来了各种负外部性，这包括交通拥堵、地租上升、劳动力工资提高等，它们为城市发展界定了边界。亨德森表明，城市的最优规模是与城市产业的技术水平（生产函数）、有效劳动时间和聚集效应共同给出的（Henderson，1974）。因此城市所发展产业的技术水平不同，生产效率不同，导致了城市的规模不同；反过来说，城市的规模也决定了其能够承载的产业。从商品周期理论的角度来说，城市的产业形态越高级，城市中所容纳的产业越多，专业化生产的痕迹就越不那么鲜明，城市的规模就越大。这种城市中对经济增长贡献度最大的往往是第三产业，城市的地位一般是区域或世界的中心城市。而城市的专业化生产越明确，城市的规模越受限于专业化生产行业的技术，其在城市体系中的地位往往在区域或世界中处于中低端。商品周期理论表明，在中心城市，由于信息交流便利、各种商品和服务可达性好，创新往往在中心城市完成；当创新的产品达到了标准化生产的必要条件之后，其生产往往会向中小城市转移，以便在地租和劳动力价格更为便宜的区位生产来获得更大的利润。从区域的角度看，先发展的国家或区域往往是新产品、新技术、新专利的诞生地，在产品问世之初由于其独特性而具有市场垄断的特征；随着技术扩散和竞争对手的进入，产品的垄断地位消失使得利润下降，其生产只得转移到地租更为便宜的相对落后的国家或区域进行。

4.1 中国城市化水平与工业化水平间缺口的实证研究

本章对城市化水平滞后于工业化水平的实证研究，是从国家间比较和中国城市自身进行比较两个层面进行的。国家间的研究由于具有众多平行样本，得出缺口比较简单。在样本中排除中国进行回归可得：

$$\ln UrbanRate_{it} = \alpha + \beta_0 \ln Industry_{it} + \beta_1 \ln Service_{it} + \beta_2 \ln MiddleEnroll_{it} +$$
$$\beta_3 \ln GovExpend_{it} + \beta_4 \ln Rail_{it} + \beta_5 \ln Road_{it} +$$
$$\beta_6 \ln MainLine_{it} + \beta_7 \ln Electri_{it} + \beta_8 \ln MS_{it} + \varepsilon_{it} \quad (4.1)$$

其中，UrbanRate 是国家的城市化率；Industry 是工业产值；Service 是服务业产值；MiddleEnroll 是中学生人数；GovExpend 是政府支出，Rail、Road、MainLine 和 Electri 分别是铁路长度、公路长度、电话总线数和发电能力，这几个变量代表的是核心基础设施；MS 是工业产值对服务业产值的比值，是测度产业结构的指标。

得到世界各国城市化率与工业化水平之间的关系后，用这个关系对中国的工业化水平预测城市化率，用预测的城市化率减去观测值，就可以得到中国城市化进程是滞后还是超前于工业化水平。

真正困难的是在中国城市级上给出城市化进程与工业化水平之间的关系，因为我们没有获取国外的城市数据，并且由于统计口径的差异无法与国外城市直接进行比较；也不能采用潜在 GDP 的方法预测一个城市化水平再估算缺口。一个可供选择的方法是，对单个城市进行研究，每个城市的城市化水平由国内其他城市的关系给出，这样一来就需要进行多次循环运算。假设城市的数量为 N，且每个城市的编号为 i，解决方法如下：

（1）设 N×1 的向量 G 为城市化水平与预测水平的缺口，初始化为 0；

（2）对城市 i，计算不包含 i 的所有城市工业化水平与城市化水平之间的关系；

（3）用 i 的工业化水平和（2）中得到的模型关系预测城市 i 的规模；

（4）计算缺口，G_i = 观测规模 − 预测规模；

（5）i 自增 1，回到（2），知道 i = N。

通过这个循环就能够得到，以除自身外的所有城市为参照的城市发展水平与工业化水平之间的缺口。由计算过程可知，此时 G_i 可以为正或者为负。为正表明城市的规模快于城市工业化的水平，为负表示城市化的进程滞后于工业化。

这个方法有以下优点：充分利用了所有样本进行比较，仅采用中国地级以上城市数据就能够获得感兴趣指标的测度；能够在城市级上获得计算结果，精确度高，并且能够方便地向更大尺度转化以方便报道。其不足在于，对于一些处于极值的城市，缺口的预测可能是不准确的，比如北京、上海等特大城市，由于其发展水平远高于其他城市，它们对整个平均水平具有抬升作用，当对它们自身进行研究时，这种作用消失导致这些城市的预测值被低估，甚至是严重低估。

4.1.1 中国城市化与工业化的关系

本节采用第 3 章中建立起的对框架对城市化与工业化的关系进行分析。工业化与城市化具有相互促进的作用，因此这两者间的关系是内生的。当解释变量与因变量存在内生关系时，人们倾向于采用 GMM 估计或者 IV 估计对模型进行回归。在本节中，根据所研究的问题将第 3 章中的模型扩充为：

$$\ln(S_{it+1}) = \alpha + \beta X_{it} + \delta_t + \varepsilon_{it} \tag{4.2}$$

$$\ln(S_{it+1}) - \ln(S_{it}) = \alpha + X_{it} + \delta_t + \gamma \ln(S_{it}) + \varepsilon_{it} \tag{4.3}$$

其中，S 表示城市规模，X 是解释变量矢量。解释变量中包括第 3 章基准模型中的社会和自然因素，如市场潜力、平均海拔、平均坡度、多年平均降水，这些因素在第 3 章中已经表明对城市增长具有显著作用，在本章中作为控制变量引入模型；在基准模型的基础上加入的检验变量是工业产值占 GDP 比重和服务业产值占 GDP 比重对城市化水平和城市增长率的影响。新增数据来自历年《中国城市统计年鉴》。本节采用被解释变量的一阶滞后量解决内生性问题。

如表 4.1 所示是式 (4.2) 固定效应模型的回归结果。表中左边面板报道了城市化水平与工业化水平的关系，右边面板报道了城市增长率与工业化水平的关系。可以看到，工业产值占 GDP 比重对城市水平和城市增长率均有显著贡献，但这种贡献与投资和劳动力工资相比相对较弱。这表明，尽管工业化对城市化起到了推动作用，但固定资本积累为工业化创造了条件，为人口向空间积聚创造了条件，这也印证了中国的城市化道路是以投资拉动的。劳动力报酬的强显著效应意味着，在城市化进程中正是农业部门与工业部门的劳动报酬差异使得农业部门人口不断向工业部门转移，从而推动了城市化进程不断深入。

从表 4.1 中可以发现，无论是对城市化水平还是城市增长率，工业化率都有积极、显著的作用。但对比可以发现，工业化水平对城市化的水平效应强于增长效应，也就是说，工业化水平的提高对于提高城市化水平具有更直接的作用，但是对于城市的持续增长作用相对较弱。而服务业产值占 GDP 比重的表现则比较有趣。在控制了自然因素这一变量后可以看到，服务业产值占 GDP 比重对城市化水平具有负面作用，而对城市增长率则具有比工业化率更显著的积极作用。这表明了两个事实：首先，在我国城市化过程中，服务业的发展水平并没有与城市化进程取得相应的发展，而是滞后于城市化进程，从而对城市化水平产生了负面影响。其次服务业的发展使得城市增长的速度大为提高，这充分表明服务业的发展在城市化进程中有重要地位和作用。在不同规模、不同发展水平的城市中，工业和服务业所扮演的角色不同，如大城市由于有多种产品、产业存在，有丰富的劳动力市场，邻近消费者和资本，最有可能产生新技术、新产品；而中小城市由于在工资、地租等方面的比较优势，更能够吸引标准化生产、利润稍低的产业聚集。在不同发展阶段的城市中，工业化水平所扮演的角色可能是不同的。因此，笔者根据城市产出水平将城市分成了高产出、中高产出、中产出、中低产出和低产出 5 组进行了分组回归，以便分析不同经济发展水平下工业和服务业对城市化进程的影响。

表 4.1 城市化与工业化

变量	城市化水平			城市增长		
	基准模型	社会因素	自然因素	基准模型	社会因素	自然因素
一阶滞后				-0.53963***	-0.56639***	-0.21466***
工业	0.00303***	0.00314***	0.00269***	0.00166***	0.00180***	0.00072**
服务业	-0.00290***	-0.00155**	0.00081	-0.00163***	-0.00099*	0.00162***
市场潜力		0.10391	0.05952		0.02493	-0.00104
劳动报酬		0.08950***	0.14426***		0.04887***	0.08380***
固定资本		0.04839***	0.08691***		0.02547***	0.03623***
平均海拔			-0.00021***			-0.00001
平均坡度			-0.02952**			-0.00725**

续表

变量	城市化水平			城市增长		
	基准模型	社会因素	自然因素	基准模型	社会因素	自然因素
平均温度			-0.0028			-0.00007
年均降水			-0.00018***			-0.00003*
常数	3.22090***	1.24390***	0.84526***	1.75940***	0.93284***	-0.49064***
年份 1989	0.03201	-0.04597*	-0.09694***	0.02313	-0.01789	-0.05790**
1990	0.07408***	-0.03219	-0.09841***	0.03979*	-0.0132	-0.07277***
1991	0.10883***	-0.04747*	-0.14126***	0.05279**	-0.02538	-0.11693***
1992	0.13587***	-0.01784	-0.11678***	0.06655***	-0.00853	-0.10911***
1995	0.28937***	0.01749	-0.15747***	0.16289***	0.03143	-0.15207***
1996	0.31633***	-0.01321	-0.23439***	0.17070***	0.01028	-0.21510***
1997	0.35424***	-0.00579	-0.24603***	0.18813***	0.01313	-0.23745***
1998	0.39643***	0.00363	-0.25928***	0.21273***	0.02215	-0.25255***
1999	0.42147***	0.01087	-0.26613***	0.21852***	0.02019	-0.27495***
2000	0.44954***	0.01558	-0.27635***	0.23571***	0.02644	-0.28101***
2001	0.47899***	0.02673	-0.27606***	0.25534***	0.03787	-0.28266***
2002	0.52353***	0.04649	-0.26989***	0.28266***	0.05424	-0.28391***
2003	0.59756***	0.09559	-0.24146***	0.33576***	0.09734*	-0.27353***
2004	0.65414***	0.12599*	-0.22581***	0.36806***	0.11963*	-0.26776***
2005	0.62978***	0.07095	-0.27278***	0.32421***	0.06169	-0.31834***
2006	0.72478***	0.12973*	-0.25819***	0.40774***	0.12839*	-0.30997***
2007	0.74217***	0.11962	-0.27278***	0.39070***	0.09938	-0.34438***
2008	0.76195***	0.12087*	-0.30832***	0.40733***	0.10388*	-0.37652***
2009	0.77906***	0.11454	-0.32795***	0.40982***	0.09462	-0.39028***

注：* 表示显著性为 1%，** 表示显著性为 0.5%，*** 表示显著性为 0.1%。

为了研究在不同的城市产出水平分组中，城市化与工业化的关系如何，笔者采用历年城市 GDP 的 25、50、75 分位数将城市的产出水平分为低产出、中低产出、中高产出和高产出 4 个分组，并利用这些分组的样本重复了对式（4.2）的回归分析。分组回归的结果如表 4.2~表 4.5 所示。

表 4.2 城市化与工业化关系（低产出组）

变量	城市化水平			城市增长		
	基准模型	社会因素	自然因素	基准模型	社会因素	自然因素
一阶滞后				−0.79853***	−0.83347***	−0.79073***
工业	0.00203***	0.00208***	0.00240***	0.00166**	0.00179***	0.00233***
服务业	0.00052	0.00099	0.0008	0.00025	0.00062	0.0002
市场潜力		−0.06386	−0.0974		−0.05063	−0.11972
劳动报酬		0.05620***	0.07211***		0.04809***	0.06437***
固定资本		0.06813***	0.07406***		0.05330***	0.05714***
平均海拔			−0.00020*			−0.00016**
平均坡度			−0.04569*			−0.03695**
平均温度			0.00122			0.00105
年均降水			−0.00014			−0.00011
常数	2.62161***	1.68654***	2.06743***	2.10546***	1.42854***	1.80077***

注：* 表示显著性为 1%，** 表示显著性为 0.5%，*** 表示显著性为 0.1%。

表 4.3 城市化与工业化关系（中低产出组）

变量	城市化水平			城市增长		
	基准模型	社会因素	自然因素	基准模型	社会因素	自然因素
一阶滞后				−0.25737***	−0.26782***	−0.06174***
工业	0.0003	0.00098	0.00099	−0.00004	0.00012	0.00041
服务业	−0.00125	−0.00053	0.00013	−0.0001	−0.00007	0.00009
市场潜力		0.22205**	0.17148**		0.05088	−0.00207
劳动报酬		0.05722***	0.11790***		0.01215	0.01552
固定资本		0.02337*	0.01979		−0.00109	0.00319
平均海拔			0.00021			0.00002
平均坡度			−0.02985			−0.00412*
平均温度			−0.03401**			−0.00084
年均降水			0.00012			0
常数	2.91410***	0.99756*	1.11594**	0.78310***	0.45358	0.05739

注：* 表示显著性为 1%，** 表示显著性为 0.5%，*** 表示显著性为 0.1%。

表 4.4 城市化与工业化关系（中高产出组）

变量	城市化水平			城市增长		
	基准模型	社会因素	自然因素	基准模型	社会因素	自然因素
一阶滞后				−0.29128***	−0.34775***	−0.10075***
工业	0.00173*	0.00250***	0.00169**	0.00075	0.00106*	0.0003
服务业	−0.00378***	−0.00135	−0.00023	−0.00127	−0.00075	0.00075
市场潜力		0.21475	0.36257***		0.03256	0.01894
劳动报酬		0.07984***	0.08388***		0.02137	0.03791*
固定资本		0.12586***	0.13438***		0.04622***	0.0113
平均海拔			−0.00018			−0.00001
平均坡度			−0.00727			−0.00344
平均温度			−0.08290***			−0.00463*
年均降水			0.00035*			0.00002
常数	3.11049***	−0.22065	−0.20212	0.92315***	0.18768	−0.2176

注：* 表示显著性为1%，** 表示显著性为0.5%，*** 表示显著性为0.1%。

表 4.5 城市化与工业化关系（高产出组）

变量	城市化水平			城市增长		
	基准模型	社会因素	自然因素	基准模型	社会因素	自然因素
一阶滞后				−0.23736***	−0.23849***	−0.10750***
工业	0.00433***	0.00486***	0.00329***	0.00117*	0.00116*	0.00012
服务业	−0.00569***	−0.00408**	0.00233	−0.00149	−0.00115	0.00116*
市场潜力		0.31797*	0.11876		−0.04841	0.01322
劳动报酬		0.10790***	0.20847***		0.01194	0.05440***
固定资本		−0.01915	0.03616*		0.00666	0.01692*
平均海拔			−0.00004			0
平均坡度			0.08477***			−0.0017
平均温度			0.00494			0.00113
年均降水			−0.00027*			−0.00001
常数	3.24678***	0.76528	0.03075	0.80533***	0.84863	−0.43499**

注：* 表示显著性为1%，** 表示显著性为0.5%，*** 表示显著性为0.1%。

通过对比可以看到，在不同的组别中，工业产值占 GDP 比重和服务业产值占 GDP 比重的表现各不相同。为了进一步明确这种含义，用城市的 5 个产出水平构造的虚拟变量来测度产出水平的不同对工业和服务业在城市化进程中的不同作用进行检验。此处对式（4.2）和式（4.3）进行了扩充，增加了城市产出水平的虚拟变量和城市产出水平与工业产值 GDP 占比以及服务业产值 GDP 占比之积。虚拟变量与服务业或工业产值 GDP 占比之积表示的是城市产出水平与工业化水平的相互作用对城市发展水平、城市增长率的作用。由于同时包含虚拟变量与服务业与工业的相互作用会导致共线性，因此分两次进行了回归，结果如表 4.6 和表 4.7 所示。

表 4.6 城市发展水平间比较回归（工业）

变量	城市化水平			城市增长		
	基准模型	社会因素	自然因素	基准模型	社会因素	自然因素
一阶滞后				−0.16002***	−0.22474***	−0.24554***
中低产出	0.45017***	0.31163***	0.32136***	0.09655*	0.09588*	0.07877*
中等产出	0.66212***	0.41347***	0.37466***	0.13566***	0.12829**	0.10022**
中高产出	0.75225***	0.51923***	0.48378***	0.16817***	0.15968***	0.12993***
高产出	1.69170***	1.22752***	1.24610***	0.32571***	0.31839***	0.30620***
工业	0.00638***	0.00202*	0.00177*	0.00215***	0.00160**	0.00098
中低产出×工业	−0.00326*	−0.00129	−0.00188*	−0.00152	−0.00151	−0.00107
中等产出×工业	−0.00266*	−0.0005	−0.00075	−0.00155*	−0.00159*	−0.00095
中高产出×工业	0.00173	0.00297**	0.00224**	−0.00096	−0.00084	−0.00019
高产出×工业	−0.00123	0.00101	0.00079	−0.00168*	−0.00165*	−0.00062
服务业	0.01014***	−0.00136	−0.00082*	0.00175***	−0.0001	−0.00009
劳动报酬		0.08642***	0.08335***		0.04734***	0.04300***
固定资本		0.09616***	0.09347***		0.00935	0.01209**
平均海拔			−0.00006			−0.00001
平均坡度			−0.00345			−0.00324
平均温度			−0.00186			−0.00041
年均降水			−0.00019**			−0.00004**
常数	2.32807***	0.66641***	1.03907***	0.36612***	−0.01086	0.16150***

注：* 表示显著性为 1%，** 表示显著性为 0.5%，*** 表示显著性为 0.1%。

表 4.7 城市发展水平间比较回归（服务业）

变量	城市化水平			城市增长		
	基准模型	社会因素	自然因素	基准模型	社会因素	自然因素
一阶滞后				−0.24579***	−0.22570***	−0.24702***
中低产出	0.29541*	0.27070**	0.26935**	0.01508	−0.00227	0.01692
中等产出	0.56941***	0.40856***	0.36123***	0.02758	0.01355	0.02875
中高产出	0.71117***	0.55048***	0.47732***	0.04275	0.03787	0.04646
高产出	1.58328***	1.24914***	1.25690***	0.19789***	0.15510***	0.20223***
服务业	0.00923***	−0.00171*	−0.00108	(omitted)	−0.00179**	−0.00132*
中低产出×服务业	0.00057	−0.00037	−0.0009	0.00053	0.00103	0.00047
中等产出×服务业	−0.001	−0.0008	−0.00087	0.00091	0.00132	0.00083
中高产出×服务业	0.00368**	0.00298**	0.00311***	0.00236**	0.00260**	0.00225**
高产出×服务业	0.00165	0.00062	0.00062	0.00237***	0.00272***	0.00227***
工业	0.00518***	0.00252***	0.00185***		0.00026	0.00025
劳动报酬		0.08710***	0.08391***	0.04121***	0.04526***	0.04183***
固定资本		0.09586***	0.09323***	0.01365**	0.01087*	0.01299**
平均海拔			−0.00006	−0.00001		−0.00001
平均坡度			−0.00483	−0.0037		−0.00369
平均温度			−0.00186	−0.00034		−0.00036
年均降水			−0.00019**	−0.00004**		−0.00004**
常数	2.40933***	0.65490***	1.04582***	0.24905***	0.11069*	0.24416***

注：* 表示显著性为 1%，** 表示显著性为 0.5%，*** 表示显著性为 0.1%。

对比分组回归和虚拟变量回归的结果，可以得出以下结论：①在不同发展阶段的城市中，工业和服务业对城市化水平、城市增长率的影响是不同的。尽管不能根据表 4.2~表 4.5 的结果进行直接比较，但至少可以认为，这种影响随着城市发展水平的提高而递增。②通常服务业的作用比工业的作用更显著（在低产出和中低产出城市中并不如此）。这与前面的分析相一致，即城市发展水平越高，服务业对城市化的作用越显著；而对于发展水平较低的城市，迅速发展工业来聚集人口是更为迫切的任务。从表 4.6 和表 4.7 的结果看，这一点被进一步证实。③城市的发展水平本身对城市水平和城市增长率具有显著的积极作用，并且这种作用随发展水平提高而递增。其解释是,由于发展水平较高的城市强聚集效应对资本、劳动力具有强烈的吸引作用,导致资源向这些城市集中,进一步加速城市化的进程。

这充分表明,中国城市体系的发展仍然具有强者越强、弱者越弱的"马太效应"。究其根源,有以下三个原因:

首先,由于资源向上集中,处于基层的城市发展没有资源支持。具体来说,在全国范围内,资源向一线城市集中;在区域范围,资源向区域中心城市集中;在省域内,资源向省会集中。这种情况在中西部尤其明显。

其次,区域发展不均衡,同时落后区域的后发优势没有得到发挥。但这种情况已经出现了转变,随着东部发达地区"腾笼换鸟"、产业结构升级,一些利润低、重污染、人力资本密集的产业开始向中西部转移,这在一定程度上有利于落后地区完成工业化和城市化。但在此过程中也要注意地方政府间的恶性竞争(Race to the Bottom),为了吸引投资,它们会采取居住、商业用地地租补贴工业用地、降低环境评价标准、税收减免等政策吸引厂商。在这种情况下,厂商会激励变相寻租(Rent Seeking)从而导致城市的整体福利损失。而环境评价标准下降、政府和市民信息不对称、环境保护意愿日益觉醒等原因,会使地方政府决策难以推行,甚至造成群体性事件(如厦门PX事件、什邡钼铜厂事件、启动排污管事件)。

最后,制约生产要素自由流动的制度因素仍然存在。先聚集后扩散,是经济发展的必然规律。随着中国城市化进程不断深化,城市中一些利润低、环境不友好、生产技术成熟的行业将向落后地区转移,这是可以预期的。但目前制约这一过程的问题是,我国尚没有形成一个生产要素自由流动的环境,其中劳动力的制约最为严重。这些制约因素中,户籍制度与福利捆绑使得劳动力迁徙只能以短暂迁徙的形式出现,极大地制约了劳动力资源的优化配置。另外,规范分析表明,大城市与中小城市达到一般均衡时,居住在大城市中由于拥塞带来的损失和在大城市中的收入(包括隐形福利)抵消之后,应该与居住在中小城市中的收益相同。由于城市中提供的生活服务设施节省了商品的搜寻成本和交易成本,对城市居民而言是一种隐性福利。而"大城市偏向"使得大城市的生活服务设施要比中小城市完善,因此居住在大城市中的居民享有更优质的生活服务设施,这使得其收益在扣除了拥塞成本之后仍然高于在中小城市中生活,因而劳动力有动机在大城市中工作和生活。由此可见,中小城市的生活服务设施缺乏使得其对人才的吸引力下降,从而降低了相对于大城市的竞争力。这使得劳动力进一步向大城市聚集,进一步拉大大城市与中小城市的距离。

从表4.6和表4.7中还能够得出:城市发展水平与工业和服务业的相互作用对城市化的作用通常并不显著。与城市发展水平自身的作用相比,其与工业和服务业的相互作用比较弱。这进一步支持了城市发展水平本身对城市水平和城市增长率具有显著的积极作用的分析。服务业和城市产出水平的相互作用和工业与城市产出水平的相互作用相比要显著和明显得多,特别是在中高产业和高产出城市中。这证实了规范分析的结果,即在大城市和特大城市中,服务业对城市增长的作用更强。

4.1.2 中国的城市化与工业化间的缺口

尽管中国城市化进程滞后于工业化水平这一命题被广泛讨论,但从文献报道来看大部分工作都建立在钱纳里(1957)的理论基础上,要么是直接对统计数据的分析比较,要么就是对中外工业化与城市化关系异同的实证。这些研究,尽管都间接地表明了支持或反对城市化进程滞后的观点,但没有直接给出合理的滞后程度的估算,更多的是采用直观比较得出结论。

本节对中国城市化滞后于工业化的研究,是利用世界各国的城市化与工业化关系的研究得出普遍规律,然后用其对中国的情况进行预测。这样做的意义在于,表明了在平均水平上,中国历年的工业化水平对应怎样的城市化水平。笔者不同意中国存在"超隐形城市化"的问题或者用工业化存在偏差来论证不存在城市化滞后(郭克莎,2002)的观点。原因在于,城市化滞后于工业化,或者说城市化与工业化速率的匹配,从逻辑上说是一个"应然"的问题,从经验上说是别的国家在城市化和工业化关系上的事实;而两个速率的协调和匹配背后有着深刻的经济学动力驱动。也就是说,对城市化与工业化速率的协调与否进行检验,是对工业化过程中的问题进行检讨和反思的入口。而以中国存在特殊情况为理由拒绝承认中国存在城市化滞后于工业化的论证,是以中国情况的"实然"否认普遍性规律的存在。在城市化与工业化关系的模型中已表明，城市化使得要素流动的成本降低、基础设施更加完善，提供更多样性的商品和服务市场，从而使得生产效率和城市居民的福利得以增长。这导致城市反过来对工业化进程和城市产业结构的演进产生影响。也就是说，城市化与工业化是否协调一致的检验目的不在于其自身，而在于检验经济发展的路径是否正确。因此，不能以"经济发展在不正确的路径上"为理由来拒绝接受检验。

如表4.8是中国城市化滞后于工业化的程度。首先，对世界各国进行回归（将中国排除在回归样本外）得出世界各国城市化与工业化的普遍规律。其次，采用中国的数据和普遍适用的模型关系进行预测得到与中国工业化水平相适应的、与世界平均水平相当的城市化水平。最后，用预测的城市化水平减去观测值。表中第1列是城市化率的实际观测值（来自WDI数据库），第2、第3列是城市的工业产值占GDP比重和服务业产值占GDP的比重，第4列是预测的城市化率，最后一列是两者的差距。表4.8报道了1960~2009年的情况，从中可以看到，实际的城市化率一直低于与工业化水平相适应的水平。这个缺口在1979年前一直在扩大，与之相应的是工业产值占GDP比重的提高和城市化率的停滞不前。这与当时中国重视发展重工业、构建封闭城市的反城市化道路有关。改革开放之后，中国的城市化率开始迅速提高，工业产值占GDP的比重和服务业产值占GDP的比重同时提高，以及城市化率的缺口不断下降。截至2009年，城市化率的缺口已经下降到了12%左右，相比改革开放之初的28%，这是一个巨大的进步。

4.1.3　中国地级以上城市的城市化与工业化间的缺口

表4.9是根据表4.2~表4.5城市级的城市化与工业化间关系计量模型得出的结果，在城市化与工业化关系给定的前提下，使用本章第1节中给出的缺口计算方法得到了地级以上城市的城市化与工业化的缺口关系。根据前文中的计量结论，在不同的城市发展水平下，城市化和工业化呈现出不同的关系，工业化对城市化的促进作用在随城市发展水平提高而递增。根据这个结论，本节在计算缺口时仍然坚持了以GDP将城市分为高、中高、中等、中低和低5类城市的方法。采用这个方法的目的是将发展阶段

表 4.8 城市化滞后于工业化的程度（中国）

单位：%

年份	实测	工业占比	服务业占比	预测	差距	年份	实测	工业占比	服务占比	预测	差距
1960	16	44.88704	32.96102	—	—	1985	23	42.88598	28.67125	48.21735	-25.2174
1961	16.32	32.59255	31.94825	—	—	1986	23.88	43.72372	29.13617	48.62174	-24.7417
1962	16.64	31.99802	28.71132	—	—	1987	24.76	43.55066	29.6386	49.03697	-24.277
1963	16.96	33.15091	26.90277	—	—	1988	25.64	43.78972	30.51426	49.49185	-23.8519
1964	17.28	35.33366	26.0819	—	—	1989	26.52	42.83117	32.06393	49.71956	-23.1996
1965	17.6	35.09119	26.96813	34.79615	-17.1962	1990	27.4	41.34071	31.54309	50.05128	-22.6513
1966	17.56	37.9818	24.42719	35.9535	-18.3935	1991	28.2	41.78867	33.68501	50.45851	-22.2585
1967	17.52	33.98162	25.7568	36.14154	-18.6215	1992	29	43.4546	34.75551	50.96353	-21.9635
1968	17.48	31.18217	26.66705	35.91237	-18.4324	1993	29.8	46.56831	33.72314	51.81514	-22.0151
1969	17.44	35.55911	26.45132	37.24164	-19.8016	1994	30.6	46.56925	33.56951	52.10068	-21.5007
1970	17.4	40.49363	24.29085	39.78229	-22.3823	1995	31.4	47.17512	32.86262	52.71737	-21.3174
1971	17.4	42.15298	23.79245	40.80102	-23.401	1996	32.28	47.53669	32.77229	53.03212	-20.7521
1972	17.4	43.05627	24.08562	41.56074	-24.1607	1997	33.16	47.53903	34.17383	53.29567	-20.1357
1973	17.4	43.11074	23.53633	42.22227	-24.8223	1998	34.04	46.21217	36.23184	53.32287	-19.2829
1974	17.4	42.72554	23.3951	42.85947	-25.4595	1999	34.92	45.75755	37.77223	53.5256	-18.6056
1975	17.4	45.72448	21.87636	44.17419	-26.7742	2000	35.8	45.91665	39.02034	53.83137	-18.0314
1976	17.84	45.42583	21.72436	44.91807	-27.0781	2001	36.72	45.15245	40.4558	54.01134	-17.2913
1977	18.28	47.13139	23.44545	45.86932	-27.5893	2002	37.64	44.78983	41.46744	54.1767	-16.5367
1978	18.72	47.87666	23.93559	46.58127	-27.8613	2003	38.56	45.96895	41.23371	54.68481	-16.1248
1979	19.16	47.10038	21.63393	47.53668	-28.3767	2004	39.48	46.22534	40.38154	55.02181	-15.5418
1980	19.6	48.22246	21.60331	48.23281	-28.6328	2005	40.4	47.36636	40.51062	55.33913	-14.9391
1981	20.28	46.10966	22.00916	48.20366	-27.9237	2006	41.3	47.94849	40.93806	55.72835	-14.4284
1982	20.96	44.76463	21.84694	48.42197	-27.462	2007	42.2	47.33879	41.89149	56.04684	-13.8468
1983	21.64	44.37922	22.44118	48.58067	-26.9407	2008	43.1	47.44646	41.82197	56.18047	-13.0805
1984	22.32	43.08625	24.78184	48.3465	-26.0265	2009	44	46.24155	43.4253	56.52368	-12.5237

表 4.9 中国城市化与工业化缺口

省份	1989 年	1994 年	1999 年	2004 年	2009 年
安徽	−0.03207	−0.01737	0.006867	0.008584	0.004776
北京	0.774219	0.734504	0.698881	0.658094	0.321309
重庆	0.43542	0.441877	0.526139	0.558354	0.544728
福建	−0.20968	−0.19487	−0.21715	−0.1344	−0.1515
甘肃	0.034544	0.052334	0.054193	0.038498	0.035749
广东	−0.03504	−0.03339	−0.0401	−0.02854	−0.07406
广西	0.027556	0.02528	−0.00054	−0.016	−0.03357
贵州	0.054151	0.116119	0.12817	0.109569	0.02907
海南	−0.16658	−0.32387	−0.09756	0.124802	0.239766
河北	−0.02234	−0.01214	−0.0264	−0.03128	−0.07662
黑龙江	0.016642	0.005347	−0.00967	−0.00287	−0.03776
河南	−0.03315	−0.03187	−0.02602	−0.05144	−0.04406
湖北	0.126912	0.089184	0.074012	0.081759	0.05837
湖南	−0.0126	−0.00723	−0.01191	−0.01707	−0.04738
吉林	0.02134	0.039898	0.048344	0.016651	−0.13842
江苏	−0.05714	−0.03625	−0.07393	−0.00044	−0.0258
江西	−0.01476	−0.00019	−0.00879	−0.07571	−0.02644
辽宁	0.062974	0.062096	0.05699	0.046347	0.001146
内蒙古	0.11255	0.021704	0.022622	0.025727	−0.0596
宁夏	−0.42882	−0.33745	−0.25229	−0.09446	−0.1258
青海	0.519979	0.534675	0.533978	0.639571	0.546601
陕西	0.074662	0.045739	0.034898	0.048992	−0.04263
山东	−0.13299	−0.08033	−0.08825	−0.03891	—
山西	0.090262	0.064549	0.002506	0.004909	−0.01603
上海	0.825811	0.758562	0.716775	0.668875	0.463247
四川	0.017131	0.028951	0.011124	0.013485	0.024071
天津	0.719877	0.681675	0.649332	0.597344	0.359402
西藏	−1.19451	−1.05539	−0.98085	−0.77869	−0.64644
新疆	0.121844	0.011559	0.026383	−0.00252	−0.26047
云南	0.034341	−0.05357	−0.16664	−0.21886	−0.36765
浙江	−0.18856	−0.17059	−0.1995	−0.2188	−0.14496

相同的城市进行比较，以避免极端值对估计的影响，如北京。如表4.9所示是以省份为统计单位进行逐年GDP加权求和的结果。这个比值是预测的城市化水平与实测城市化水平之差占实测城市化水平比例。以百分比给出城市化滞后程度的原因，是考虑到各个城市的规模大小不一，采用绝对值难以看出滞后程度，因此以比例的方式给出直观的数据。

表4.9中仅给出了1989年、1994年、1999年、2004年和2009年的情况。这里没有如其他章节一样给出1987年数据的原因在于在1989年之前，工业产值占GDP的比重要么缺失，要么与之后的统计口径不一，导致不得不放弃1989年前的数据。

表4.9中的正值表示省份的城市化水平快于工业化水平，反之表明城市化进程落后于工业化水平。表4.9对中国现实非常具有解释力。首先，北京、上海、天津和重庆4个直辖市的城市化与工业化的缺口表明，直辖市由于历史原因聚集了大量人口，以及在改革开放后高于全国平均水平的隐形福利，吸引了劳动力向这些城市聚集；其次，由于资本、政策、技术、外商直接投资等生产要素对这些城市的青睐，直辖市使得与其他城市相比已经出现了"过度城市化"的现象，这与一直以来对这些城市的人口高度饱和的担忧是一致的。资源向上集中导致人口同方向流动，使得中国的城市化进程出现了极端不平衡的局面，一方面是直辖市这种在经济资源和社会服务方面具有优势的城市人满为患，另一方面是更多城市的城市化不足。从这个角度来说，中国城市化与工业化水平间的缺口，既表现为城市化不足，也表现为过度城市化，这需要放在不同的城市进行讨论。从表4.9所反映的情况来看，东部省份，如江苏、浙江、福建、山东等省的城市化滞后于工业化；而西部省份，如四川、云南等省的城市化反而超前于工业化。产生这种现象的原因可能有两个：首先，由于以工业化发展水平作为城市化发展水平的参照，其原市化水平也较高、城市体系发展较为成熟，但与东部省份的工业化水平并不匹配。其原因是劳动力并不是作为永久迁徙进入城市，而是在工作地与家乡之间进行钟摆运动，他们不被纳入城市居民的指标，从而使得城市化水平低于工业化水平，造成了两者间的缺口。其次，西部城市体系发展的任务艰巨。东部由于地理条件优越，并且历史上已经形成较为密集的人类聚居区，城市体系比较完备，接近发达

国家的城市体系结构；而西部的城市比较稀疏，大城市或区域中心城市缺乏，导致人口往往向这些城市聚集，或者离开农村到东部寻找发展机会，从而导致在大城市、特大城市聚集了大量人口，由于本文采用GDP权重统计，大城市中的人口可能会使估计值提升。

图4.1~图4.4给出了1990年、1995年、2000年和2005年中国各个城市城市化水平滞后于工业化程度的示意。其中，横轴从1到289，每个数

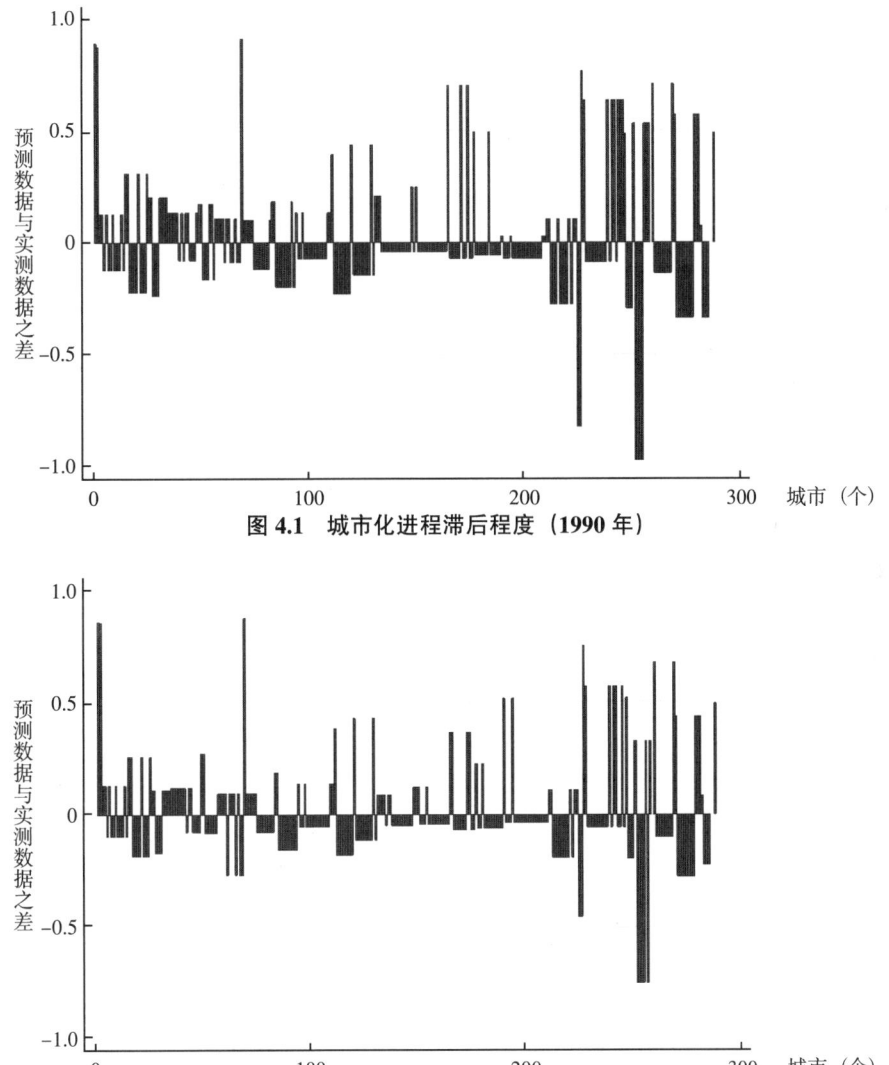

图 4.1 城市化进程滞后程度（1990 年）

图 4.2 城市化进程滞后程度（1995 年）

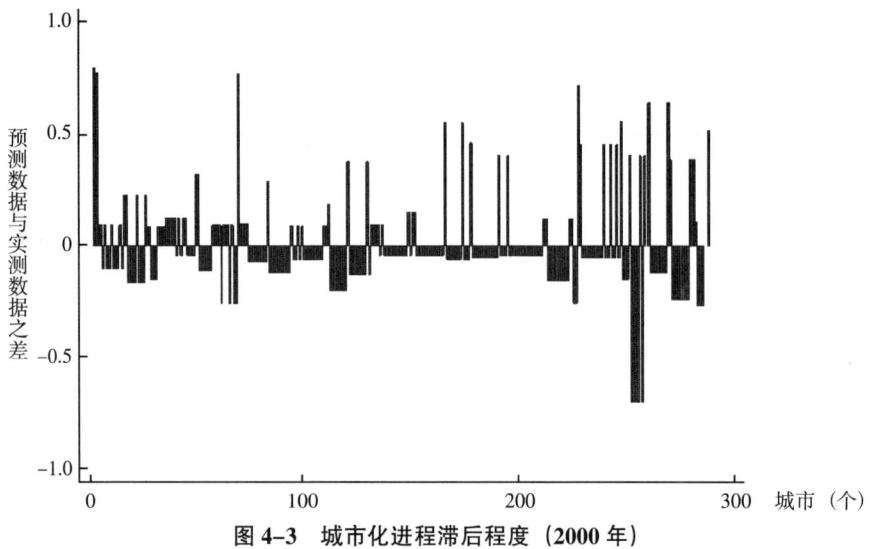

图 4-3 城市化进程滞后程度（2000 年）

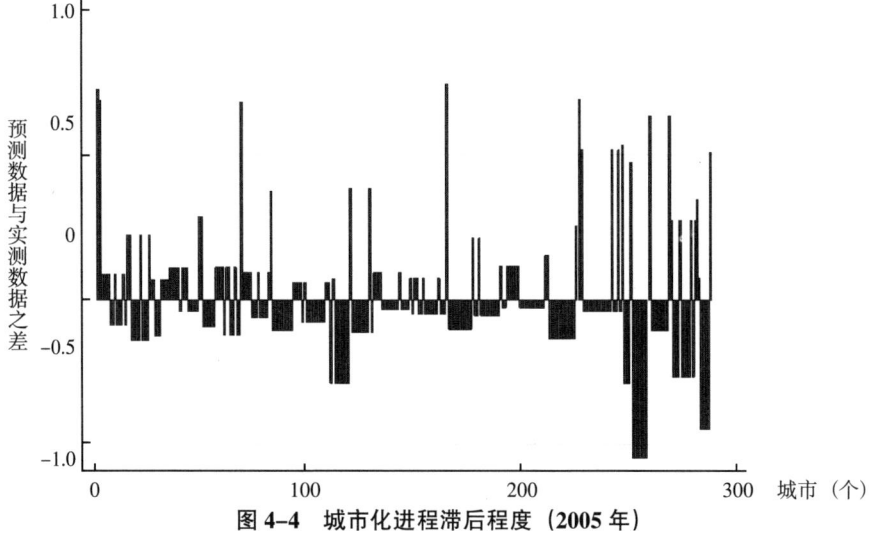

图 4-4 城市化进程滞后程度（2005 年）

值代表一个城市；纵轴范围在 [-1，1]，代表城市滞后或过度城市化占实际城市规模的比重。从图中可以看到，从 1990~2005 年，中国城市间总的趋势是城市化水平滞后；但从数量上看，处于城市化水平滞后的城市有减少的趋势，这与各国间比较的结果具有一致性。

采用与前文一致的分组方法,对高、中高、中低和低产出分组的城市中城市化与工业化缺口间的关系进行了统计,希望能够了解两个方面的信息:其一,城市化与工业化在中国的城市间,是城市化超前为主要情况抑或相反;其二,滞后的水平与城市的产出水平之间是否存在一定的关系。上述信息如表 4.10 所示。

表 4.10 城市化与工业化分发展水平组缺口统计

	发展水平分组	总数	均值	标准误	最大值	最小值
城市化超前于工业化	低发展水平	409	0.313285	0.213369	0.738495	0.000643
	中低发展水平	439	0.298095	0.183867	0.683539	0.000242
	中等发展水平	440	0.304591	0.197724	0.751483	0.000909
	中高发展水平	398	0.317614	0.223577	0.863018	4.32E-05
	高发展水平	364	0.38951	0.216477	0.853142	0.001556
城市化滞后于工业化	低发展水平	598	−1.06264	1.222144	−0.00152	−24.5187
	中低发展水平	662	−0.72422	0.67399	−0.00082	−3.80035
	中等发展水平	693	−0.86199	0.876332	−0.00062	−11.8313
	中高发展水平	816	−0.85342	0.94432	−0.0003	−17.2571
	高发展水平	828	−2.66159	22.80761	−0.00211	−653.185

表 4.10 是根据城市发展水平分组进行的城市化与工业化缺口统计,表中缺口是以缺口与真实城市人口规模比值来表示的。从表中可以看出:①在各个收入分组中,城市化滞后于工业化的城市均多于城市化超前于工业化的城市。这与国家间比较结论是一致的。因此,对于城市化水平与工业化水平间的缺口可以得到的结论是,对于多数中国城市而言,城市化水平与工业化水平间的缺口表现为城市化滞后于工业化。②从均值来看,城市化滞后于工业化的程度远高于超前于工业化的程度,因此从城市化与工业化的缺口程度而言,中国城市化水平与工业化水平间的缺口体现为城市化滞后于工业化。③在各个收入分组中,城市化滞后于工业化的标准误大于城市化超前于工业化的分组。这表明,城市化滞后于工业化程度,且在城市间的差异巨大,而城市化超前的情况则相对变异要小一些。

如表 4.11 和表 4.12 所示是 2009 年中国城市的城市化与工业化缺口的

分级、分区域列表。表4.11中给出的城市是城市化滞后于工业化的城市，而表4.12则给出了城市化超前于工业化的城市。根据20、40、60和80百分位数为断点，将缺口分为了高、中高、中、中低、低五个类别，分别以东部城市、中部城市和西部城市分组进行了报道。从表4.11可以看到，西部城市中缺口最大的城市分别是柳州市、广元市、内江市、乐山市、眉山市、巴中市、渭南市、白银市和武威市，这些城市分别分布在广西、四川、山西和宁夏四省。中部城市中缺口最大的是长治市、白城市、合肥市、马鞍山市、铜陵市、安庆市、宿州市、南昌市、景德镇市、九江市、新余市、郑州市、鹤壁市、漯河市、襄樊市、随州市和郴州市，这些城市分布在安徽、江西、河南和湖南四省。而东部城市中缺口最大的城市分布是秦皇岛市、盘锦市、铁岭市、朝阳市、徐州市、杭州市、肇庆市、三亚市，分别分布在河北、辽宁、江苏、浙江、广东等省。城市化滞后度最低的西部城市是玉林市、百色市、河池市、崇左市、曲靖市、玉溪市、昭通市、丽江市、思茅市、临沧市、延安市、榆林市和定西市，分别分布在广西、云南、陕西等省。中部城市中松原市、上饶市、许昌市、三门峡市、南阳市、周口市和驻马店市是滞后程度最低的，分别位于吉林，河南两省。东部城市中，南通市、温州市、嘉兴市、绍兴市、金华市、台州市、丽水市、三明市、泉州市、漳州市、宁德市和东莞市是滞后程度最低的城市，分布位于江苏、浙江、福建和广东等省。

从表4.12可以看到，西部城市中城市规模超前最多的是重庆市、兰州市和西宁市。中部城市中则是太原市、大同市、齐齐哈尔市、鸡西市、鹤岗市、伊春市、淮南市和淮北市，分别位于山西，黑龙江和安徽等省。东部城市中是抚顺市、阜新市、南京市、宿迁市、汕头市和海口市，分别位于辽宁、江苏和福建等省。过度城市化程度最低的西部城市包括四川省遂宁市和宁夏石嘴山市；中部的四平市、辽源市、通化市、芜湖市、阜阳市、开封市、商丘市、十堰市、湘潭市和衡阳市，分别位于吉林、安徽、河南、湖南等省；东部石家庄市、大连市、淮安市、珠海市和惠州市，分别位于河北、辽宁、安徽和广东等省。

表4.11 2009年城市化水平与工业化水平间缺口列表（城市化滞后于工业化）

区域	低缺口
西部	玉林市、百色市、河池市、崇左市、曲靖市、玉溪市、昭通市、丽江市、思茅市、临沧市、延安市、榆林市、定西市
中部	松原市、上饶市、许昌市、三门峡市、南阳市、周口市、驻马店市
东部	南通市、温州市、嘉兴市、绍兴市、金华市、台州市、丽水市、三明市、泉州市、漳州市、宁德市、东莞市
	中低缺口
西部	防城港市、贺州市、来宾市、雅安市、保山市、金昌市、酒泉市、固原市、中卫市、克拉玛依市
中部	晋城市、忻州市、临汾市、黑河市、巢湖市、鹰潭市、赣州市、宜春市、信阳市、黄冈市、常德市、张家界市、怀化市
东部	保定市、廊坊市、苏州市、盐城市、扬州市、镇江市、泰州市、宁波市、湖州市、衢州市、南平市
	中等缺口
西部	包头市、钦州市、德阳市、宜宾市、广安市、资阳市、拉萨市、汉中市、嘉峪关市、张掖市、平凉市、吴忠市
中部	朔州市、大庆市、黄山市、滁州市、吉安市、洛阳市、焦作市、株洲市、永州市、娄底市
东部	邯郸市、邢台市、承德市、衡水市、常州市、舟山市、厦门市、龙岩市、深圳市、梅州市、清远市、中山市
	中高缺口
西部	呼和浩特市、赤峰市、通辽市、桂林市、梧州市、北海市、贵港市、六盘水市、遵义市、安顺市、咸阳市、安康市
中部	绥化市、六安市、平顶山市、安阳市、新乡市、濮阳市、宜昌市、荆门市、孝感市、长沙市、邵阳市、岳阳市、益阳市
东部	唐山市、鞍山市、无锡市、连云港市、福州市、莆田市、河源市、潮州市、云浮市
	高缺口
西部	柳州市、广元市、内江市、乐山市、眉山市、巴中市、渭南市、白银市、武威市
中部	长治市、白城市、合肥市、马鞍山市、铜陵市、安庆市、宿州市、南昌市、景德镇市、九江市、新余市、郑州市、鹤壁市、漯河市、襄樊市、随州市、郴州市
东部	秦皇岛市、盘锦市、铁岭市、朝阳市、徐州市、杭州市、肇庆市、三亚市

表 4.12 2009 年过度城市化列表（城市化超前于工业化）

区域	低缺口
西部	遂宁市、石嘴山市
中部	四平市、辽源市、通化市、芜湖市、阜阳市、开封市、商丘市、十堰市、湘潭市、衡阳市
东部	石家庄市、大连市、淮安市、珠海市、惠州市
	中低缺口
西部	泸州市、绵阳市、南充市、宝鸡市
中部	长春市、吉林市、双鸭山市、七台河市、萍乡市、黄石市、鄂州市
东部	丹东市、营口市、辽阳市、韶关市、茂名市、揭阳市
	中等缺口
西部	乌海市、南宁市、昆明市、铜川市
中部	白山市、佳木斯市、牡丹江市、蚌埠市、荆州市
东部	北京市、张家口市、锦州市、葫芦岛市、佛山市、江门市、湛江市、汕尾市
	中高缺口
西部	成都市、自贡市、攀枝花市、贵阳市、西安市、天水市、银川市、乌鲁木齐市
中部	阳泉市、哈尔滨市、武汉市
东部	天津市、沈阳市、本溪市、上海市、广州市、阳江市
	高缺口
西部	重庆市、兰州市、西宁市
中部	太原市、大同市、齐齐哈尔市、鸡西市、鹤岗市、伊春市、淮南市、淮北市
东部	抚顺市、阜新市、南京市、宿迁市、汕头市、海口市

4.2 对城市效率的影响

本书采用 DEA 模型计算了 1984~2009 年中国地级以上城市的技术效率，数据来自历年《中国城市统计年鉴》。产出以各城市 GDP 测度，其中 1984 年、1985 年由于没有报道各地 GDP，以工业、农业和服务业总产值之和替代当年 GDP。投入则包括固定资本存量、人力资本存量和城市土地。

通常，城市效率评估都只选取固定资本存量和劳动力两个要素作为投入要素，本文考虑到土地在城市化进程中的稀缺性，因此将土地也作为投入要素。其中，土地以城市建成区面积进行测度。

劳动力投入可以用多种方式测度，常见的有劳动力数量、劳动时间、总工资水平等。考虑到劳动者的素质高低有别，采用劳动力数量和时间测度有可能不能客观反映劳动力投入的真实水平；而采用加权的方法则可能在权重中代入主观因素，因此本书采用统计年鉴中的职工工资总额测度劳动力投入。由于1992年、1993年没有报道职工工资总额，这两个年份的数据由线性插值得到。迄今为止尚无城市固定资本存量的官方数据，前人研究中也多以省为单位估计固定资本存量。本书采用永续盘存法估计各城市的资本存量，其计算方法为：

$$K_{it} = K_{it-1}(1-\delta) + I_{it} \tag{4.4}$$

其中，K表示固定资本存量，I表示投资，δ表示折旧率，下标i代表第i个城市，t代表时期。从年鉴可获得的是各城市每年的固定资产投入（I），需要确定初始资本存量K_0和折旧率。笔者依从Young（2000）的方法，利用基年（1984年）固定资产投资总额除以10%得到初始资本存量。

不同学者在其研究中对折旧率采用了不同的假设。Zhang和Hu（2006）假设折旧率为4%，Ao和Fuglitini（2005）假设折旧率为4.22%，Wu（2000）假设其为5%，Chen（2009）则假设它为7.5%。这些研究都假设了折旧率在区域间具有一致性，然而Wu（2009）的研究表明，折旧率在区域间具有差异性，他指出尽管省际平均折旧率为4.2%，但各省的差异很大，如海南为2.6%而辽宁为6.1%。本书采纳了Wu（2009）的折旧率假设。

用DEA方法得到城市的技术效率后，利用本章第1节中预测的各城市的城市化滞后水平对城市的效率损失进行了估计。估计方法有以下步骤：首先，用城市效率与城市规模进行回归得到规模与效率的关系；其次，预测各个城市的效率；再次，在第一步得到的关系中用预测城市规模估计各城市的效率；最后，预测城市规模的效率减去实际城市规模的效率。以省份为单位的逐年GDP加权回归的结果如表4.13所示。从表中可以看到，不能得出城市化水平滞后于工业化水平所带来的城市效率的损失随着时间在缩小的结论。其原因在于，在城市化水平滞后于工业化水平的缺口逐渐缩小的同时，工业和服务业的规模在不断扩大，这两者之间相互抵消使得效率损失的变动方向不明确。从效率损失的幅度来看，以 2007 年为例，损失幅度从内蒙古的 1% 到福建的 13%，分布比较发散，并且不能得出效率损失与区域存在相关关系的结论。

表 4.13　城市化水平滞后于工业化水平对城市效率的影响

省份	1992 年	1997 年	2002 年	2007 年
安徽	0.052262	0.054316	0.044971	0.044457
北京	—	—	—	—
重庆	—	—	—	—
福建	0.07935	0.074404	0.074522	0.13294
甘肃	0.082633	0.060774	0.065853	0.070176
广东	0.061294	0.055259	0.052515	0.038589
广西	0.061786	0.057958	0.067921	0.075832
贵州	0.0468	0.039239	0.054584	0.052468
海南	0.07405	0.048258	0.028445	0.035025
河北	0.047735	0.042596	0.039152	0.030516
黑龙江	0.037395	0.037915	0.033547	0.029864
河南	0.043186	0.036085	0.041172	0.036929
湖北	0.05264	0.049624	0.043058	0.042426
湖南	0.040623	0.044611	0.043833	0.038249
吉林	0.00675	0.047101	0.044746	0.040653
江苏	0.039438	0.039709	0.028605	0.033132
江西	0.060022	0.049773	0.062029	0.060065
辽宁	0.041338	0.037789	0.035712	0.030955
内蒙古	0.036603	0.019247	0.019374	0.011214
宁夏	0.047373	0.034071	0.0608	0.057389
青海	—	—	—	—
陕西	0.053986	0.056286	0.060542	0.060846
山东	0.043994	0.035458	0.034293	0.032961
山西	0.060844	0.055621	0.055836	0.055128
上海	—	—	—	—

续表

省份	1992年	1997年	2002年	2007年
四川	0.058826	0.048056	0.052535	0.046537
天津	—	—	—	—
西藏	0.151798	0.143544	0.138871	0.388599
新疆	0.049297	0.051206	0.053383	0.048029
云南	0.038107	0.075313	0.082543	0.097347
浙江	0.058058	0.070084	0.062977	0.065808

4.3 本章小结

本章从国家间和城市间两个角度对中国城市化与工业化之间的协调关系进行了探讨，得出以下结论：首先，工业化，或者说生产活动的非农化对于经济增长具有显著的积极作用，对于城市化进程具有显著的促进作用。笔者进一步探讨了在城市发展水平差异的情况下工业化与城市化的关系。结果表明，在不同发展阶段的城市中，工业和服务业对城市化水平、城市增长率的影响是不同的；通常服务业的作用比工业的作用更显著。而城市的发展水平本身对城市水平和城市增长率具有显著的积极作用，但城市发展水平与工业和服务业的相互作用对城市化的作用通常并不显著。

其次，本章的实证结果支持中国的城市化进程滞后于工业化水平的论断，并给出了滞后程度的测度。对于多数中国城市而言，城市化水平与工业化水平间的缺口表现为城市化滞后于工业化，从城市化与工业化的缺口程度而言，中国城市化水平与工业化水平间的缺口也体现为城市化滞后于工业化，这通过实证已经给出了详细的描述。从本章的分析来看，服务业发展水平不高是这种滞后一个值得重视的原因。

最后，城市间的比较表明，并非所有中国城市的城市化进程都滞后于工业化水平，有一些城市甚至出现了过度城市化的情况。从总的趋势上看，城市化水平滞后于工业化水平的论断在城市级的实证是可以成立的，但是滞后的程度正随着城市化进程的深入不断缩小。城市化滞后于工业化对城市的效率造成了损失,这种损失分布比较发散,从1%到13%都有,并且没有证据表明效率的损失与区域具有相关性。

对于城市化滞后的产生原因,本书从户籍制度、逆城市化思维、资源向上集中和经济结构4个方面进行了分析。得出的一个基本结论是,在今后的城市化过程中,应该转变逆城市化的思维,从永久性迁徙的角度考虑农业部门向工业部门转移的劳动力归宿问题。这就需要破除原有的户籍制度,推行社会福利与户籍直接绑定的做法,对社会福利的瞄准方式进行革新,从而保证新的城市居民能够享受到相应的福利,同时这些措施对城市的发展也应具有贡献,其具体的制度设计需要专门研究。打破资源向上集中的局面对于扭转我国城市发展不均衡、城市体系发展不健全的现状具有重要意义,也对缓解北京、上海等一线城市日益拥堵的情况有现实意义。只有将社会资源从这些城市逐步向其他城市转移,才可能使企业和居民有动机重新选址来避让一线城市的拥塞,从而使社会福利得以提升。

5 城市化水平与基础设施间的缺口

通过降低交通成本和生产成本、提供到达市场的方便途径，基础设施能够提高生产效率和吸引更多经济活动。作为固定资本，基础设施与其他形式的固定资本对产出的影响不同，这主要体现在四个方面：第一，基础设施的规模效应与其他固定资本不同；第二，基础设施具有网络外部性，起到连接城市与区域的作用，这使得基础设施的投入主要靠公共投资兴建；第三，基础设施建设具有投资高、回报周期长的特征，使得私有资本不愿进入；第四，基础设施通过提供到市场的便利途径直接促进了竞争，间接提高了居民在个人消费、人力资本积累方面的投入。基础设施的建设使得经济活动的效率提高，并同时在空间中积聚。

基础设施与经济增长之间的关系，在1989年阿肖尔（Aschauer，1989a、1989b、1989c）发表系列文章之后引起了广泛讨论。《世界发展报告（1994）》（World Bank，1994）指出，在关于基础设施对经济增长重要性的实证研究中，研究者报道了从0到超过100%的年收入回报效应，这表明二者间的关系值得继续讨论，考虑到基础设施的投入水平高、对经济增长的作用强，发展中国家尤其应该予以重视。因此，本章对全世界231个国家1960~2010年基础设施与经济增长的关系进行了研究，作为对中国相关研究的参考和起点。

城市规模和城市人口密度也是影响基础设施投入的重要因素。城市是经济活动发生的场所，知识外溢和规模效应使得基础设施的网络外部性进一步增强；高度城市化和较高的人口密度分摊了高额的基础设施建设成本，从而使得城市化率高的地方进行基础设施建设的可行性更高。因此，本章进一步研究了城市规模、经济增长和基础设施三者间的关系。

基础设施对于经济增长和城市化进程的重要作用和高度资本密集的特征使得基础设施的提供成为经济发展和城市化中需要审慎考察的问题。要在各种经济发展水平和城市化水平上合理、有效率地提供基础设施，就要对基础设施的需求水平进行估计。基于城市化、经济增长和基础设施三者间关系的研究，本章以收入水平和区域等因素作为条件考察了不同国家和中国不同区域的基础设施与潜在需求间的缺口，为实践提供了可供参考的预测。

5.1 中国地级以上城市的实证研究

5.1.1 缺口模型描述

对基础设施缺口的研究文献报道较少，从方法上看有目标导向和需求导向两个分支。目标导向意味着以某个国家基础设施投入的花费作为目标，分析当研究对象的花费与目标国家相当时，基础设施存量将达到的水平（Calderon、Serven，2004）。需求导向则以国家的各种特征为约束条件求得一个"潜在产出"，而合意的基础设施存量则是该潜在产出的函数（Fay，2001）。本书采用后一种方法估计城市化过程中的基础设施缺口。

在需求方，假设 I_j^c 为居民 j 对设施的需求，受到收入 Y_j 和基础设施服务价格 p_I 的约束，则有：

$$I_j^c j = f(Y_j, p_I) \tag{5.1}$$

假设上式对收入和价格均为线性，那么在所有消费者上加总就得到集总的对设施的需求，以人均形式表达为：

$$\frac{I^c}{N} = \frac{1}{N}\sum_{j=1}^{N} I_j^c = F(Y, p_I) \tag{5.2}$$

厂商以基础设施作为附加的投入要素，利益最大化的结果是基础设施使用的数量取决于基础设施服务的价格与最终产品价格之比。假设生产函数为 C-D 形式，则一阶条件为：

$$\frac{\partial Y_i}{\partial I_i^p} = \frac{p_I}{w_i} \qquad (5.3)$$

其中，Y_i 是本地厂商产出的产品 i，w_i 是该产品一单位的价格。因此，重写一阶条件为：

$$K_i^\alpha L_i^\beta \phi I_i^{\phi-1} = \frac{p_I}{w_i} \qquad (5.4)$$

于是有：

$$I_i^p = (\phi K_i^\alpha L_i^\beta I_i^{\phi-1})^{1/(1-\phi)} \qquad (5.5)$$

$$I_i^p = \sum_i I_i^p = \sum_i (\phi K_i^\alpha L_i^\beta I_i^{\phi-1})^{1/(1-\phi)} \qquad (5.6)$$

要估计上式并不容易，因为一些变量没有适当的测度指标，如在厂商层面的数据、价格和服务的价格不可得。解决的办法是以全国产出总量作为集总需求，用工业产值占总产值的比值（Y_{ind}）作为不同部门间的需求弹性。增加技术 A，于是有：

$$I^p = F(Y, \frac{p_I}{w_i}, Y_{ind}, A) \qquad (5.7)$$

市场出清时有：

$$\frac{I}{N} = F(\frac{Y}{N}, \frac{p_I}{w_i}, Y_{ind}, A) \qquad (5.8)$$

在实证时以时间虚变量和个体效应作为价格和技术的代理变量。城市聚集带来的规模效应和成本节省使基础设施建设的可行性更大，进而放大对基础设施的需求，因此在上式中引入城市聚集特征的描述因素，如城市规模、城市人口密度等。将上式中的产出替换为潜在产出，则可以估计出合意的基础设施存量 I^*。因此，基础设施的缺口可定义为：

$$\text{Infra Gap} = \frac{I^*}{N} - \frac{I}{N} \qquad (5.9)$$

5.1.2 数据准备

中国城市基础设施变量一览如表 5.1 所示。由于《中国城市统计年鉴》中没有各城市铁路长度的统计，因此城市级数据库没有考察铁路。交通部门仅有公路长度作为城市交通设施的指标。笔者没有采用公路密度是因为这个指标有的年份缺失，并且不同年份间的统计口径也不同。

与国家级数据库不同，教育和卫生设施在城市级上采用了从业者的数量作为测度指标。《中国城市统计年鉴》在教育和卫生条目下还提供了医院数量、中小学数量，但考虑到医院和学校的规模不同，并且其提供的服务能力也不同，因此采用从业者数量作为教育和卫生设施的实物资本。

表 5.1 中国城市基础设施变量一览

变量	均值	标准差	最小值	最大值
产出	13.83667	1.631432	8.767797	18.73536
城市规模	3.600541	0.926851	−4.60517	7.083589
市场潜力	5.246222	0.45996	3.389799	6.468366
职工工资	11.25657	2.341164	1.609438	17.16453
固定资本投入	13.54982	2.273069	6.297109	19.59144
公路长度	5.366774	1.467237	−1.20397	9.975343
电话	5.622165	3.38438	−1.42712	14.55581
电力消费	9.106702	4.603375	−2.65926	16.24756
小学教师	8.209725	0.827562	4.41884	11.5326
中学教师	7.969576	0.908246	2.302585	11.32804
工业产值	13.22886	1.720398	7.17012	1.93E+01
城市人口密度	−0.03634	0.441504	−7.08311	3.354106
医院床位数	8.044519	1.036359	3.135494	11.93102

5.1.3 基础设施与经济增长和城市化的关系

为了检验城市化与基础设施间的关系，借此建立起预测缺口的计量模型，本节检测了基础设施与经济增长的关系，用式（5.10）、式（5.11）的模型分别检验城市经济发展水平和经济增长与基础设施的关系。

$$\ln(Y_{it}) = \alpha + \beta X_{it} + \gamma N_{it} + \zeta H_i + \delta_t + \varepsilon_{it} \tag{5.10}$$

$$\ln(Y_{it+1}) - \ln(Y_{it}) = \alpha + \beta X_{it} + \gamma N_{it} + \zeta H_i + \eta Y_{it} + \delta_t + \varepsilon_{it} \tag{5.11}$$

其中，X是社会经济因素向量，包括城市的市场潜力、固定资本积累和劳动报酬；N包括表5.1中的基础设施；H是自然条件异质性，包括平均海拔、坡度、降水、气温等。为了使回归关系稳健，本节采取逐步插入的方法进行回归。类似地，对于城市化水平和城市增长的关系，采用以下公式进行检验：

$$\ln(S_{it}) = \alpha + \beta X_{it} + \gamma N_{it} + \zeta H_i + \delta_t + \varepsilon_{it} \tag{5.12}$$

$$\ln(S_{it+1}) - \ln(S_{it}) = \alpha + \beta X_{it} + \gamma N_{it} + \zeta H_i + \eta S_{it} + \delta_t + \varepsilon_{it} \tag{5.13}$$

式中的符号含义与式（5.10）和式（5.11）中相同，S 表示城市的人口规模。

如表 5.2 和表 5.3 所示，报道了对中国各城市的式（5.10）~式（5.13）的回归结果，但根据可获得数据的情况自变量有所不同。城市的教育和卫生可以采用两个部门提供的服务数来测度，因此在对中国各城市的研究中加入了中小学教师数和医院床位数的因素。

表 5.2 城市经济、城市化与基础设施

变量	经济水平				城市水平			
	基准模型	社会因素	自然因素	时间趋势	基准模型	社会因素	自然因素	时间趋势
道路	0.26147***	−0.01112*	−0.00183	0.00413	0.06861***	0.01709***	0.01824***	0.07107***
电话线路	−0.12219***	0.00016	0.00122	0.07751***	−0.02021***	0.00398**	0.00894**	0.05763***
用电量	0.12967***	0.05540***	0.05868***	0.02064*	0.02224***	0.00948***	0.01154***	0.05441***
小学教师	0.17828***	0.27073***	0.26553***	0.18496***	0.09701***	0.11648***	0.11909***	0.04778***
中学教师	0.11796***	−0.04181***	−0.04168***	−0.01617	0.07624***	0.04711***	0.04156***	0.09749***
医生数	0.37960***	0.03228*	0.0227	0.04844**	0.17218***	0.11258***	0.18063***	0.15338***
城市规模		0.03115	0.06821**	−0.0005				
市场潜力		0.56058***	0.09211**	−0.10038**		0.23999***	−0.00669	0.01742
劳动报酬		0.05025***	0.05617***	0.24440***		0.01100***	0.01585***	0.03284***
固定资本		0.45726***	0.49955***	0.35841***		0.06598***	0.09127***	0.06597***
平均海拔			−0.00027***	−0.00026***			−0.00016***	−0.00012***
平均坡度			−0.01747*	−0.01587*			−0.02331***	−0.02036**
气温			−0.00188	−0.00075			−0.00182	−0.00174
多年降水			0.00019***	0.00018***			−0.00012**	−0.00010**
C	6.51565***	1.41601***	3.11893***	3.77348***	0.35508***	−1.11713***	−0.53377***	−0.93436***

续表

变量		经济水平				城市水平			
		基准模型	社会因素	自然因素	时间趋势	基准模型	社会因素	自然因素	时间趋势
年份	1987				−0.15265**				0.16470***
	1988				−0.27822***				−0.08935***
	1989				−0.21867*				−0.27296***
	1990				−0.29069***				−0.11228***
	1991				−0.34991***				−0.08540***
	1992				−0.28231***				−0.09097***
	1993				1.25869***				−0.39762***
	1994				1.48113***				−0.44512***
	1995				−0.05408				−0.66004***
	1996				0.68788***				−0.17956*
	1997				0.77268***				0.1142
	1998				0.76308***				−0.16763*
	1999				0.77397***				−0.19152**
	2000				0.85446***				−0.19525**
	2001				0.85341***				−0.21858**
	2002				0.83625***				−0.22578**
	2003				0.82125***				−0.23619**
	2004				0.82818***				−0.22371**
	2005				0.86612***				−0.27632***
	2006				0.88437***				−0.27468***
	2007				0.90391***				−0.28782***
	2008				0.93738***				−0.31969***
	2009				0.99582***				−0.33084***

注：* 表示显著性为1%，** 表示显著性为0.5%，*** 表示显著性为0.1%。

表 5.3　城市经济增长、城市增长与基础设施

变量	经济增长率				城市增长率			
	基准模型	社会因素	自然因素	时间趋势	基准模型	社会因素	自然因素	时间趋势
道路	−0.01744***	−0.00807*	−0.00675	0.00066	−0.00014	0.0031	0.00313	0.00474
电话线路	0.02107***	0.01365***	0.01071***	0.00348	0.00179	0.00112	0.00036	−0.00723
用电量	0.02028***	0.02107***	0.01952***	0.00458	0.00078	0.0024	0.0018	0.00897*
小学教师	0.04697***	0.04763***	0.03577***	0.00406	0.00851	0.0072	0.0031	0.00638
中学教师	−0.0048	0.00492	0.00486	0.02524	0.00641	0.00824	0.00825	0.00061
医生数	−0.07104***	−0.05364***	−0.03182***	−0.00625	−0.00069	0.00373	−0.0055	−0.00816
城市规模		−0.02726	−0.01899	−0.03255**				
市场潜力		0.18555***	0.00689	0.00464			0.01728	0.00608
劳动报酬		−0.00887***	−0.01156***	0.02228***			0.00112	0.00041
固定资本		−0.03659***	−0.01364**	−0.03163***			−0.00836*	−0.00899**
平均海拔			−0.00001	−0.00001			0.00001	0.00001
平均坡度			0.00088	0.0001			−0.00304	−0.00265
气温			0.00016	0.00031			0.00005	0.00005
多年降水			0	0			0.00001	0.00001
C	0.19100*	−0.32531	0.24268**	0.17584	−0.0925	−0.05895	−0.01373	0.14576
年份 1987				0.02594				−0.02745
1988				−0.29620***				−0.08624*
1989				0.00671				−0.01254
1990				−0.04189				−0.01253
1991				−0.05819*				
1992				−0.04775				−0.07755
1993				0.30600***				
1994				0.29880***				
1995				0.01875				−0.11802
1996				0.05523				−0.13116*
1997				0.03663				−0.14609*
1998				0.00976				−0.14214*
1999				−0.04598				−0.13341*

续表

变量	经济增长率				城市增长率			
	基准模型	社会因素	自然因素	时间趋势	基准模型	社会因素	自然因素	时间趋势
年份 2000				0.00843				−0.12307*
2001				−0.0266				−0.10899
2002				−0.05113				−0.09287
2003				−0.03836				−0.12901*
2004				0.00011				−0.1025
2005				0.05455				−0.12649*
2006				0.03366				−0.13892*
2007				0.02844				−0.13657*
2008				0.06513	−0.00014	0.0031	0.00313	0.00474
2009				0.0739	0.00179	0.00112	0.00036	−0.00723

注：* 表示显著性为 1%，** 表示显著性为 0.5%，*** 表示显著性为 0.1%。

从表中可以看出，固定资本投资表现出对经济发展水平有较强的推动作用，其作用超过了基础设施服务的作用。这与萨胡、戴瑟和那塔拉嘉（Sahoo、Dash、Nataraj，2010）等的研究结果是一致的。这表明各城市的发展为投资所拉动。但固定资本存量对经济增长的作用是显著为负的，由式（5.11）的设定可以认为，从长期来看，过高的固定资本存量对于城市经济的发展有负效应。这与规范分析的结论具有一致性。高投资意味着高储蓄率，当储蓄率超过黄金律水平则会对经济增长造成负效应。这说明，对于中国的城市而言，投资是提高经济发展水平的有利因素，但过往的经验表明，这种资本积累的方式并不利于经济的长期增长。

交通部门对经济发展水平和经济增长的关系是不稳健的。从表中可以看出，道路长度的系数随着变量的增加而改变符号，因此它的作用是不明确的。

电话线路数对经济发展水平的影响是不显著的，但对于经济增长具有显著的积极作用。这表明，通信设施不具有水平效应，但具有增长效应。提高通信设施能够提高城市经济的增长速度，但不会立即提高城市的经济水平。从长期看，通信设施的铺设减少了企业和家庭的信息获取成本，提高了经济效率,因此对于城市经济的增长具有显著的积极意义。

教育部门的表现分成了中学和小学两个部分,这两种设施的作用都在于提高人力资本存量,但对经济的影响差别很大。对城市经济的发展水平而言,中学的作用是不稳健的,随着变量增加,系数的符号改变。但小学对经济发展水平具有显著、强烈的积极作用。这表明,基础设施为城市居民提供了额外的效用,使得城市规模随之提高,这与加贝克斯(Gabaix,1999)的假设一致。并且,在本节考虑的变量中,除了固定资本投入和市场潜力,小学对经济发展水平的作用是最强烈的。对经济增长而言,中学的作用在所有回归中都不显著,但小学的作用仍然积极、显著。对此的解释有两点:第一,小学对城市经济水平的积极作用是与中国的产业结构高度相关的。大量的劳动密集型产业不需要过多的知识和培训,因此小学对城市经济发展水平的作用明显,而中学的作用就不稳健了。第二,从长期来看,人力资本积累对于经济增长的显著作用是比较明显的,尽管中学的作用仍然不显著,但随着产业结构的调整,这种知识的积累将显现其意义。

医疗部门对经济发展水平显示出显著的积极作用。人力资本的积累包括卫生和教育两个方面。因此,医疗部门对经济发展水平和经济增长的显著作用可以被认为是人力资本积累的水平效应,这与小学的作用是相同的。但医疗部门并没有在经济增长方面表现出积极、显著的贡献,因此可以认为医疗部门的作用仅仅是具有水平效应,这是它与教育部门(小学)存在区别的地方。

城市化和基础设施的关系与经济发展和基础设施的关系存在较大的差异。对于城市化水平而言,或者说,对于城市规模而言,基础设施具有显著的积极意义,并且这种显著的关系在本章中的表现是稳健的。随着变量不断进入模型,笔者发现除电话线路数改变了符号外,其他变量都显示出了稳健性,特别是在不控制时间趋势的前提下,各模型的回归系数趋于一致,这表明技术进步在基础设施与城市化水平中扮演着中间者的角色。我们发现,生产性的基础设施对于城市化水平的关系中的作用并不如生活性基础设施的作用大,这一判断在谈到基础设施对经济发展水平的作用时也可以近似地成立。这个发现对于我国当前城市化进程中重生产性基础设施、轻生活性基础设施的倾向是一个警告。无论是从水平效应看,还是从长期的增长看,生活性基础设施,特别是医疗和教育部门,对于经济和城市化水平的提升具有相当重要的意义。

这也印证了规范分析的假设,即城市居民的效用是由城市所提供的琳琅满目的商品与所能享用的各种设施共同决定的。而医疗和教育设施正是城市能够提供的、提高居民福利的公共设施。

为了研究在不同的城市产出水平分组中城市化与基础设施的关系如何,本节采用历年城市 GDP 的 20、40、60 和 80 分位数将基础设施分为低产出、中低产出、中等产出、中高产出和高产出 5 个分组,并利用这些分组的样本重复了对式(5.10)~式(5.13)的回归分析。分组回归的结果如表 5.4~表 5.8 所示。

表 5.4 城市化水平与基础设施(低产出城市)

变量	城市化水平			城市增长		
	基准模型	社会因素	自然因素	基准模型	社会因素	自然因素
道路	0.05588***	0.01388**	0.01413**	−0.00429	−0.00216	−0.00041
电话线路	−0.01573***	0.00560*	0.00823**	0.00168	0.00228	0.00175
用电量	0.02060***	0.01295***	0.01648***	0.00051	0.00222	0.00245
小学教师	0.06747***	0.07747***	0.09288***	0.01144	0.01351	0.00444
中学教师	0.03589***	0.01454*	0.01935*	−0.0021	0.00069	0.00067
医生数	0.20011***	0.11543***	0.23744***	−0.01161	−0.00178	−0.01294
市场潜力		0.10428*	−0.04321		0.09577	0.08799
劳动报酬		0.01574***	0.01949***		0.00203	0.00215
固定资本		0.06410***	0.06420***		−0.02116*	−0.02143*
平均海拔			−0.00018**			0
平均坡度			−0.04167***			−0.00163
气温			0.00121			−0.00056
多年降水			−0.00012			−0.00006
C	0.34700*	−0.30951	−0.28464	0.06005	−0.33714	−0.06342

注:* 表示显著性为 1%,** 表示显著性为 0.5%,*** 表示显著性为 0.1%。

表 5.5 城市化水平与基础设施(中低产出城市)

变量	城市化水平			城市增长		
	基准模型	社会因素	自然因素	基准模型	社会因素	自然因素
道路	0.06116***	0.01257**	0.00992*	−0.00509	−0.00216	−0.00162
电话线路	−0.02677***	−0.00493	−0.00235	0.00344*	0.00226	0.00219

续表

变量	城市化水平			城市增长		
	基准模型	社会因素	自然因素	基准模型	社会因素	自然因素
用电量	0.01865***	0.00753***	0.00860***	0.00153	0.00256	0.00269
小学教师	0.06831***	0.09465***	0.08132***	0.00094	−0.00203	−0.0045
中学教师	0.07004***	0.03702***	0.03038***	0.00686	0.00899	0.01094
医生数	0.04061**	0.02785*	0.04281***	0.00104	0.00193	−0.00862
市场潜力		0.24920***	0.13456***		0.03575	0.00235
劳动报酬		0.00707*	0.00954**		−0.00008	0.00051
固定资本		0.05543***	0.06721***		−0.01088*	−0.00747
平均海拔			0.00015*			0.00001
平均坡度			−0.01487			−0.00175
气温			−0.03562***			0.00116
多年降水			0.00013			−0.00001
C	1.49215***	−0.25434	0.58872**	−0.04064	−0.10261	0.09994

注：* 表示显著性为1%，** 表示显著性为0.5%，*** 表示显著性为0.1%。

表5.6 城市化水平与基础设施（中等产出城市）

变量	城市化水平			城市增长		
	基准模型	社会因素	自然因素	基准模型	社会因素	自然因素
道路	0.07368***	0.01401*	0.01407*	0.00076	0.00409	0.00364
电话线路	−0.01959***	0.00574	0.00710*	0.00261	0.00189	0.00145
用电量	0.02169***	0.00821***	0.00953***	0.00114	0.00296	0.00166
小学教师	0.09877***	0.12447***	0.12044***	0.00894	0.00866	0.00445
中学教师	0.09566***	0.06341***	0.05454***	0.00741	0.00977	0.01214
医生数	0.16179***	0.09413***	0.13107***	−0.01185	−0.00537	−0.02560*
市场潜力		0.0514	0.05783		0.0107	0.00411
劳动报酬		0.01060**	0.01236**		0.00071	−0.0004
固定资本		0.09211***	0.08595***		−0.01053	−0.00486
平均海拔			−0.00014			0.00001
平均坡度			−0.00509			−0.00218
气温			−0.07313***			0.00159
多年降水			0.00038**			0
C	0.14065	−0.61885*	−0.10438	−0.02731	−0.04688	0.10389

注：* 表示显著性为1%，** 表示显著性为0.5%，*** 表示显著性为0.1%。

表 5.7 城市化水平与基础设施（中高产出城市）

	城市化水平			城市增长		
变量	基准模型	社会因素	自然因素	基准模型	社会因素	自然因素
道路	0.07562***	0.02190***	0.02386***	0.00087	0.0028	0.00309
电话线路	−0.02275***	0.00197	0.00599	0.00004	−0.0009	−0.00137
用电量	0.02472***	0.01150***	0.01427***	0.00001	0.00045	−0.00035
小学教师	0.12035***	0.11662***	0.10746***	0.01126	0.01141	0.00953
中学教师	0.10170***	0.06817***	0.05228***	0.00172	0.00293	0.00445
医生数	0.26695***	0.19771***	0.23977***	0.01275	0.01529	−0.0139
市场潜力		0.59667***	0.14420**		−0.0214	0.00278
劳动报酬		0.01034*	0.01626**		−0.00047	−0.00078
固定资本		0.02309*	0.07114***		−0.00076	−0.00107
平均海拔			−0.00002			−0.00001
平均坡度			0.05358***			−0.00163
气温			0.0098			0.00209
多年降水			−0.00017			0
C	−0.79904***	−3.24520***	−1.92790***	−0.17049	−0.0826	0.02505

注：* 表示显著性为 1%，** 表示显著性为 0.5%，*** 表示显著性为 0.1%。

表 5.8 城市化水平与基础设施（高产出城市）

	城市化水平			城市增长		
变量	基准模型	社会因素	自然因素	基准模型	社会因素	自然因素
道路	0.05867***	0.01368	0.01043	0.00446	0.0074	0.0077
电话线路	−0.01478***	0.00746	0.02095***	0.00121	0.00096	−0.00261
用电量	0.02370***	0.00538	0.01327***	0.00033	0.00252	−0.00046
小学教师	0.10211***	0.12190***	0.18994***	0.00313	0.00144	−0.00843
中学教师	0.08198***	0.05862***	0.06313***	0.02125	0.02218	0.02318
医生数	0.21372***	0.11681***	0.31587***	−0.00424	0.00224	−0.01578
市场潜力		0.06515	−0.08196		−0.01414	0.00275
劳动报酬		0.00817	0.01875***		0.00228	−0.00144
固定资本		0.10790***	0.10645***		−0.00819	−0.00432
平均海拔			0.00031**			0

续表

变量	城市化水平			城市增长		
	基准模型	社会因素	自然因素	基准模型	社会因素	自然因素
平均坡度			-0.00008			-0.00116
气温			-0.01017			0.00248
多年降水			-0.00006			0
C	0.49042*	-0.33329	-2.08385***	-0.17409	-0.09877	0.05901

注：* 表示显著性为 1%，** 表示显著性为 0.5%，*** 表示显著性为 0.1%。

表 5.4~表 5.8 给出了按城市经济发展水平分组的城市中基础设施与城市化水平、城市增长之间的关系，所采用的模型仍然是式（5.12）和式（5.13）中的设定。其中，城市发展水平分组是依据每年城市 GDP 的 20、40、60 和 80 分位数作为分组依据。按城市经济发展水平分组进行回归的假设是，城市的发展水平不同，则对基础设施的需求也各不相同，那么在不同产出分组中，基础设施对城市化水平的贡献也可能会各不相同。

从回归结果来看，不同产出分组中基础设施对城市化水平的作用似乎并没有明显的差别。这意味着，在城市发展的不同阶段，城市对基础设施的需求都是存在的。这从另一个角度表明，中国的城市化进程中基础设施建设滞后于城市化的进程，因而基础设施的需求总是存在一定的缺口。这些缺口并不仅仅存在于低发展水平或高发展水平的城市，不同的城市对这些设施都还有未被满足的缺口，而且基础设施对城市化水平的影响也与城市经济发展水平的程度没有必然的联系。

为了进一步证明这个观点，笔者构造了以 20、40、60 和 80 分位数为依据分组的虚拟变量，并将该虚拟变量分别与基础设施相乘引入计量方程。由于回归结果已表明基础设施对城市增长的作用并不显著，因此没有继续对基础设施与城市增长率的关系作进一步检验，而只检验了它对城市化水平的作用。据此，式（5.12）扩展为：

$$\ln(S_{it}) = \alpha + \beta X_{it} + \gamma N_{it} + \zeta H_i + \kappa R_{it}^* N_{it} + \delta_t + \varepsilon_{it} \tag{5.14}$$

其中，L 表示城市的发展水平虚拟变量。回归结果如表 5.9 所示，从中可以看到，无论是城市发展水平虚拟变量，抑或是虚拟变量与基础设施的相互作用，都没有表现出稳健、显著的与城市化水平的关系。这进一步强化了之前的结论,即中国城市化过程中存在着基础设施的缺口,并且存在于所有发展水平的城市中。

表 5.9 发展水平分组虚拟变量回归

变量	基准模型	社会因素	自然因素
中低发展水平	2.02203***	1.4433605***	2.0489704***
中等发展水平	0.48853	0.326942	0.971255
中高发展水平	−0.31018	−0.36765	0.449505
高发展水平	0.0058	−0.14791	0.679493
道路	0.05367***	0.01114	0.00029
中低发展水平×道路	0.01082	0.00629	0.00823
中等发展水平×道路	0.02024*	0.01076	0.01655*
中高发展水平×道路	0.02064*	0.02154*	0.02621***
高发展水平×道路	−0.00158	0.00712	0.01980*
电话线路	−0.01068***	0.01005**	0.01227***
中低发展水平×电话线路	−0.01356**	−0.00941*	−0.01043**
中等发展水平×电话线路	−0.00617	−0.00231	−0.00462
中高发展水平×电话线路	−0.00986*	−0.00742*	−0.00916**
高发展水平×电话线路	0.00126	0.00099	−0.00085
用电量	0.02055***	0.01215***	0.01099***
中低发展水平×发电量	−0.00168	−0.00202	−0.00147
中等发展水×发电量	0.00233	0.00118	0.00043
中高发展水平×发电量	0.00484	0.00327	0.00297
高发展水平×发电量	0.00407	0.00167	0.00143
小学教师	0.10631***	0.12128***	0.12159***
中低发展水平×小学教师	−0.03827	−0.02181	−0.03785
中等发展水平×小学教师	0.00071	0.00937	−0.00174
中高发展水平×小学教师	0.02158	0.00653	−0.0166
高发展水平×小学教师	0.03946	0.03743	0.0176
中学教师	0.04035**	0.01833	0.01775
中低发展水平×中学教师	0.02843	0.01784	0.00955
中等发展水平×中学教师	0.05193**	0.04577*	0.03776*

续表

变量	基准模型	社会因素	自然因素
中高发展水平×中学教师	0.05776**	0.05397**	0.03823*
高发展水平×中学教师	0.04666*	0.04946**	0.04246*
医生数	0.31250***	0.22834***	0.27773***
中低发展水平×医生数	−0.22760***	−0.16406***	−0.22083***
中等发展水平×医生数	−0.08897**	−0.06602*	−0.13425***
中高发展水平×医生数	−0.00101	0.0193	−0.05286
高发展水平×医生数	0.00566	0.01487	−0.06406*
市场潜力		−0.0028	0.06532**
劳动报酬		0.01528***	0.01433***
固定资本		0.08070***	0.07787***
平均海拔			−0.00005
平均坡度			−0.00973
气温			−0.00159
多年降水			−0.00013***
C	−0.90816***	−1.22889***	−1.60353***

注：* 表示显著性为1%，** 表示显著性为0.5%，*** 表示显著性为0.1%。

5.1.4 基础设施缺口

上节已经表明，中国城市基础设施存在缺口，并且这种缺口存在于各种发展阶段的城市之中。因此，本节将根据5.1.1中的城市化缺口模型，利用Calderon和Serven（2004）的方法求出中国各地级以上城市存在的基础设施缺口。具体方法是，用潜在GDP代替真实GDP采用固定效应模型进行回归，根据模型假设固定效应捕捉设施价格，从残差中将其减去得到基础设施的需求量，这就得到了与发展水平相适应的基础设施的需求量。潜在GDP的获得通常是以一定频次（如5年）求得GDP均值后进行回归。这种方法损失了较多的自由度，为此本节采用滑动平均的方法，以5年为滑动窗口宽度求得潜在GDP，从而计算得出城市缺口。此处采用测度教育设施的指标为教师数量，而测度医疗设施的指标为医院所能提供的床位数。如表5.10所示是2009年中国各省按GDP加权的城市缺口。

表5.10 中国城市基础设施缺口（以2009年数据以省份为单位统计，每万人）

省份	公路（千米）	电话（户）	电力（万千瓦时）	床位（张）	小学（座）	中学（座）
安徽	2.469	451.496	1201.048	42.175	40.450	19.507
北京	2.079	560.762	371.675	30.377	15.753	9.329
重庆	1.909	117.473	453.028	18.271	14.451	8.426
福建	1.962	132.020	680.390	95.052	56.766	72.739
甘肃	5.649	1150.264	2041.679	103.608	68.257	40.820
广东	4.848	484.738	5511.224	65.966	96.403	81.593
广西	4.826	1110.363	1706.456	103.821	85.356	44.403
贵州	3.435	476.881	1078.940	34.665	65.459	25.232
海南	2.448	277.689	717.804	34.269	77.374	39.033
河北	2.280	218.436	1573.618	27.909	28.565	12.844
黑龙江	3.019	278.438	4345.159	51.689	34.736	31.209
河南	2.304	458.620	1565.607	41.310	49.642	19.102
湖北	6.869	455.860	2621.044	47.315	75.948	61.743
湖南	2.590	401.159	711.132	34.583	26.304	11.851
吉林	5.376	754.458	1481.401	115.259	153.326	105.542
江苏	3.902	232.052	887.716	16.174	17.485	10.388
江西	2.896	761.661	791.435	62.680	74.593	31.232
辽宁	1.823	286.662	1048.267	37.296	23.036	13.588
内蒙古	2.053	112.950	888.864	9.120	18.852	9.769
宁夏	5.526	1204.862	2948.949	114.524	99.127	39.581
青海	0.712	25.640	6881.006	12.821	20.078	3.582
山东	2.618	202.188	816.823	14.811	25.019	12.349
陕西	1.933	309.113	928.112	58.213	38.322	17.139
山西	4.287	747.979	1369.076	62.856	44.250	23.970
上海	4.554	610.516	518.966	17.658	11.130	1.522
四川	3.330	468.540	1043.750	49.909	45.151	19.072
天津	1.383	508.570	1009.782	30.830	37.527	19.265
西藏	5.950	—	—	—	—	—
新疆	3.096	358.529	2657.892	49.019	49.275	19.564
云南	6.248	1657.201	2252.135	156.862	117.012	54.511
浙江	4.860	366.327	2450.744	53.177	36.068	29.008

从表 5.10 中可以看到，湖北、云南、甘肃和西藏 4 省对公路的缺口最大。然而这并不必然得出发展水平低公路缺口必然大的结论，因为广东省、浙江省和上海的公路缺口均在 4 千米/万人的水平。云南、宁夏、甘肃和广西 4 省在通信部门存在最大的缺口。青海、广东、黑龙江和宁夏 4 省则在电力方面存在较大的缺口。从教育和卫生部门来看，发展水平高的省份在教育和卫生部门的缺口较小。

为了进一步分析发展水平与城市化缺口之间的关系，采用表 5.10 的分组方式进行 GDP 加权，并以 5 年为频次报道了各组的加权城市缺口，结果如表 5.11 中给出。

表 5.11　中国城市基础设施缺口（以产出分组统计，每万人）

产出分组	公路	电话	电力	床位	小学	中学	年份
低产出	9.455	1692.949	2642.648	79.870	94.989	40.200	1985~1989 年
中低产出	4.433	1087.754	2021.514	54.858	144.954	37.777	
中高产出	6.865	583.891	3547.252	70.747	128.400	44.025	
高产出	6.601	840.668	2371.718	49.886	67.381	22.730	
低产出	6.722	836.482	2185.277	58.077	86.207	39.943	1990~1994 年
中低产出	6.357	785.673	3073.898	81.946	106.914	55.567	
中高产出	6.858	456.803	3756.479	64.352	72.342	34.320	
高产出	7.136	636.550	2778.840	44.073	49.485	17.462	
低产出	5.228	1273.918	2207.277	115.167	88.441	32.093	1995~1999 年
中低产出	5.290	1057.889	2188.618	74.194	77.773	35.836	
中高产出	5.412	600.140	1644.033	50.434	59.638	26.072	
高产出	5.277	688.065	1981.315	35.097	40.380	16.393	
低产出	5.930	1663.231	2793.090	91.075	84.785	43.204	2000~2004 年
中低产出	6.104	1346.802	2486.028	118.598	105.230	67.330	
中高产出	3.337	634.474	1315.533	46.660	61.348	29.808	
高产出	3.576	621.413	1438.370	28.731	27.807	14.773	
低产出	6.613	1371.213	2259.021	128.360	95.983	50.957	2005~2009 年
中低产出	4.679	808.610	3207.559	94.572	77.469	45.274	
中高产出	3.472	376.562	1209.035	40.021	52.316	31.116	
高产出	11.334	1182.472	2410.736	32.796	67.087	71.037	

从表 5.11 中可以看出,不同产出水平的城市对基础设施的缺口随时间而改变。就公路而言,在 1985~1989 年,低产出城市对公路的缺口最大;在接下来的两个 5 年里不同收入分组的城市对公路的缺口出现了均值;之后则出现低产出和高产出城市对公路缺口双高的情形。对通信部门而言,则是低产出和中低产出水平的城市始终有更大的电话缺口。对电力部门而言,不同产出水平的城市的缺口几乎是相似的,并且随时间推移其改变不大。而教育和卫生部门则是低产出和中低产出水平的城市缺口较大,这与分省份加权的情况一致。

为了测度城市缺口是否随推移时间在区域间增大,笔者采用东、中、西部的分组方法进行了 GDP 加权的区域缺口计算,结果如表 5.12 所示。从表中可以看出,从区域的角度看,各种基础设施的缺口在缩小,区域内的差异也正在消除。并且,东部城市的基础设施缺口从 2004 年后开始增大,这种情况与之前的回归结论是相符的。

表 5.12　中国城市基础设施缺口(以区域分组统计,每万人)

区域分组	公路	电话	电力	床位	小学	中学	年份
东部城市	7.264	875.2357	2598.017	50.87129	84.61389	25.61107	1985~1989 年
中部城市	4.635	786.4959	2859.217	62.10756	100.3422	37.94778	
西部城市	3.374635	868.1064	2244.365	67.04681	95.2166	32.53945	
东部城市	8.171	674.1542	3162.21	51.96105	59.13365	23.20631	1990~1994 年
中部城市	4.034	475.1812	2715.377	51.73027	64.44369	31.48787	
西部城市	3.923	615.1512	2517.105	62.96197	79.57758	35.47481	
东部城市	6.293	771.6642	2159.967	42.26866	50.15598	21.26278	1995~1999 年
中部城市	3.670	709.3986	1658.55	54.97396	54.54625	24.99057	
西部城市	2.789	794.8523	1663.174	59.22902	64.18234	26.04867	
东部城市	4.430	713.0028	1747.265	39.13797	42.09809	22.31336	2000~2004 年
中部城市	2.542	810.0117	2357.449	57.82672	59.74566	32.89898	
西部城市	3.107	946.0259	1942.717	55.46133	54.32574	26.67725	
东部城市	11.11	1175.026	2228.79	38.41185	72.13459	71.65673	2005~2010 年
中部城市	3.544	499.4151	1765.864	51.47413	57.60165	33.96709	
西部城市	3.912	665.528	1446.275	64.23944	53.26838	26.44753	

如表 5.13 所示是按产出分组的人均道路需求缺口（每万人）。从表中可以清楚地看到，以均值来看，道路的缺口随城市发展水平增加有递减的趋势。结合 5.1.3 中的讨论，尽管在不同发展水平的城市基础设施对城市化的作用是相似的，但这并不能排除不同发展水平的城市中具有不同的基础设施缺口。以道路存在的缺口来看，发展水平较低的城市在交通部门存在的缺口比较大，可能是其发展过程中的一个瓶颈。同时，除中低产出和高产出两个组的标准误非常大之外，其他分组的城市中标准误都不大，这表明道路缺口在同一分组城市中具有一定的均质性。

表 5.13 道路缺口：按产出分组，每万人

产出分组	总数	均值	标准误	最小值	最大值
低产出	1062	8.374398	9.7228	0.001182	159.2834
中低产出	1165	6.03657	20.33643	0.005741	575.3335
中等产出	1225	3.507953	4.933117	0.004519	69.41406
中高产出	1325	4.174344	6.619412	0.004828	98.82003
高产出	1307	5.644609	50.50569	0.001445	1811.897

如表 5.14 所示是通信部门缺口按城市产出水平的分组情况。从表中可以看到，随城市产出水平提高，通信部门的缺口在不断缩小。这种趋势与道路缺口相似。但不同的是，从标准误来看，随着城市产出水平提高，城市在通信部门的缺口也有逐步趋同的趋势，这表明通信部门的设施缺口可能存在一定的"门槛"效应，越过一定的门槛之后再扩大基础设施的规模可能不会显著地提高城市化水平。

表 5.14 电话缺口：按产出分组，每万人

产出分组	总数	均值	标准误	最小值	最大值
低产出	1042	998.9704	1197.612	0.993489	9722.035
中低产出	1163	688.108	827.5028	0.566564	8662.222
中等产出	1228	527.565	690.286	0.250888	6820.213
中高产出	1323	412.6001	585.0033	0.432392	7247.282
高产出	1309	417.1648	2736.603	0.02409	97062.32

如表 5.15 所示是按城市产出水平分组的电力缺口。从表中可以看到，中低产出水平的城市对电力缺口较大，低产出城市次之。与通信部门和交通部门不同，电力需求的缺口没有与城市产出水平相关的增减趋势。从标准误来看，中低产出和中等产出水平的城市异质性较大，电力缺口的分布比较分散。

表 5.15　电力缺口：按产出分组，每万人

产出分组	总数	均值	标准误	最小值	最大值
低产出	1044	1594.074	1896.313	0.799206	13688.69
中低产出	1165	2065.733	8080.501	1.650984	163308.1
中等产出	1228	1293.513	4800.119	1.799469	135021.3
中高产出	1326	951.2817	1191.936	0.591702	18643.26
高产出	1310	1444.196	12518.42	1.186439	447657

表 5.16　医疗缺口：按产出分组，每万人

产出分组	总数	均值	标准误	最小值	最大值
低产出	1043	144.7552	234.7594	0.231395	6358.222
中低产出	1165	115.7341	212.9587	0.049105	3616.743
中等产出	1227	75.65572	98.15324	0.048654	2046.65
中高产出	1325	60.41164	68.33804	0.000975	555.0226
高产出	1310	40.13099	67.3081	0.007914	1724.362

表 5.17　小学教育缺口：按产出分组，每万人

产出分组	总数	均值	标准误	最小值	最大值
低产出	1039	56.88314	115.9388	0.037052	2061.31
中低产出	1162	71.3292	222.4756	0.010062	4297.545
中等产出	1228	50.22149	106.04	0.057339	1651.584
中高产出	1325	42.47861	88.1374	0.009253	1339.138
高产出	1310	36.50588	305.3331	0.008759	10731.61

表 5.18 中学教育缺口：按产出分组，每万人

产出分组	总数	均值	标准误	最小值	最大值
低产出	1005	40.00974	92.20644	0.037014	2052.729
中低产出	1121	49.21612	146.3656	0.009412	3081.114
中等产出	1181	31.53105	71.27645	0.007194	1453.668
中高产出	1269	27.85826	60.00545	0.006788	1287.757
高产出	1255	28.53101	339.5181	0.002344	11815.53

如表 5.16~表 5.18 所示是按城市产出水平分组的医疗服务和教育服务的缺口。从表中可以看到，这两个部门的缺口随着城市产出水平的提高而递减的趋势比较明显。随着城市产出水平的提高，医疗和教育部门缺口在同一分组中的差异也在逐步缩小。这表明，在产出水平较高的城市中所提供的生活服务设施比较充裕，而在城市产出水平较低的城市中生活性服务设施的缺口较大，从而导致了人口向发展水平较好的城市聚集。

5.2 基础设施缺口的影响

根据本节的实证分析可以进行如下思想实验，以说明基础设施缺口的影响。在一个平面上，自然资源和人口均匀分布，但基础设施集中布局在一个比较小的空间范围内（城市），在这里有学校、医院、发电厂和到其他区域的交通设施。城市化可能遵循两种完全不同的路径进行：其一，家庭为了获得基础设施聚集区的隐性福利而迁徙至城市，以享受方便的医疗、教育和到其他区域的服务。所有家庭均有这种动机，从而导致人口向城市聚集。人口在城市集中后，产生了新的需求，从而导致服务业从教育和医疗部门扩散出去，如人们需要有理发师、厨师、零售商、娱乐设施，从而创造出新的就业岗位，导致人口进一步聚集。这种情形成立的一个前提是，迁徙的家庭或者具有一定的资源禀赋从而能够在城市中生活，或者在另一个城市工作从而有稳定的收入。其二，距离城市中提供的基础设施

降低了厂商的生产成本，从而导致企业纷纷选址在基础设施（交通、电力、通信）附近，以节省交通费用和信息获取的费用。厂商间的空间竞争使得城市的地租上升，直到厂商通过基础设施获得的费用节省与支付的地租相互抵消为止，此时纯粹因为享有基础设施而进行的选址动机被消除了。但厂商在空间中聚集带来的外部性，包括规模效应和知识溢出，使得更多厂商向这些区域聚集，从而进一步推高地租，并使城市更加拥塞（人口增加导致交通拥堵、噪声污染、环境破坏），这种聚集将进行到聚集带来的外部性被耗竭为止。

以上两个思想实验事实上代表了基础设施在城市化进程中的两种不同作用，进而代表了两种可能的城市化途径。从传统的意义上理解，城市化要以工业化为前提，工业化创造就业机会，从而使人口从农村向城市聚集。但通过观察我们发现在一些城市，特别是工业基础薄弱的县城，其城市化的路径往往遵循第一种。由于本地缺乏就业机会，农村人口外出打工，积累下一笔财富之后在家乡购置房产从而进入城市，推动当地城市化进程。而这种通过购置房产进入城市的行为，无非是为了获得城市中的各种隐性福利，这其中就包括了生活性基础设施。

5.2.1 基础设施缺口对工业化的影响

基础设施缺口对工业化的影响是明显的。运输技术的发展使得运费不断降低，使得从传统的工业依靠布局在原料产地、劳动力丰富的地方、靠近市场的地方等方式来节省运费，转向工业靠近大型交通运输设施来节省运费。

另外，企业在空间中聚集获得规模效应和知识溢出，对于产品周期处于成熟阶段、生产技术已经高度标准化的产业而言，所获得的收益比接近原料产地更大。因此，运输技术的进步和聚集效应带来的成本节省，使得交通设施的发展对于一个城市发展工业、吸引厂商具有重要的意义。当一个城市的交通设施存在缺口时，随着企业进入城市将提前使城市拥塞不堪甚至抵消企业获得的正外部性，从而导致聚集过程停止。

通信设施使得企业的沟通成本大幅度下降。随着通信技术的发展，面对面的交流仅在交换非标准信息、高度机密信息和需要建立信赖感等需求时进行。信息获取成本的降低使得企业在选址时可以选择远离市中心的地方以节省地租。从实证研究的结果看，通信部门的服务对经济长期发展具有积极作用。通信设施的铺设具有"门槛"效应，在跨过一定的门槛之前，通信设施的缺口将成为工业化的瓶颈。极端地说，当完全没有通信设施时，企业获取信息的成本最为昂贵。由于通信设施具有非排他性，一旦城市拥有了通信网络，则企业获取信息的成本将极大降低。

教育部门对工业化的作用是为劳动力市场提供符合厂商需求的劳动力。从中国实证数据看，小学对经济发展水平的作用更大，这表明我国的经济结构偏向于价值链低端的产业，从而使得人力资本的投入得不到合理的回报，因而中学教育对经济发展水平的贡献不大。从教育部门缺口的角度来说，产业结构决定的低端劳动力市场对教育的反馈作用还没有立即见效，这是由于价值观念中对学习赋予了各种超越人力资本培育的价值，人们在教育投资时所做的普遍不是完全理性人假设的决策，因而城市教育部门一直存在缺口。从长期发展的角度来说，教育部门的这些缺口给经济长期的发展、转型埋下了一定的隐患。教育资源的不足导致城市居民为了获取这些资源而展开竞争，最终的结果是贫困在代际传递，并且劳动力市场没有足够的高素质劳动力供给，从而使得工业发展长期处于价值链的低端；一旦再次出现国外市场需求萎缩，对中国工业将产生巨大的冲击。

5.2.2 基础设施缺口对城市化的影响

本节的实证结果已经表明，基础设施对于城市化的水平具有显著的积极作用。但生产性基础设施与生活性基础设施对城市化的影响路径是不同的。生产性基础设施对城市化有直接和间接两种影响。首先，生产性基础设施影响企业的选址，从而使得企业在城市中聚集，进而带来人口聚集。在这种传播路径下，家庭进入城市的动机是就业。其次，由于交通、通信部门的存在，家庭人力资本投入的成本降低了，因为城市居民能够快捷地在城市间旅行从而获得医疗或教育服务。在这两种力量的推动下，生产性的基础设施推动了城市化水平的提高。

生活性基础设施对城市化的推动作用主要体现在这些设施为家庭带来的"居住在城市中的隐含效用"上。为了更方便地享有教育和医疗设施，家庭愿意忍受城市的拥塞和更高的地租（房价），直到拥塞和地租耗竭城市所提供的方便。因此，在均衡状态下，家庭居住在规模不同城市的效用应该是相同的，这是规范分析的结论。在中国的现实中，实际情况与规范分析的差距很大。不同城市的生活性基础设施缺口差别也很大，一般来说在经济发展水平较高的城市，生活性基础设施（教育和医疗）的供给缺口要小一些。但要注意，由于数据的限制，本节中的分析仅仅是对数量的分析，没有将从业人员素质考虑在内，如果考虑这些因素，将会发现经济发展水平不同的城市间的缺口差异可能更大（专业知识技能更强的人往往愿意在经济发展水平更高的城市工作）。

由于家庭在城市中获得的效用取决于商品的多样性、公共产品（生活性基础设施提供）和高工资，当公共产品供给不足时，城市对家庭的吸引力下降，在一定程度上会减少家庭迁入城市的意愿。在中国，生活性基础设施缺口对城市化的主要影响途径是导致城市间的差距扩大。由于优质的资源集中经济在发展水平更高的城市，理性的家庭倾向于向这些城市迁徙以提高自身的效用水平。这就进一步加剧了这些城市的拥塞。同时，由于投入水平不足、人口规模不够，后进城市的基础设施建设缺口一直存在，无法吸引新的移民。这就导致了一些城市过度城市化，房价高企、交通拥塞、人满为患；而另一些城市长期处于城市化不足、城市效率低下的状态。

5.3 本章小结

本章首先引入了一个对城市基础设施缺口进行预测的模型，其与第3章中的框架结合在一起完成了本章对基础设施缺口的计算和分析。

基础设施与经济增长之间的关系已经有众多学者进行了研究。本章将基础设施、经济发展与城市化三个方面进行了结合，试图探讨基础设施在经济发展和城市化中扮演什么角色的问题，以便获得稳定的回归关系用于分析基础设施缺口。回归的结果表明，道路长度对经济发展的影响并不显著，通信部门则对经济发展具有水平效应和增长效应。换句话说，通信部门既能够提高经济的发展水平，又能够提高经济的发展速率。更有趣的发现是，生产性基础设施对经济增长的作用不如生活性基础设施的作用强烈，其原因可能是生活性基础设施对于培育人力资本具有重要的作用。劳动力素质包括智力和体力两个方面，因此医疗服务和教育服务的提高能够大幅改善劳动力的素质，从而推动经济发展，这与规范分析的结果是一致的。另一个现象是，在教育部门中，小学教育对经济发展的作用强于中学教育。这表明中国的产业处于劳动力密集的低端水平，对于劳动者的知识要求可能不高。

基础设施对城市化的作用是显著、积极的。其中，教育和医疗设施的作用尤其强烈。这印证了规范分析中城市居民在城市中通过享有公共产品获得更多效用的假设。

基础设施的缺口分析表明，随着城市发展水平的提高，基础设施的缺口也在减小。这一方面表明城市发展水平与基础设施建设之间存在内生关系。但另一方面，这也表明基础设施投入的重点是要改变重大城市或区域中心城市、轻小城市的现状，让基础设施分布更为均匀，从而使得城市化进程呈现出有序的状态。

6 城市人口规模与用地规模间的缺口

6.1 城市用地规模与人口规模的关系

6.1.1 现象描述

《中国发展报告 2010：促进人的发展的中国新型城市化战略》提出，中国城市化进程的速度是前所未有的，同时也面临着半城市化的问题。半城市化（Under-Urbanization）或伪城市化（Pseudo-Urbanization），从地理空间上看是指在城市化过程中某些初步具备城市形态和特点的地区，没有被纳入城市的范围，或者仍保留乡村的特征。从空间关系上看，半城市化地区往往存在于城乡结合部、城市边缘区。从经济学角度看，这是城市人口规模与城市用地规模间的缺口。

从经济学的角度说，城市人口规模与城市用地规模间的缺口具有以下特征：首先，农业部门的劳动力没有真正向非农部门转移。以经济发展水平为唯一考核目标的激励机制使得地方政府官员为资本、技术展开竞争，热衷于招商引资，恶性竞争的结果就是竞相压低厂商的投资成本，人为压低工业、办公用地的价格，给予优惠政策，承诺提供各种基础设施等条件，从而导致城市不断蔓延。城市蔓延过程中，农民的土地被征用后他们从身份上成为"市民"，但由于缺乏平滑的过渡系统，这些农民在进入城市后很难融入城市的经济系统、文化系统和制度系统（王春光，2006）。

其次，土地价格被人为扭曲导致用地需求增加，城市进一步蔓延，城市建成区的扩张速度超过了人口城市化的速度。最后，农村流动人口进入城市后，在住房、教育、医疗和养老方面尚不能享受与城市居民相同的待遇，没有能力举家迁入城市，导致农村劳动力常年在工作地与家乡间往返，从而引发了空巢家庭、留守儿童、春运等并发问题。

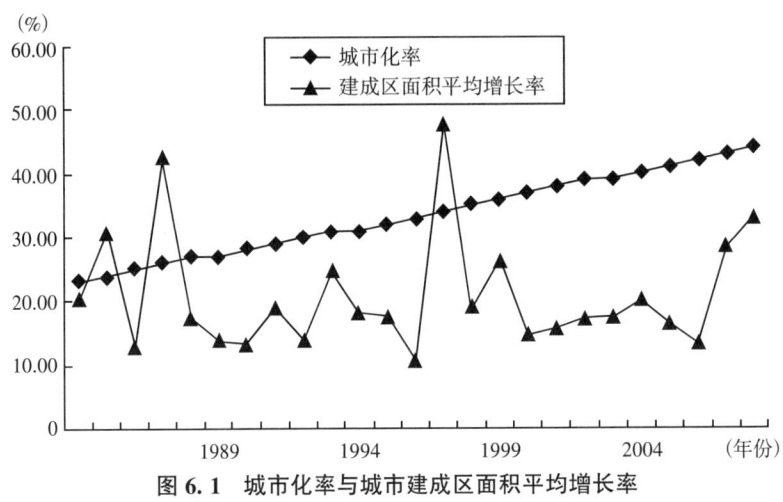

图 6.1　城市化率与城市建成区面积平均增长率

6.1.2　理论模型描述

此处用 Au 和 Henderson（2006）的理论模型对城市用地规模与人口规模间的关系进行说明。假设城市为其他城市按比例生产差异化的最终商品和不以交易为目的的中间服务，或仅销售给本地生产最终商品的厂商。所有的商品都有迪克斯特—斯蒂格利茨（Dixit、Styiglitz，1977）的多样性，且垄断竞争出售。最终商品运输到其他城市时需要付出冰山成本（Iceberg Costs）。代表城市最终商品的生产者利用资本、有效劳动力和多种中间输入生产最终商品。由于通勤成本的存在，一个城市所能提供的有效劳动必然少于城市的规模。假设生产函数的形式为 C-D 形式，则有：

$$\check{y} = y - c_y = A(.)k_y^\alpha l_y^\beta \left[\int_{sx} x(i)^\rho di \right]^{r/\rho} - c_y \tag{6.1}$$

其中，$\check{y}$ 为净产出，y 为总产出，c_y 是成本函数，k 是资本，l 是有效劳动，s_x 是商品类别。假设生产商聚集的外部性来自规模经济，则：

$$A(.) = AL^e \tag{6.2}$$

其中，L 是总有效劳动。式（6.2）形式的集总形式包括了本地信息外溢和搜寻与匹配经济。规模效应的第二个来源是本地作为中间投入的多样化商品 s_x，它使得城市规模增加。由提供投入的厂商的对称性有 $y = A(.)k_y^\alpha l_y^\beta (xs_x)^\gamma s_x^{\gamma(1-\rho)/\rho}$，其中 $\alpha+\beta+\gamma=1$。$s_x^{\gamma(1-\rho)/\rho}$ 项表示多种中间投入规模效应。最后，最终产品运输成本的存在使得消费者受益的聚集产生。

中间投入品的厂商只为最终商品制造者生产非交易的服务性投入。这种服务最明显的例子就是外包服务。在中国，这种服务在城市间是不可交易的。在美国，典型的外包服务包括法律、会计、金融和保险，在大都市区之间也是不可交易的。对于商业服务而言，劳动密集型的中间投入品，如特殊定制服务也不可交易，私人服务和私人零售同样如此。生产非交易品的厂商面对的成本是以劳动单位计量的成本函数：

$$L_x = f_x + c_x X \tag{6.3}$$

求解模型需要知道代表城市对厂商劳动和资本的需求，这依赖于城市最终产品的需求量。为此，最终产品的价格随厂商的产量变化。假设消费者的偏好为：

$$U = \left[\int y(i)^{(\sigma_y-1)/\sigma_y} di\right]^{\frac{\sigma_y}{\sigma_y-1}} \tag{6.4}$$

每个城市的厂商都是垄断竞争者。利用标准结果可得：

$$p_{y,j} = MP^{1/\sigma_y}(y-\sigma_y)^{-1/\sigma_y} \tag{6.5}$$

其中，需求的价格弹性、市场潜力、MP、对于城市 j 的厂商而言是：

$$MP_j = \sum_v \frac{E_v I_v}{\tau_{jv}^{\sigma_y-1}} \tag{6.6}$$

其中，$I_v = [\sum_u S s_{y,u}(p_{y,u}\tau_{vu})^{1-\sigma_y}]^{-1}$

其中，$\sum_v$ 是针对本国所有城市求和，τ_{jv} 是从 j 到 v 运输一单位最终商品的冰山成本，E_v 是总消费者需求，I_v 是价格指数，$s_{y,u}$ 是在地点 u 生产商品的种类，$p_{y,u}$ 是从 u 地到 v 地货物的价格。

城市聚集具有规模效应的同时也要付出拥塞的成本。根据城市经济学的传统，这种成本一般都为通勤时间的付出。在一个单中心城市模型中，所有人都在中央商务区工作,居住区环绕在其周围。如果中央商务区是一个点,人们居住在固定大小的公寓中,则城市的形态将为圆形,劳动力数量为 N,城市的半径为 $\pi^{1/2}/N^{-1/2}$。居住在距离城市中心 b 的人花费时间 tb 通勤,t 为每单位距离花费的时间。城市的总通勤时间可以积分得到:$2/3\pi^{-1/2}tN^{3/2}$,因此城市的有效劳动为:

$$L = N - 2/3\pi^{-1/2}tN^{3/2} \tag{6.7}$$

厂商所面临的问题为最大化:

$$p_y A(.)k_y^\alpha l_y^\beta [\int_{s_x} x(i)^\rho di]^{\frac{r}{\rho}} - c_y - \int_{s_x} p_x(i)x(i)^\rho di - wl_y - rk_y \tag{6.8}$$

其中,w 是工资率,r 是资本的租金,$p_x(i)$ 是本地中间投入品的价格,代入 D-S 模型的标准结果,可得一阶条件:

$$MP^{1/\sigma_y}(y-c_y)^{-1/\sigma_y}\frac{\sigma_y-1}{\sigma_y}\beta y/l_y = w \tag{6.9-1}$$

$$MP^{1/\sigma_y}(y-c_y)^{-1/\sigma_y}\frac{\sigma_y-1}{\sigma_y}\alpha y/k_y = r \tag{6.9-2}$$

$$MP^{\frac{1}{\sigma_y}}(y-c_y)^{-\frac{1}{\sigma_y}}\frac{\sigma_y-1}{\sigma_y}\gamma y/(xs_x) = p_x \tag{6.9-3}$$

代入最大化方程,均衡时利润函数为 0,则有:

$$y = \sigma_y c_y \tag{6.10}$$

中间服务生产者的利润最大化结果由 D-S 模型直接给出:

$$p_x = wc_x/\rho \tag{6.11}$$

$$X = \frac{f_x \rho}{(1-\rho)c_x} \tag{6.12}$$

$$l_x = \frac{f_x}{1-\rho} \tag{6.13}$$

最终商品和中间商品的生产商都在本地劳动市场雇佣工人,因此市场出清时有:

$$s_x l_x + s_y l_y = L \tag{6.14}$$

$$X = s_x l_x \tag{6.15}$$

将式(6.11)代入式(6.1),最终商品生产商的有效劳动为:

$$l_y = \frac{\beta}{\gamma} \frac{f_x}{1-\rho} \tag{6.16}$$

从式（6.14）可得中间投入品的种类为：

$$s_x = \frac{\gamma}{\gamma+\beta} \frac{1-\rho}{f_x} L \tag{6.17}$$

将式（6.16）、式（6.17）、式（6.9-2）、式（6.15）、式（6.12）代入式（6.1）中，可得最终产品的种类：

$$s_x = Q_0^{\frac{1}{1-\alpha}} MP^{\frac{\alpha/\sigma_y}{1-\alpha}} r^{\frac{\alpha}{1-\alpha}} A^{\frac{1}{1-\alpha}} L^{\frac{\varepsilon+\gamma/\rho+\beta}{1-\alpha}} \tag{6.18}$$

经过替代后可得每个工人的净产出为：

$$Q_2 MP^{\frac{1}{\sigma_y(1-\alpha)}} r^{\frac{\alpha}{1-\alpha}} A^{\frac{1}{1-\alpha}} (N-\alpha_0 N^{3/2})^{\frac{\varepsilon+\gamma/\rho+\beta}{1-\alpha}} N^{-1} \tag{6.19}$$

由最大化式（6.19）可得产出最大化出现的"有效"城市规模为[①]：

$$N^* = \left\{ \frac{\varepsilon + \frac{\gamma(1-\rho)}{\rho}}{a_0 \left[\varepsilon + \frac{\gamma(1-\rho)}{\rho} + \frac{1}{2}(\varepsilon+\beta+\frac{\gamma}{\rho}) \right]} \right\}^2 \tag{6.20}$$

6.2 中国地级以上城市的实证研究

6.2.1 城市过快蔓延的影响

本节检验城市扩张速度快于城市规模增长速度所导致的半城市化问题对经济增长的影响。首先，对世界各国的数据进行分析发现，城市密度的增加使得城市经济发展水平提高的这一关系是相当稳健的。而笔者通过对中国的城市进行类似分析发现情况恰恰相反。

为了明确城市密度与中国城市经济增长之间的关系是什么这一问题，

[①] Au, C. C. and J. V. Henderson. Are Chinese cities too small? [J]. Review of Economic Studies, 2006, 73 (3): 549-576.

采用对数模型以各城市产出为因变量，以城市规模、城市密度、城市人力资本、城市固定资本存量为自变量进行验证。假设模型为：

$$GDP_{it} = \alpha_0 + \alpha_1 Pop_{it} + \alpha_2 Density + \alpha_3 HumanCaptial + \alpha_4 FixedCaptictal + \alpha_5 GDPGroup \ \varepsilon_{it} \tag{6.21}$$

其中，Pop 是城市规模；Density 是城市密度，用城市人口规模除以建成区规模得到；HumanCapital 是人力资本存量，由于人力资本难以直接测度，此处采用职工工资总额作为衡量指标；FixedCapital 是固定资本存量，采用永续盘存法计算得到。产出水平是以 25、50、75 分位数将城市分为了低、中低、中高和高 4 个分组的虚拟变量。

如表 6.1 所示，给出了对中国各城市城市密度与经济增长的回归关系，其中第 1 列中仅包含了城市规模和城市密度；为了使结论稳健，在第 2 列中加入了人力资本和固定资本存量。第 3 列中加入了基础设施的 3 个主要成分；第 4 列则用产出分组虚拟变量控制了产出水平不同对收入的影响。从表中可以看出，在每一列中城市密度对经济增长均是一种负效应。从第 1、第 2 列的数据看出，有 20%~46% 的规模聚集效应被城市的低密度扩张所抵消。此外，固定资本存量、人力资本和基础设施对城市经济增长在城市密度与经济增长率间的关系中依然表现出显著的积极效应。

表 6.1 城市密度与经济增长（中国地级以上城市）

变量	模型 1	模型 2	模型 3	模型 4
城市规模	2.805***	0.478***	0.291***	0.103***
城市密度	−1.330***	−0.148***	−0.068***	−0.002
人力资源		0.044***	0.032***	0.035***
固定资本存量		0.528***	0.605***	0.631***
产出水平分组				
低				
中低				0.298***
中高				0.408***
高				0.637***
_cons	3.706***	4.473***	4.208***	4.164***

注：*** 表示显著性为 0.1%。

可以看出，中国的城市密度对经济增长的负面影响是非常独特的现象。其原因是，在中国的城市化进程中城市的扩张是以低密度方式蔓延的。地方政府的扩张冲动、竞争资本和投资的动机使得城市间的竞争演化为以相互压低价格、以住宅用地补贴工业用地的格局，这是城市蔓延的内在动力；而相比旧城改造，占用城市周边的农业用地的成本显然要低很多，因此地方政府往往更偏好"绿色的土地"（Green Land），而不愿意花时间和资源在旧城（Brown Land）改造上。城市低密度蔓延使得城市的面积扩大，从本章中所列模型可知，城市的总通勤时间增加，这加剧了城市居民为聚集付出的成本，使有效劳动供给减少，从而使得在同样的城市规模下，低密度扩张的城市效率更低，并对经济产生负面影响。从基础设施投入的角度看，在城市蔓延的过程中，地方政府往往热衷于招商引资而不愿意在非核心基础设施之外的设施，包括医疗、教育、养老等方面过多投入，从而导致新城区基础设施匮乏，城市边缘出现伪城市化现象，即从形式上看已经完成了从乡村到城市的转变，但从居民的生活方式、基础设施的供给角度看，仍然延续了城市化之前农村的生活方式和基础设施。在这种情况下，新进入城市的失地农民融入城市就尤其困难了。

本节还对城市所处的区位及其收入水平的差异对于城市密度和城市经济增长的关系有何影响，以及东、中、西部不同收入水平的城市是否具有不同于以上总结的城市密度负作用于经济增长的规律进行了研究。如表6.2所示，分别以东、中、西部做虚拟变量、以东中西部及城市经济发展水平的高、中、低分组作虚拟变量的相互作用变量控制了区域和产出水平的不同。从表中可以看出，在添加了区域虚拟变量之后，这种负作用的关系仍然成立。类似于表6.1的是，增加固定资本存量和人力资本之后，城市密度的负效应减弱了；而控制了区域和产出高低之后，城市密度的影响依然为负，但已经变得不显著。这表明，尽管城市密度对城市经济增长具有负效应，但区域变量依然具有较强的解释力，这充分说明中国城市的区域不均衡。

从本节的分析可以得到以下经验结论：①与世界各国的趋势不同，中国城市化进程中的半城市化现象具有城市密度在城市化尚未进展到大都市区形成的阶段时就出现的特点。这与中国城市间的恶性竞争、地方政府的理性经济人行为有关。②从全世界各国的趋势来看,城市密度,或者说人口在空间中聚集程度越高,经济发展水平也就越高;随着时间的推移,技术进步对城市聚集的规模效应起到了放大作用,从而使得城市的密度对于

表 6.2 城市密度与经济增长(中国地级以上城市,分区域和产出水平)

变量		模型 1	模型 2	模型 3	模型 4
城市规模		2.237***	0.331***	0.181***	0.118***
城市密度		−1.357***	−0.100***	−0.028	−0.008
区域虚拟变量	中部	−0.309***	−0.246***	−0.215***	
	西部	0.056	−0.371***	−0.380***	
人力资源			0.047***	0.034***	0.035***
固定资本存量			0.548***	0.620***	0.628***
基础设施 1				0.018***	0.017***
基础设施 2				−0.024***	−0.023***
基础设施 3				0.012*	0.012**
区域分组	产出水平分组				
东部	中低产出				0.571***
	中等产出				0.547**
	中高产出				0.788***
	高产出				0.924***
中部	低产出				0.256
	中低产出				0.521**
	中等产出				0.649***
	中高产出				0.609***
	高产出				0.625***
西部	低产出				0.211
	中低产出				0.457**
	中等产出				0.497**
	中高产出				0.285
	高产出				0.448*
	_cons	5.921***	4.904***	4.555***	3.928***

注:* 表示显著性为 1%,** 表示显著性为 0.5%,*** 表示显著性为 0.1%。

经济增长的贡献日益强烈。③中国的城市密度在不同的产出水平间、不同的区域间以及二者的共同分组间都表现出对经济增长的负作用,其背后的原因正是半城市化的影响。

6.2.2 城市化率和城市规模间的缺口

本节采用人均GDP与城市规模的关系进行回归,来测度中国城市化的缺口。模型的设定如式(6.22)所示:

$$Pop_{it} = \alpha_0 + \alpha_1 GDPper\_cap_{it} + \varepsilon_{it} \tag{6.22}$$

其中,Pop是城市的规模,GDPper_cap是人均收入。首先,利用各国的数据对式(6.22)进行回归,得出世界各国的一致性规律。其次,利用得到的结果对中国进行预测,得到符合总体规律的城市化率水平。最后,预测的城市化率水平与真实城市化率水平之差就是城市化率的缺口。用这个指标来测度半城市化中城市化滞后于经济增长的程度。

在对式(6.22)回归时,将中国从样本中排除,在进行预测时才将中国包含进样本中。另外,考虑到有的国家整个就是一个城市,如新加坡,对于这些国家,它的城市化水平与经济增长的关系并不强烈,因此需要将其从样本中取出。本节中通过控制城市总人口超过1000万为条件去掉这些国家的影响。

最终的计算结果如表6.3中所示。表中给出了中国历年的真实城市化率,根据全世界各国情况模型预测的中国城市化,以及真实城市化率与预测城市化率之间的差距,即城市化率的缺口。

表6.3 中国城市化率缺口

年份	真实城市化率	预测水平	缺口	年份	真实城市化率	预测水平	缺口
1960	16	39.07706	23.07706	1966	17.56	38.384	20.824
1961	16.32	35.89867	19.57867	1967	17.52	37.5828	20.0628
1962	16.64	35.0145	18.4127	1968	17.48	36.94188	19.46188
1963	16.96	35.54909	18.58909	1969	17.44	38.22044	20.78044
1964	17.28	36.57469	19.29469	1970	17.4	39.70339	22.30339
1965	17.6	37.64192	20.04192	1971	17.4	40.09552	22.69552

续表

年份	真实城市化率	预测水平	缺口	年份	真实城市化率	预测水平	缺口
1972	17.4	40.21966	22.81966	1991	28.2	47.07473	18.87473
1973	17.4	40.73869	23.33869	1992	29	47.97776	18.97776
1974	17.4	40.75904	23.35905	1993	29.8	48.87851	19.07851
1975	17.4	41.40059	24.00059	1994	30.6	49.71085	19.11085
1976	17.84	40.84857	23.00857	1995	31.4	50.36249	18.96249
1977	18.28	41.19265	22.91265	1996	32.28	50.92048	18.64048
1978	18.72	41.90958	23.18958	1997	33.16	51.42584	18.26584
1979	19.16	42.26742	23.10742	1998	34.04	51.80946	17.76946
1980	19.6	42.65634	23.05634	1999	34.92	52.19064	17.27065
1981	20.28	42.69321	22.41321	2000	35.8	52.6579	16.8579
1982	20.96	43.0775	22.1175	2001	36.72	53.11749	16.39748
1983	21.64	43.63446	21.99446	2002	37.64	53.66042	16.02042
1984	22.32	44.58518	22.26518	2003	38.56	54.29401	15.734
1985	23	45.39504	22.39504	2004	39.48	54.94478	15.46478
1986	23.88	45.7065	21.8265	2005	40.4	55.70724	15.30724
1987	24.76	46.26777	21.50777	2006	41.3	56.60429	15.30429
1988	25.64	46.8145	21.1745	2007	42.2	57.63854	15.43854
1989	26.52	46.7277	20.2077	2008	43.1	58.27704	15.17704
1990	27.4	46.62994	19.22994	2009	44	58.8847	14.8847

从表6.3中可以看出，1960~1979年，中国城市化率缺口的总趋势是不断增加的，这与当时通过剪刀差补贴工业的政策有关。由于担心农民城市化所带来的成本巨大，实行了户籍管理制度，农民被限制在农村无法进入城市。当时发展工业的目的是加强军备，因而重点发展的是重工业。由于重工业并不直接为人民生活生产提供最终产品，因此当时的工业化与城市化是两个孤立脱节的现象，中国城市处于城市化不足的状态（Zhang、Zhao，2003）。

改革开放之后，随着对农民进入城市的限制逐步消除，可以看到中国城市化率的缺口在不断缩小。从表6.3中可以看出，1980~1992年，中国城市化率的缺口在不断缩小的同时也有所反复。这可能与当时的"离乡不离土"、将农村人口向村镇转化的政策有关。这一时期，尽管人口流动性相比改革开放前已有所提高，但仍然没有在政策上得到支持。这一时期对城市化存在抵触的声音，其理由有：①西方国家已经出现了郊区化的倾向，因此认为城市化是走西方发达国家的老路，并且是"弯路"，中国应该吸取这种经验教训，直接学习西方国家的郊区化路线；②如果想要避免城市化带来的"大城市病"，就要走无城市化的工业化道路；③拉美国家的经验表明，高度城市化与经济增长没有必然关系；④如果允许农业人口进入城市，则城市的基础设施将不堪重负（辜胜阻，1993）。

当时学界流行的这四种意见从本章的理论和实证研究来看都存在一些问题。首先，回顾西方发达国家的郊区化以及大都市区出现的历史，都是建立在城市化已经达到一定水平的基础上的，并且是由技术进步带动的郊区化。郊区化并不是一个孤立的现象，其背后是生产方式的进步、运费的节省和高度发达的公路网络及公共交通体系，支撑着发达国家的郊区化进程。从中国当时的情况来看，当时城市的聚集程度和生产方式是不能支撑这种郊区化的，特别是美国的郊区化是在公路网络高度发达、汽车成为普及家庭的耐久商品的前提下出现的，这与当时中国的发展水平是不同的。

其次，至于所谓"大城市病"的担忧，应该看到这是享受经济活动在空间中聚集带来的各种正外部性所需要付出的成本，体现在本章的模型中就是居民的总通勤时间上升。"大城市病"是经济发展的代价。事实上，如果聚集不带来拥塞的问题，那么理论上讲城市的规模可以达到无限大，因为城市聚集不需要付出成本，而聚集的边际效益是递增的。但无论是从理论还是从实践来看，城市聚集都是有成本的，关键的问题是在城市聚集的成本与城市聚集所带来的好处两者间，哪一个是主要方面。从本章的理论和实证分析来看，城市聚集是不可阻挡的趋势。

再次，城市化与经济增长的必然关系已经被大量的研究所证实。当时提出的拉美国家的城市化与经济增长关系不大的问题，在本章城市密度、城市规模与经济发展水平的分组回归中得到了反证。经济发展水平低的国家恰恰需要城市化，需要高度聚集以进行专业化的生产，从而促进经济增长。

最后，城市化需要付出的成本问题。应该看到，城市化的过程并不是简单地将农民身份去掉而在名义上赋予市民身份的过程。进入城市的农民从生产效率较低的农业部门转移到了生产效率较高的工业部门，从社会福利的角度看，社会的总体福利是增加的；而一个城市为城市化所付出的成本包括修建基础设施，为新进入的市民提供医疗、养老和教育等公共产品。一方面要结合付出这种代价所获得的收益来看，付出的代价能够为城市带来经济增长的强烈动力；另一个方面，在城市化的进程中，由于聚集产生了对公共产品的需求，政府可以从一些公共产品的提供中退出而交由私有资本来完成，从而减轻财政负担，同时产生新的就业机会。私有资本相互竞争一方面能够提供更好的服务，另一方面能够为不同偏好的人群提供差异化的服务，这反而有利于更公平地分配公共产品资源。并且，新进入城市的市民为城市增加了收入，缴纳了各种税费，反过来也为城市管理者进一步提供公共产品提供了可能。

从本节的分析中可以得到以下经验结论：首先，从1960年至今，以世界各国情况为基准来看，中国一直存在城市化率偏低的问题；其次，改革开放之后城市化率的缺口一直在降低；最后，城市化率的缺口与城市化的思路有非常明显的相关关系。

6.2.3 城市规模缺口：中国地级以上城市

一个理想的研究途径如4.1.3中一样，先对除中国以外所有国家的城市规模与产出间的关系进行研究，然后根据此关系预测中国城市的规模水平，进而得出中国城市规模的缺口。但由于目前没有国外城市级别的数据，故本节只能将研究范围缩小到中国国内的情况，并采用另一种方式来测度中国城市规模的缺口。

假设城市规模是城市产出水平的函数，则以一个潜在产出水平估算的城市规模与实测规模之差就是城市规模的缺口。本节采用这种方法计算城市人口规模的缺口。其中，潜在的产出水平由各城市5年滑动均值获得。一些学者用5年均值作为潜在产出水平，本书没有采用这种方式的原因是这种方式损失了大量的自由度。而采用滑动均值的方法既能够获得潜在的产出水平，又能够尽可能地保留原有的样本数，使回归结果更具有解释力。

本节没有再结合国内外数据进行对比研究的一个原因是，本书所建立的数据库来自世界银行的 WDI 数据库和坎宁（Canning，1998）的数据库合并得到的国家级指标库，以及来自历年《中国城市统计年鉴》的中国地级以上城市的数因库。考虑到国家和城市可能不具有可比性，而笔者又没有国外城市级的数据，为此在本节研究尺度下降到城市级之后就仅在中国地级以上城市级进行研究。

潜在产出水平与城市规模间的关系如表 6.4 所示。

表 6.4 潜在产出水平与城市规模

	系数	标准误	t	概率	95%显著水平	
市场潜力	−0.01147	0.011553	−0.99	0.321	−0.03411	0.011182
潜在产出	0.00000435	0.000000112	39	0	0.00000414	0.00000457
LAG（1）	−0.000000465	0.000000525	0.89	0.376	−0.00000149	0.000000564
职工工资	0.00000208	0.000000618	3.36	0.001	0.000000866	0.00000329

从表 6.4 中可以看到，潜在产出对城市规模具有显著的积极影响，而市场潜力作为城市所处区位的测度指标，其系数不显著。职工工资水平作为测度城市人力资本存量的指标，在这里与市场潜力一起出现是为了起到控制城市特征的作用。可以看到，职工工资水平的效应也是显著为正的，这表明更高的劳动生产率是促使人口在城市中聚集的原因。

如表 6.5 所示是分组统计的每 5 年的城市规模缺口。从表中可以看出几个明显的趋势：①北京、天津、上海和重庆 4 个直辖市的城市规模缺口最大。究其原因在于，直辖市最能够获得国家的政策倾斜，并且被资本和技术所青睐，因此在这些地方聚集了大量的资本，并提供了更广阔的产品市场，对于周边城市具有非常强的带动作用。在控制大城市的发展思路下，这些城市的进一步扩张一直受到限制，从而体现出城市规模的较大缺口。②城市缺口的发展趋势总体上是缩小的。重庆、甘肃、广西、湖北、江苏、江西、青海、山东、陕西、四川、新疆、云南和浙江等省份的城市规模缺口在总的趋势上是在缩小，而其他省份的城市规模缺口要么随时间波动但变化不大，要么一直在增大。这种情况与城市化率的缺口一直缩小的结论大体上是符合的。

表 6.5 城市规模缺口（按省份分组）

省份	1987年	1992年	1997年	2002年	2007年
安徽	18.1965	23.91948	22.97037	22.88335	18.68081
北京	433.6203	511.6931	506.0125	459.9959	524.8156
重庆	238.3979	295.2592	268.3128	197.9683	109.9186
福建	24.19462	27.56475	28.38925	26.44113	35.32579
甘肃	46.85497	59.41978	47.79642	41.72121	39.15241
广东	75.27923	72.75567	81.72765	76.73027	91.40369
广西	23.69099	25.51124	25.7632	23.92884	26.13182
贵州	43.10307	51.43735	46.03922	34.71629	29.46901
海南	11.7084	10.20571	7.12799	13.44963	35.08671
河北	27.74767	32.34731	34.84223	30.4994	31.839
黑龙江	42.10993	52.18459	63.91358	71.80427	74.76575
河南	21.20061	24.90292	26.2548	27.32111	29.01905
湖北	126.2094	113.9805	94.26517	94.1192	120.5972
湖南	21.44112	25.67838	28.36031	27.20473	30.88898
吉林	51.58225	43.89342	60.45884	66.7108	69.25555
江苏	39.86015	51.62532	47.34217	41.35581	35.55034
江西	33.73751	37.23088	36.30883	32.09584	27.60759
辽宁	91.31959	89.30666	97.20074	108.892	124.1268
内蒙古	18.93871	21.03529	13.84747	12.76981	23.34408
宁夏	6.522333	9.789559	9.913283	16.81254	24.46747
青海	11.64287	15.98824	16.05768	12.38017	7.459341
山东	33.05199	41.33346	41.29605	40.01448	21.38388
陕西	66.56305	75.07848	66.33811	57.69653	47.10162
上海	561.2729	675.4843	643.0574	639.2399	667.967
四川	50.99525	64.11201	65.24727	65.63586	37.37536
天津	278.3456	330.8565	345.6571	355.9794	418.4902
西藏	9.101076	43.42481	41.74829	39.46885	25.46491
新疆	53.38495	61.19297	58.48561	49.97545	39.69071
云南	51.99387	45.30838	47.1422	44.00246	45.50788
浙江	41.7254	47.40428	47.25037	37.71663	26.87394

对城市产出水平分组统计的结果如表 6.6 所示。从中可以看到，发展水平越高的城市其规模缺口越大，这种情况并没有随时间而改变，尽管不同组的缺口的差距在缩小。从城市经济学理论来说，城市发展水平越高，则对资本和劳动力的向心力越强，其城市规模越大，则越不应该出现缺口。这种与理论预测相悖的情形是城市化政策对城市规模缺口的一种体现。由于一直坚持控制大城市规模、发展中小城市的城市化道路，高产出的城市规模得不到与其发展水平相应的扩大，因而导致了高产出城市的城市规模缺口高居不下。

表 6.6　城市规模缺口（按产出水平分组）

产出水平分组	1987 年	1992 年	1997 年	2002 年	2007 年
低产出	15.94258	20.8189	21.17459	24.69742	27.95109
中低产出	16.2241	19.8837	22.77279	24.1704	23.21724
中等产出	19.10131	23.39903	24.95725	23.69896	23.43798
中高产出	29.22105	33.69753	30.47299	30.17566	31.41704
高产出	173.1652	192.2648	151.9064	150.215	154.2299

6.3　半城市化对城市效率的影响

为了评估半城市化对城市效率的影响，本节首先对城市效率和城市规模进行回归，得到了二者的关系；其次利用表 6.4 的结果估计了各城市历年的城市规模缺口所造成的效率损失。如表 6.7 所示是对城市效率的损失以 GDP 加权后以 5 年为时间跨度报道的结果。

从表中可以看到，与上一节中城市规模缺口相应的是，城市规模缺口越大，其效率损失就越大。例如 4 个直辖市，北京、天津、上海和重庆在所报道的年份中总是有最大的效率损失：北京的缺口为 40% 左右；天津的效率损失为 25%~30%；重庆的效率损失变动比较剧烈，为 5%~20%；效率损失最大的是上海，高达 50% 左右。这表明，特大城市的规模受到人为限制之后，城市聚集效应不能得到完全发挥，从而导致城市运行效率低下，降低了城市化进程中生产要素配置的效率。

表 6.7 半城市化带来的效率损失（按省份分组）

省份	1985 年	1992 年	1997 年	2002 年	2007 年
安徽	0.017517	0.017352	0.016622	0.017201	0.014207
北京	0.399557	0.371193	0.37216	0.333602	0.401604
重庆	0.218404	0.215314	0.20035	0.147	0.059869
福建	0.023578	0.021946	0.021	0.017839	0.039319
甘肃	0.044545	0.041744	0.034327	0.030187	0.029822
广东	0.072827	0.058649	0.059887	0.055062	0.083101
广西	0.022206	0.019889	0.018655	0.018123	0.01942
贵州	0.040692	0.036465	0.035537	0.024535	0.021605
海南	0.009992	0.008192	0.004642	0.008093	0.027152
河北	0.026058	0.022944	0.025026	0.023674	0.025579
黑龙江	0.040354	0.03882	0.049859	0.0503	0.05268
河南	0.018933	0.018243	0.019096	0.020587	0.021931
湖北	0.120815	0.064013	0.066925	0.068876	0.096393
湖南	0.018928	0.018398	0.020181	0.019988	0.025162
吉林	0.047856	0.023594	0.043436	0.047912	0.050082
江苏	0.035318	0.036866	0.0345	0.03311	0.02832
江西	0.031764	0.026745	0.026737	0.023275	0.020324
辽宁	0.133227	0.064338	0.071223	0.078133	0.088033
内蒙古	0.018072	0.016219	0.010164	0.008802	0.01796
宁夏	0.010593	0.006244	0.006409	0.014878	0.020279
青海	0.010567	0.01172	0.011916	0.010867	0.003368
陕西	0.068303	0.064321	0.059072	0.05476	0.043627
山东	0.03478	0.029606	0.029749	0.030023	0.026441
山西	0.047408	0.041576	0.036283	0.030079	0.025561
上海	0.513687	0.50076	0.470825	0.454662	0.510888
四川	0.047562	0.044544	0.047537	0.050591	0.029026
天津	0.255954	0.241346	0.251409	0.253747	0.314325
西藏	0	0.031515	0.030237	0.02921	0.019924
新疆	0.048349	0.045628	0.0426	0.035601	0.030632
云南	0.048621	0.020225	0.035331	0.032078	0.034003
浙江	0.039552	0.037186	0.033361	0.023722	0.019744

其他省份的效率损失为1%~10%，并且效率损失与区域的关系并不明显。例如，湖北和辽宁在1985年的效率损失为10%左右，而同为中部省份的山西和河南的效率损失则为2%~4%，西部省份如陕西在1985年的效率损失则为6%，也就是说，城市位于东部、中部还是西部与其效率的损失关系并不大。

城市化不足导致的效率损失既然与城市所处的区域关系不大，那么城市的发展水平不同对于城市的效率损失有何影响？由于表6.7已经表明直辖市的效率损失远远超过了其他省份的效率损失，因此在分析城市产出水平与城市效率损失的关系时，将直辖市从样本中删除，对历年不同收入水平城市的效率损失进行了分组加权，其结果如表6.8所示。从表中可以看出，产出水平越高的城市由于城市化不足所导致的效率损失也就越多。而在低产出和中低产出的城市中，效率的损失几乎是相似的。这表明，城市的发展程度越高，则聚集效应对城市的生产效率影响也就越大，半城市化所带来的效率损失也就越多。这种现象与发展程度高的城市产业结构有直接关系，一个城市的规模越大，其容纳的产业结构也就越具有多样性，而这正是特大城市区别于中小城市的地方，这种多样性所带来的雅各布斯外部性使得技术创新成为可能。

表6.8 半城市化带来的效率损失（按产出水平分组）

产出水平分组	1985年	1992年	1997年	2002年	2007年
低产出	0.013466	0.017285	0.01502	0.01768	0.02161
中低产出	0.01558	0.016153	0.016709	0.018188	0.018016
中等产出	0.017368	0.016353	0.018602	0.017001	0.017324
中高产出	0.02599	0.024195	0.022151	0.022081	0.024666
高产出	0.165322	0.135388	0.087074	0.109051	0.120797

6.4 本章小结

本章首先对国外城市化进程的经验进行了回归。其次，采用一个典型的城市经济模型对城市规模的最优选择进行了描述。再次，通过对中国城市的分析、对世界各国城市与中国城市的对比分析以及分别研究了半城市化的几个方面对经济的影响，并且估计了城市规模与潜在产出水平、与世界平均水平之间存在的缺口。最后，利用城市规模的缺口估算了城市效率的损失。

通过本章的研究，可以得出以下结论：①城市的过快蔓延使得城市的聚集程度下降，从而导致了城市的产出受到负面影响，这与世界各国的普遍情况是相悖的。这意味着半城市化中的城市扩张速度快于人口城市化的现象应该中止，使城市的土地得到有效利用，增强城市的聚集程度，使聚集带来的规模效应发挥最大的功效。②由于抑制城市发展、担心"城市病"带来问题以及人口城市化为城市增加财政负担等顾虑，中国的城市化水平一直低于经济发展水平。两者之间的这种不匹配直接导致了城市的效率损失。这意味着扩大城市规模，允许人口自由地在城乡之间、城市之间流动，对于城市效率的提升具有决定性的意义。允许人口在城乡间自由流动，就需要给进城农民与城市居民相同的待遇；允许人口在城市间流动，就要解除对"城市病"的顾虑，让大城市正常发展，同时在全国各个区域形成健全的城市体系，使得人口有序流动，缓解特大城市的拥塞压力。

7 国外城市中的缺口研究

7.1 城市化水平与工业化水平间的缺口

7.1.1 工业化与经济增长

本章对城市化滞后于工业化的实证研究是从国家间比较和中国城市间比较两个层面进行的。笔者根据世界各国的情况讨论了工业化与城市经济增长和城市化进程之间的关系,这是建立在以下对数模型基础上的:

$$\ln GDP_{it} = \alpha + \beta_0 \ln Industry_{it} + \beta_1 \ln Service_{it} + \beta_2 \ln UrbanRate_{it} +$$
$$\beta_3 \ln MiddleEnroll_{it} + \beta_4 \ln GovExpend_{it} + \beta_5 \ln Rail_{it} + \beta_6 \ln Road_{it} +$$
$$\beta_7 \ln MainLine_{it} + \beta_8 \ln Electri_{it} + \beta_9 \ln MS_{it} + \varepsilon_{it} \tag{7.1}$$

其中,GDP 是国家的总产出;Industry 是工业产值;Service 是服务业产值;UrbanRate 是城市化率;MiddleEnroll 是中学生人数;GovExpend 是政府支出;Rail、Road、MainLine 和 Electri 分别是铁路长度、公路长度、电话总线数和发电能力,这几个变量代表的是核心基础设施;MS 是工业产值对服务业产值的比值,是测度产业结构的指标。

这个模型的重点是以工业产值和服务业产值共同测度城市非农产业对产出总量的作用。随着工业化的不断深入,城市的产业重心将向着服务业转移,因此这里将服务业产值和工业产值共同作为工业化程度的指标。资料来源是世界银行的 WDI 数据库。WDI 定义了制造业(Manufacturing)和工业（Industry）两个指标，从其对指标的解释来看，工业包含了制造业，因此本章选择工业产值作为测度指标。由于产业结构的变动也会对产出造成影响，随着时间推移，服务业占比越高则产出也将越高，因此将 MS 纳入其中是为了测度产业结构对经济的影响。考虑到国家间具有异质性，本章选择了政府支出、教育发展水平和基础设施水平来刻画国家的异质性。这些特征对工业化、城市化和经济增长同样具有重要的影响。此外，由于某些因素可能未能被本章所采用的变量捕捉，在回归时采用了固定效应模型。

利用世界银行的 WDI 数据库 1960~2009 年的数据，对本节中给出的模型进行了回归，所采用的方法固定效应模型，希望通过固定效应捕捉缺省变量的作用。结果如表 7.1 所示。

表 7.1　工业化水平与经济增长

变量	模型 1	模型 2	模型 3	模型 4	模型 5
工业产值 GDP 占比	0.955***	0.039	0.117***	0.316***	0.387***
服务业产值 GDP 占比	0.998***	0.189***	0.103**	0.227***	0.307***
城市化率		0.392***	0.204***	0.247***	0.235***
中学注册人数		0.247***	−0.042*	−0.040*	−0.096***
政府支出		0.587***	0.438***	0.403***	0.313***
铁路长度			−0.013	0.006	0.027*
公路长度			0.036***	0.034***	0.026**
电话线路数			0.125***	0.133***	0.108***
发电能力			0.137***	0.123***	0.074***
产业比				−0.581***	−0.760***
人口与产业比				0.028***	0.045***
_cons	15.892***	7.528***	7.924***	7.321***	10.329***

注：* 表示显著性为 1%，** 表示显著性为 0.5%，*** 表示显著性为 0.1%。

为了使回归结果稳健，根据工业化程度、城市特征、基础设施和产业结构分组逐次进入模型进行了回归，最后一列是包含时间虚拟变量的回归结果，时间虚拟变量用于捕捉技术进步，由于篇幅关系此处没有给出年份虚拟变量的系数。从表 7.1 中可以看到，工业产值和服务业产值在所有的回归结果中都是显著的，并且在大部分情况下，工业化的程度对经济发展水平的作用都强于服务业。这表明,尽管在发达国家工业化已经基本完成,但工业化对于世界经济仍然具有重要的影响,并且依然是许多国家发展的主题。教育的作用仅在模型2中显著具有积极作用,这在稍后将给予解释。基础设施对于经济增长的积极作用非常显著,且与第5章的情形相似,在世界范围内,通信部门和能源部门对经济增长的作用最为强烈。

从最后两列包含了产业结构指标的系数来看,产业结构对于经济增长具有显著的负作用。该产业结构指标是第二、第三产业产值之比,其越大表明工业在经济中扮演的角色越重要。因此表7.1足以说明,提高第三产业的比重是工业化国家在今后继续发展的必由之路。产业结构与城市规模之积表示城市规模与产业结构的相互作用,从表中可以看出,城市规模越大,产业结构越能够对经济发展水平做出积极贡献,这能够通过观察最后两列数据直观地得到结论。

表7.2 工业化水平与经济增长(收入分组回归)

变量	高收入国家	中高收入国家	中低收入国家	低收入国家
工业产值GDP占比	0.536***	0.032	0.282***	0.390***
服务业产值GDP占比	0.903***	0.432***	0.046	0.333***
城市化率	−0.210*	0.439**	0.178*	0.322***
中学注册人数	−0.019	0.205***	0.382***	−0.127***
政府支出	1.080***	0.085***	0.281***	0.372***
铁路长度	−0.081***	0.011	0.071	0.029
公路长度	0.174***	0.002	0.116***	−0.054*
电话线路数	−0.045*	0.038	0.139***	0.158***
发电能力	0.028	0.083***	0.021	0.180***
产业比	−0.567*	1.679***	−0.868***	−1.131***
人口与产业比	0.044**	−0.101***	0.037**	0.069***
_cons	−6.150***	14.950***	10.152***	6.382***

注:*表示显著性为1%,**表示显著性为0.5%,***表示显著性为0.1%。

表7.2以表7.1中模型5的设定对收入水平不同的国家进行了分组回归。收入水平分组的根据是世界银行的定义:高收入国家(OECD)、高收入国家(非OECD)、中高收入国家、中低投入国家和低收入国家。但由于

非 OECD 的高收入国家的样本数比较少，此处将所有高收入国家合并为一类，而没有区分其是否属于 OECD。

分组回归结果是具有解释力的。从工业产值与服务业产值占比的影响来看，在高收入国家，服务业对经济增长的贡献显著强于工业。中低收入和低收入国家的情况则与之相反，从对比关系看，除高收入和中高收入国家外，工业产值对经济增长的作用都要强于服务业的贡献。这表明，工业化的趋势是从第二产业向第三产业转移，在经济发展进入较高的阶段之后，服务业将对经济起到支柱作用。

从城市化率与经济发展的关系来看，在高收入国家，城市化率已经开始负作用于收入，这背后的原因既可能是城市化过度，也可能是城市蔓延导致的城市聚集效应得不到充分发挥，需要进一步研究探讨。

中学注册人数是对国家教育发展水平的测度。从分组来看，高收入国家对中学教育的影响不敏感，而这个指标对中高收入和中低收入国家的影响却是显著积极的，对低收入国家则有显著负面影响，这表明教育水平未必越高越好。由于产业发展的阶段限制，更高的教育水平对于处于低收入阶段的国家而言，意味着付出了教育成本和人力资本的机会成本，但没有适当的产业提供工作机会，会导致人力资源的使用效率降低，从而对经济发展产生负面影响。

产业结构对除中高收入之外的所有国家都具有负面影响，这表明在任何阶段服务业都对经济增长具有显著积极的作用。事实上，尽管不同国家的发展水平千差万别，但服务业的这种显著积极作用是与其提供就业机会多、需求层次多的特点有关的。在任何收入水平的国家，只要工业化进程开始，就必然引致生产和生活上的服务需求，因此在不同的收入水平上产业结构向服务业的调整都具有积极意义。城市规模与产业结构的共同作用表现出对经济增长的显著积极意义，这表明城市的聚集作用放大了产业结构的作用。因为规模越大的城市对各种商品和服务的需求量越旺盛，由此引发的供给使得经济受到消费的刺激进一步增长。

7.1.2 工业化与城市增长

如表 7.3 所示是城市化与工业化之间的关系。为了使结论稳健，我们逐步插入了变量以确定模型的设定。这里所采用的模型和变量基本上与工业化与经济增长关系研究部分一致，区别在于因变量为城市化率。从表中可以看到，随着变量增加，工业产值占比和服务业产值占比开始变得不显著。根据 AIC 和 BIC 准则，笔者选择了模型 1 作为后续回归的基准模型。从表中可以看到，在模型 1 中服务业对城市化率的贡献略强于工业化，而这两者对于城市化水平都具有显著的积极影响。

表 7.3　工业化与城市化

变量	模型 1	模型 2	模型 3	模型 4	模型 5
工业产值 GDP 占比	0.747***	0.160***	−0.039	−0.086**	0.004
服务业产值 GDP 占比	0.835***	0.144***	−0.156***	−0.036	−0.009
中学注册人数		0.674***	0.282***	0.259***	0.211***
政府支出		0.220***	−0.051***	−0.008	−0.042**
铁路长度			−0.017	−0.058***	−0.037**
公路长度			0.018	0.028**	0.025**
电话线路数			0.151***	0.118***	0.094***
发电能力			0.166***	0.112***	0.081***
产业比				2.547***	2.366***
人口与产业比				−0.155***	−0.142***
_cons	8.837***	6.652***	10.650***	11.559***	12.899***

注：** 表示显著性为 0.5%，*** 表示显著性为 0.1%。

对这个现象的解释是，第三产业比第二产业提供了更多的就业机会，并且经济发展水平越高，服务业形态越高端，则对聚集的要求也就越高，这就使得城市规模与第三产业之间建立起了正向关联。

按国家进行分组检验之前的结论是否稳健。根据预测，发展水平越高，则对工业的依赖度就越低，从而服务业对城市化的影响就越深刻。这是因为更高级的产业形态使得城市位于更高效的生产曲线上生产，城市的福利收益与其扩大带来的拥塞相比更多，此时城市的合理规模得到了扩大，使得城市有容纳更多人口的潜在可能；由于城市中积聚了高级化的服务业，能够为劳动力提供高回报的就业机会（高回报是因为行业的生产率较高），两个因素共同作用使得城市的规模扩大。

从表 7.4 报道的情况来看，在高收入国家中服务业对城市规模的显著积极作用是工业的 1 倍多。这种趋势在中高收入国家中有所改变，第二、第三产业对城市化的刺激作用的差距缩小了，但仍然存在，服务业仍对城市化具有更积极的作用。到了中低收入国家，这种情况变为工业化对城市化的积极作用（略微）强于服务业。对低收入国家而言，由于其工业化水平相当低，工业对其城市扩张的作用反而不如服务业。这里需要注意的是，低收入国家的服务业只处于低端的服务业，或者承接来自发达国家和地区的产业转移，进而在小区域中承担中心城市的作用，对周围城市进行辐射。其工业化水平偏低导致城市化进程依靠服务业提供就业机会。还有一种可能是如中国在新中国成立初大力发展重工业一样，由于产品与消费者的关系不大，没有导致城市化与工业化同步的现象发生。

表 7.4 工业化与城市化（收入分组回归）

变量	高收入国家	中高收入国家	中低收入国家	低收入国家
工业产值 GDP 占比	0.344***	0.371***	1.046***	1.646***
第三产业产值 GDP 占比	0.770***	0.461***	0.829***	2.008***
_cons	11.405***	11.329***	7.756***	0.852*

注：* 表示显著性为 1%，*** 表示显著性为 0.1%。

7.1.3 工业化与城市化间的缺口

本章采用类似工业化与经济发展水平的模型对城市化与工业化的关系进行刻画。为了预测目标国家的城市化进程与工业化的关系，在模型的数据选择上特意将目标国家从样本中剔除以便得出除该国外的世界各国的普遍规律。如表 7.5 和表 7.6 所示，分别给出了日本和巴西的城市化率与工业化的关系，从中可以看出，这两个国家的城市化进程都领先于工业化水平。

表 7.5 城市化滞后于工业化的程度（日本）

单位：%

年份	实测	工业占比	服务业占比	预测	差距	年份	实测	工业占比	服务业占比	预测	差距
1960	43.1	—	—	—	—	1979	59.04	40.28658	55.43319	—	—
1961	43.96	—	—	—	—	1980	59.6	40.68279	55.68295	44.83596	14.76403
1962	44.82	—	—	—	—	1981	59.8	40.59605	55.9284	45.35164	14.44836
1963	45.68	—	—	—	—	1982	60	39.99562	56.63067	45.79554	14.20446
1964	46.54	—	—	—	—	1983	60.2	39.15913	57.49675	46.20401	13.99599
1965	47.4	—	—	—	—	1984	60.4	39.56589	57.1381	46.7024	13.69761
1966	48.56	—	—	—	—	1985	60.6	39.36705	57.48488	47.11069	13.48931
1967	49.72	—	—	—	—	1986	61.1	38.79581	58.24505	47.40619	13.69381
1968	50.88	—	—	—	—	1987	61.6	38.76142	58.43201	47.92151	13.67849
1969	52.04	—	—	—	—	1988	62.1	38.95795	58.41525	48.41714	13.68286
1970	53.2	45.31206	48.64295	—	—	1989	62.6	38.91457	58.54314	48.83371	13.76628
1971	53.92	44.82092	49.95182	—	—	1990	63.1	39.13819	58.39377	49.42659	13.6734
1972	54.64	44.23316	50.3742	—	—	1991	63.4	38.93205	58.75632	49.93777	13.46223
1973	55.36	45.00655	49.13781	—	—	1992	63.7	37.84493	59.94373	50.27396	13.42604
1974	56.08	43.2954	51.19214	—	—	1993	64	36.42509	61.55042	50.63457	13.36543
1975	56.8	41.08555	53.50895	—	—	1994	64.3	35.04304	62.85801	50.85178	13.44822
1976	57.36	41.16338	53.58925	—	—	1995	64.6	34.34135	63.76754	51.3886	13.2114
1977	57.92	40.12435	54.885	—	—	1996	64.72	34.26963	63.80621	51.69218	13.02782
1978	58.48	40.37774	55.07351	—	—	1997	64.84	34.04022	64.17916	52.05228	12.78772

续表

年份	实测	工业占比	服务业占比	预测	差距
1998	64.96	33.29521	64.81792	52.32572	12.63428
1999	65.08	32.797	65.33563	52.58806	12.49194
2000	65.2	32.405	65.82401	52.85324	12.34675
2001	65.36	31.01444	67.28224	53.05333	12.30667
2002	65.52	30.42064	67.85715	53.24208	12.27791
2003	65.68	30.3565	67.9504	53.56508	12.11492
2004	65.84	30.48444	67.896	53.93727	11.90273
2005	65.08	30.45215	68.02235	54.19617	11.80383
2006	66.16	30.01079	68.51715	54.49761	11.66239
2007	66.32	29.43807	69.13525	54.85208	11.46792
2008	66.48	28.34365	70.22372	54.94442	11.53559
2009	66.64	26.67524	71.90541	55.24836	11.39164

表 7.6 城市化滞后于工业化的程度（巴西）

单位：%

年份	实测	工业占比	服务业占比	预测	差距
1960	44.9	37.06668	42.3405	35.29993	9.600071
1961	45.98	41.74524	38.75814	35.22773	10.75227
1962	47.06	33.32905	49.32046	34.82962	12.23038
1963	48.14	38.60157	44.60451	35.78796	12.35204
1964	49.22	34.95285	47.76104	35.57723	13.64277
1965	50.3	33.57942	47.71066	34.00443	16.29557
1966	51.4	35.12435	49.18272	34.55118	16.84882
1967	52.5	33.85068	51.04057	35.53693	16.96307
1968	53.6	36.45972	49.48999	36.15292	17.44707
1969	54.7	37.36155	49.42254	36.7867	17.9133
1970	55.8	38.30063	49.35411	38.24721	17.55279
1971	56.98	38.2037	48.93704	38.85656	18.12344
1972	58.16	38.43729	48.56803	39.47301	18.68699
1973	59.34	39.00407	47.63844	40.07273	19.26727
1974	60.52	40.06271	47.01706	40.90995	19.61005
1975	61.7	40.17376	47.72735	41.30867	20.39133
1976	62.84	39.71228	47.28332	42.10798	20.73202
1977	63.98	38.64458	46.68044	42.87773	21.10227
1978	65.12	40.13391	48.2548	43.68698	21.43302
1979	66.26	40.63711	48.3468	44.30402	21.95599

续表

年份	实测	工业占比	服务业占比	预测	差距	年份	实测	工业占比	服务业占比	预测	差距
1980	67.4	43.82522	45.16111	45.2506	22.1494	1995	77.8	27.52573	66.70302	50.83091	26.96909
1981	68.18	43.71939	45.54491	45.72866	22.45134	1996	78.48	25.98401	68.5023	51.02439	27.45561
1982	68.96	45.58771	45.44439	46.44709	22.51291	1997	79.16	26.12913	68.4746	51.39336	27.76665
1983	69.74	43.95192	45.11018	46.67013	23.06987	1998	79.84	25.65835	68.81691	51.65433	28.18567
1984	70.52	45.71469	42.82445	47.27802	23.24198	1999	80.52	25.94569	68.58126	51.97525	28.54475
1985	71.3	45.3126	43.1465	47.67331	23.62669	2000	81.2	27.73186	66.66533	52.32064	28.87935
1986	72	45.16038	43.68243	47.95864	24.04136	2001	81.8	26.92368	67.10295	52.57786	29.22215
1987	72.7	45.88013	44.11011	48.4538	24.2462	2002	82.4	27.05185	66.33044	52.74844	29.65157
1988	73.4	43.64606	46.2384	48.73393	24.66607	2003	83	27.84594	64.7681	53.09352	29.90648
1989	74.1	42.67097	48.81015	49.02325	25.07674	2004	83.6	30.11378	62.97294	53.57941	30.02058
1990	74.8	38.69	53.21	—	—	2005	84.2	29.27481	65.0168	53.78963	30.41037
1991	75.4	36.16	56.05	49.59625	25.80375	2006	84.66	28.78467	65.74798	54.01572	30.64429
1992	76	38.7	53.58	50.04803	25.95197	2007	85.12	27.81117	66.62612	54.31181	30.80819
1993	76.6	41.61	50.83	50.64985	25.95015	2008	85.58	27.90527	66.19292	54.51199	31.06801
1994	77.2	40	50.15	50.75142	26.44858	2009	86.04	25.41692	68.50062	54.88065	31.15935

7.2 城市化水平与基础设施间的缺口

7.2.1 数据准备

本节国家间的数据库由 231 个国家 1960~2009 年的数据构成，是根据世界银行的世界发展指标（World Development Indicators，WDI）数据库对坎宁（Canning，1998）数据库进行扩充而来。中国城市的数据由历年《中国城市统计年鉴》整理而来。

对一国或一个城市能够提供的基础设施服务数量的测度是本节需要解决的一个问题。在国家层面，分部门统计的资本存量或实物资本投资仅在 OECD 国家才有，并且经常仅有较短的时间跨度。另外，可获得的数据没有任何关于基础设施质量或建设成本的信息，如建一条公路或铁路的成本会因需要架桥或造隧道而激增。这使得采用资本存量作为基础设施服务数量的指标并不合适。因此本节优先选用基础设施的实物资本存量作为基础设施的变量。

前人研究选择的基础设施指标只包括了"核心基础设施"，即通信、电力和交通。考虑到文化和卫生也是重要的公共产品，对人力资本存量具有影响，本节将教育经费中的公共支出和健康消费中的公共支出也选入变量。如表 7.7 所示是国家级数据库所选基础设施变量的统计特征。

表 7.7 基础设施变量

变量	均值	标准差	最小值	最大值
产出	22.8206	2.352677	16.14801	30.08811
电话主线	11.7503	2.674092	2.995732	19.72301
发电能力	23.23077	2.109154	14.91412	29.09958
铁路网长度	7.962684	1.493817	2.772589	12.76602
公路网长度	10.27382	1.836995	3.912023	15.6941

续表

变量	均值	标准差	最小值	最大值
最大城市人口数	3.556796	0.661627	0.922303	5.927733
城市规模	13.96133	2.354646	8.125171	20.1885
城市化率	3.701813	0.679739	0.693147	4.60517
固定资本投入	3.014083	0.385512	0.65782	4.732489
政府支出	21.77616	2.266899	16.32135	28.18305
工业产值	21.74478	2.60862	13.93305	28.48115
资本形成	26.14005	2.387937	19.2446	33.07047
储蓄	2.870434	0.636329	-1.92137	4.957413
教育公共支出	24.81688	2.505507	13.25052	31.79325
健康公共支出	1.093131	0.733485	-5.77407	2.98808

其中，通信部门选择了电话主线作为变量。尽管随着移动电话的普及，固定电话的使用率有所下降，有学者提出可以采用固定电话和移动电话注册数作为代理变量（Egert、Kozluk、Sutherland，2009）。然而这一指标指示的是电信服务的消费数而非设施服务，因此笔者仍采用电话主线作为通信部门变量。因同样的理由笔者没有选择人均消费电量或总消费电量，而是选择了发电能力作为电力部门设施指标。对于交通部门，人们更愿意采用铁路或公路密度作为指标。然而在 WDI 提供的数据集中，早年关于交通部门的数据缺失颇多，幸而坎宁（Canning，1998）的数据库中提供的铁路网长度和公路网长度能很好地补充 WDI 的缺失，因此本节以 WDI 的数据集扩充了坎宁（Canning，1998）的数据库，并选择这两个变量作为交通部门服务能力的指标。

城市规模是对城市发展水平的测度，城市发展水平越高，城市规模越大，越能放大基础设施的规模效应和网络外部性。本节采用最大城市人口数测度人口的密集程度，尽管百万以上城市人口数对测度来说是一个更好的指标，但该变量缺测年份太多，故此转而采用前者作为指标。

由于教育和卫生设施在 WDI 中没有实物资本形式的数据，本节采用了两个部门的公共支出作为代理。固定资本投入作为除基础设施外的实物资本选入数据库，用来解释经济增长；资本形成、储蓄和政府支出3项则用于描述一国的投资环境，并解释基础设施的形成。

7.2.2 实证结果

以收入、城市规模和城市密度为因变量，基础设施、投资等为自变量，采用固定效应和随机效应模型分别对国家和城市数据进行估计，Hausman 检验表明应该拒绝随机效应模型而选择固定效应模型。笔者对每组回归都进行了截面相关检验，结果表明可以拒绝截面相关假设，因此此处仅报道固定效应模型的回归结果。在模型中没有加入教育和卫生支出的原因是这两个变量在许多年份和国家缺测，如果加入将导致模型自由度大幅下降。

表 7.8 报道了世界各国的回归结果：其中第 1 个面板是固定效应模型的回归结果；第 2 个面板是增加了时间虚拟变量以捕捉技术进步的回归结果，由于时间跨度达 50 年，表中省略了逐年虚拟变量的系数；第 3 个面板是考虑到基础设施增加后对依赖变量作用存在时滞而做的一阶滞后回归结果。对比 3 个面板中的自变量系数可以发现，除公路长度外所有系数的符号在 3 个面板中都保持不变，因此可以认为回归结果是稳健的。

从表 7.8 第 1、第 4、第 7 列来看，基础设施中仅通信和电力两个部门对经济增长具有正效应。与之相比，交通部门的影响力要微弱许多，并且除第一个面板中公路长度的系数不显著外，其余结果都表明交通部门对经济增长的作用为负。

城市规模对经济增长的作用为负，这与之前的推测不符；然而城市化率对经济增长的作用却显著为正，这表明城市化的进程与经济增长的过程是一致的。大城市中人口数对经济增长的作用并不显著，这可能是因为该指标并不能很好地描述人口集中程度。尽管在 3 个面板中固定资本投入对经济增长都表现出显著的正效应，但相对于基础设施投资和城市化的作用而言就要弱一些，因此可以认为基础设施投入对于经济增长具有更强的作用。

从表 7.8 第 2、第 5、第 8 列来看，所有的基础设施对城市增长都具有正的作用，与对经济增长作用的回归结果相似，交通部门对城市化的影响依然不如电力和通信两个部门强烈。固定资本投入对城市化进程的作用相对较弱，这也与经济增长和城市化进程同步的结论吻合。

表 7.8 基础设施影响（世界）

变量	基础回归			时间虚拟变量			基础设施一阶滞后		
	产出	城市规模	城市密度	产出	城市规模	城市密度	产出	城市规模	城市密度
电话主线	0.254***	0.149***	-0.039***	0.173***	0.108***	-0.039***	0.173***	0.066***	-0.040***
发电能力	0.224***	0.181***	-0.054***	0.165***	0.170***	-0.059***	0.166***	0.165***	-0.067***
铁路网长度	-0.118***	0.038***	0.045***	-0.055***	0.041***	0.050***	-0.060***	0.042***	0.052***
公路网长度	0.013	0.065***	0.086***	-0.022*	0.037***	0.085***	-0.027*	0.034***	0.084***
最大城市人口数	0.02			0.018			0.03		
城市规模	-0.076*			-0.269***			-0.280***		
城市化率	0.247***			0.517***			0.517***		
固定资本投入	0.135***	-0.046*	0.016*	0.189***	0.015	0.022*	0.185***	0.028*	0.013
GDP		0.012	-0.009		-0.053**	-0.019			
滞后项									
GDP							0.188***		
电话主线							-0.061	0.101**	0.021
发电能力							-0.043	-0.082**	0.031
铁路网长度							0.018	-0.039	-0.034*
公路网长度							-0.007	-0.031	-0.023
最大城市人口数							-3.648***		
城市规模							-0.236		
C	16.308***	8.377***	3.835***	20.049***	10.939***	4.066***	20.306***	10.421***	3.807***

注：* 表示显著性为 1%，** 表示显著性为 0.5%，*** 表示显著性为 0.1‰。

表 7.8 第 3、第 6、第 9 列是基础设施对城市集中度的影响。可以看到，交通部门对城市集中度具有显著的正效应，而对经济增长和城市化一直具有正效应的电力和通信部门在此处显示出了相反的作用。固定资本投入对城市集中度的影响程度与基础设施的程度相似，并体现出积极作用。

根据表 7.9 中提供的 AIC 和 BIC 准则可以认为，时间虚拟变量是一个折中的回归方案，据此笔者进一步根据世界银行对国家的收入分类进行了分组回归。进行分组回归的目的在于探讨基础设施对经济增长和城市化的作用在不同的发展阶段有何差异，结果如表 7.10 所示。

表 7.9　基础设施回归 AIC 和 BIC（世界）

依赖变量	回归方式	ll (null)	ll (model)	df	AIC	BIC
产出	基础回归	−1144.81	1404.326	9	−2790.65	−2737.05
	时间虚拟变量	−1144.81	1976.73	57	−3839.46	−3499.96
	基础设施一阶滞后	1018.37	2008.75	61	−3895.5	−3534.35
城市规模	基础回归	−264.656	1854.643	7	−3695.29	−3653.56
	时间虚拟变量	−264.656	2048.362	55	−3986.73	−3658.87
	基础设施一阶滞后	−159.063	2181.099	58	−4246.2	−3901.73
城市密度	基础回归	2408.39	2836.341	7	−5658.68	−5616.99
	时间虚拟变量	2408.39	2851.131	55	−5592.26	−5264.67
	基础设施一阶滞后	2413.01	2844.033	58	−5572.07	−5227.86

表 7.10 包括了高收入国家、中高收入国家、中低收入国家和低收入国家 4 个面板。其中高收入组是合并了世界银行的"高收入：OECD 国家"和"高收入：非 OECD 国家"两个类别得到的。合并的理由是此处的关注点在于发展阶段的不同对基础设施的需求的差异，同时在"高收入：非 OECD 国家"中样本数太少以致难以得出稳定的结论，因此将这两个组别进行了合并。

从 7.10 中可以看到，与对所有国家进行回归的结果相似，通信和电力部门对产出和城市规模的影响都是显著为正的。而交通部门在中低收入国家则表现出显著的强积极作用，这与表 7.8 的情况不同。城市规模对高收入国家和低收入国家的作用尤其显著，这体现了城市化进程在经济发展之

7 | 国外城市中的缺口研究

表 7.10 基础设施按国家收入分组的回归结果

变量	高收入国家			中高收入国家			中低收入国家			低收入国家		
	产出	城市规模	城市密度	产出	城市规模	城市密度	产出	城市规模	城市密度	产出	城市规模	城市密度
GDP (−1)	0.439***			0.359***			0.079			0.385***		
电话主线 Lag (1)	0.061***	0	−0.079**	0.188***	0.069***	0.066**	0.138***	0.040*	−0.054*	0.324***	−0.031*	0.025
发电能力 Lag (1)	−0.219*	0.116	0.016	−0.097	−0.105	0.045	0.091	−0.02	−0.013	−0.068	−0.063	0.076
铁路网长度 Lag (1)	0.150***	0.215***	−0.002	0.295***	0.195***	−0.229***	0.114***	0.070***	−0.049***	0.050***	0.068***	−0.065***
公路网长度 Lag (1)	−0.05	−0.139***	−0.012	−0.069	−0.102*	0.157***	0.009	−0.094**	0.044	−0.055***	−0.013	0.008
最大城市人口数 Lag (1)	0.018	−0.015	0	−0.035	0.032*	−0.033*	0.145***	−0.193***	0.210***	−0.006	−0.130***	0.164***
城市规模 Lag (1)	−0.018	0.023	−0.013	−0.006	−0.044	0.033	0.004	0.04	−0.091	−0.047	0.080***	−0.088***
城市化率	−0.104***	−0.036***	0.042***	−0.048*	0.070***	0.008	0.246***	−0.126***	0.110***	−0.015	−0.029***	0.078***
固定资本投入	0.036	0.016	−0.002	0.057	−0.008	−0.033	−0.179***	0.053	−0.034	−0.081***	0.015	−0.037
	−0.102**		−0.815**	0.229***		3.546***	0.055			0.264*		
	−1.163***			−0.259***			−0.065			0.659*	−1.325*	
	0.786***			−3.817***			1.632*					
	−0.838*			1.116***			0.209			0.615***	−1.427***	
	−0.062			0.228***	−0.059***	0.101***	0.184***	−0.041*	0.009	0.014	0.069***	−0.101***
固定资本投入	0.258***	0.065**	−0.108***									
C	9.143***	11.104***	4.137***	14.258***	9.572***	7.240***	14.604***	16.082***	2.139***	5.64	14.411***	2.899

注: * 表示显著性为 1%, ** 表示显著性为 0.5%, *** 表示显著性为 0.1‰。

初对经济增长的强烈作用，以及在经济发展到较高阶段后对生产要素的放大作用。固定资本投入在每个分组中都为正效应，但在低收入国家组作用并不显著。通过以上分析可以认为，对于低收入国家而言，城市化对经济增长有强劲的促进作用；而中低收入国家则需要通过增加交通设施为发展移除瓶颈；在中高收入和高收入国家中固定资本投入的回报较高，但是仍然没有超过基础设施或城市化的作用。

7.2.3 基础设施缺口

根据城市化缺口模型，要求基础设施的需求，需要用潜在 GDP 替代真实 GDP 采用固定效应模型进行回归，根据模型假设固定效应捕捉了设施价格，从残差中将其减去得到基础设施的需求量（Calderon、Serven，2004）。通常研究者以一定频次（如 5 年）求得 GDP 均值后进行回归。这种方法损失了较多的自由度，因此本节采用滑动平均的方法，以 5 年为滑动窗口宽度求得潜在 GDP，从而计算得出城市缺口。为便于比较，笔者以区域、产出分组，同样以每 10 年（国家级）或 5 年（中国城市）为跨度报道某一分组每 10 年（国家级）或 5 年（中国城市）的城市化缺口。

如表 7.11 所示是按照区域统计的每 10 年各国的城市化缺口，反映的是每种设施每万人的欠缺量。表中横线部分是数据缺失的年份，每个区域的缺口是根据该区域内所有国家缺口按 GDP 加权得到的。从表中可以看出，区域经济的发展状况与城市缺口没有必然关联，在各年份也不断变动。如表 7.12 所示是按照国家收入分组统计的每 10 年各国城市化缺口。尽管不能直接得出低收入国家就一定需要更多基础设施的结论，但 2000 年的数据表明，交通和通信部门的需求在收入越低的国家越旺盛，这与上小节中的分组回归结果具有一致性。

7 | 国外城市中的缺口研究

表 7.11 世界各国基础设施缺口（以区域统计，每万人）

区域	年份	公路	电话	铁路	电力	教育	健康	年份	公路	电话	铁路	电力	教育	健康
东亚太平洋	1960~1970	—	2261.324	1.512	—	—	—	1991~2000	87.632	14210.930	3.279	972	423000000	406000000
欧洲与中亚		24.459	84.231	0.859	237	—	—		83.137	9777.479	8.786	589	173000000	175000000
拉美和加勒比地区		5.904	638.151	0.476	5.37	—	—		167.047	9205.248	2.811	278	2710000000	191000000
中东与北非		1.205	5019.848	10.787	17.9	—	—		62.102	10382.150	4.376	694	101000000	132000000
北美		202.078	—	—	153	—	—		222.749	6403.924	16.721	92.8	94300000	89900000
南非		—	1009.118	5.651	—	—	—		46.065	4083.540	2.383	170	48000000	36600000
撒哈拉以南非洲		7.589	24235.930	8.112	108	—	—		413.647	20184.990	11.830	415	329000000	194000000
东亚太平洋	1971~1980	107.180	7571.929	6.899	1680	—	—	2001~2010	40.876	11161.040	2.150	812	279000000	252000000
欧洲与中亚		86.639	6246.813	5.685	645	—	—		54.018	10165.070	7.581	652	147000000	148000000
拉美和加勒比地区		72.214	4496.587	5.751	4.02	—	—		8.499	3724.659	2.425	237	28600000	25200000
中东与北非		62.895	8027.875	17.253	266	—	—		14.669	3454.153	1.703	240	50400000	39800000
北美		299.831	5538.153	3.102	217	—	—		127.895	4626.887	10.552	82.0	149000000	144000000
南非		62.298	16926.780	20.734	366	—	—		12.297	1432.563	1.563	120	19300000	12200000
撒哈拉以南非洲		361.810	15066.750	6.189	9980	—	—		65.672	11689.940	3.251	150	130000000	71700000
东亚太平洋	1981~1990	96.864	6941.323	6.233	1050	—	—							
欧洲与中亚		79.557	7974.748	5.925	497	—	—							
拉美和加勒比地区		134.639	5402.516	7.795	353	—	—							
中东与北非		62.960	7646.567	17.968	337	—	—							
北美		265.165	3567.142	2.911	176	—	—							
南非		58.226	21532.090	25.748	232	—	—							
撒哈拉以南非洲		502.247			634	—	—							

169

表 7.12 世界各国基础设施缺口（以收入统计，每万人）

收入分组	公路	电话	铁路	电力	教育	健康	年份
高收入国家	85.363	2776.851	4.631	154	—	—	1960~1970
中高收入国家	5.236	184.037	1.318	167	—	—	
中低收入国家	—	—	—	—	—	—	
低收入国家	—	—	—	—	—	—	
高收入国家	173.383	12168.630	11.130	764	—	—	1971~1980
中高收入国家	65.232	5223.478	5.278	366	—	—	
中低收入国家	160.398	9005.589	9.438	479	—	—	
低收入国家	710.043	18181.160	20.825	446	—	—	
高收入国家	159.554	9774.508	10.931	546	—	—	1981~1990
中高收入国家	68.196	4846.716	4.993	275	—	—	
中低收入国家	129.020	5567.925	6.585	264	—	—	
低收入国家	489.374	8915.311	15.513	218	—	—	
高收入国家	145.279	9930.533	10.990	507	226000000	222000000	1991~2000
中高收入国家	61.852	5182.002	3.573	253	61900000	54400000	
中低收入国家	106.384	5204.069	3.563	198	89000000	68400000	
低收入国家	400.787	8169.515	9.536	196	394000000	227000000	
高收入国家	85.586	8666.875	7.774	489	204000000	200000000	2001~2010
中低收入国家	17.527	2575.083	1.855	144	41300000	31500000	
中高收入国家	17.929	4113.365	2.575	255	34900000	26800000	
低收入国家	23.216	3854.272	2.074	109	183000000	105000000	

7.3 城市化水平与城市用地规模间的缺口

如表 7.13 与表 7.14 所示是世界各国城市密度与经济增长的关系，以便与中国的情况进行对比。由于 WDI 中没有提供各国城市建成区面积指标，因此此处以居住百万人口以上城市的人口数量作为城市密度的代理变量。表 7.13 是所有国家回归的结果；表 7.14 只包含了人口超过 1000 万的国家，并从中排除了中国。

表 7.13 城市密度与经济增长（世界情形）

变量	模型 1	模型 2	模型 3	模型 4	模型 5	模型 6
百万人口以上城市规模	0.919***	0.985***	1.380***	0.835***	0.509***	0.510***
铁路长度		−0.286***	−0.097*	−0.071*	−0.013	−0.014
公路长度			0.165***	0.063	0.029	0.029
发电能力				0.284***	0.201***	0.201***
固定资本					0.314***	0.315***
政府支出						0.003
_cons	10.539***	11.962***	3.973***	5.582***	3.434***	3.418***

注：* 表示显著性为 1%，*** 表示显著性为 0.1%。

表 7.14 城市密度与经济增长（世界情形，修正样本）

变量	模型 1	模型 2	模型 3	模型 4	模型 5	模型 6
百万人口以上城市规模	0.919***	1.338***	1.732***	0.353***	0.160**	0.156**
铁路长度		−0.108***	−0.067	−0.071**	−0.033	−0.03
公路长度			0.251***	0.027	−0.018	−0.017
发电能力				0.564***	0.418***	0.419***
固定资本					0.274***	0.274***
政府支出						−0.019
_cons	10.539***	5.069***	−2.412*	6.442***	5.134***	5.196***

注：* 表示显著性为 1%，** 表示显著性为 0.5%，*** 表示显著性为 0.1%。

从表 7.13、表 7.14 中可以看出，在控制了公共服务设施，包括铁路、公路、发电能力等因素，以及固定资本投入和政府的公共支出等变量之后，城市密度对于经济增长的显著积极效应依然成立。

城市密度对于城市经济发展水平的显著积极作用表明城市经济学关于城市聚集产生规模效应的推测是正确的。由于经济活动聚集带来了信息流动、知识外溢、规模效应和运费节省，极大地促进了经济增长。从表 7.14 中可以看出，尽管城市密度对于经济增长的效用在增加变量后不断增加，但其符号一直不变，其显著性也一直不变，这表明这种积极作用是稳健的。在剔除了人口小于1000万的国家及中国之后，城市密度对经济增长的作用似乎变得不像之前强烈，但是这种关系一直存在。

从变量间的关系来看，城市密度对于经济水平的作用是强烈的。城市密度对经济增长的影响超过了固定资本投入、核心基础设施以及政府支出，成为对经济增长产生影响的重要因素（见表6.2）。

正如在美国经济发展史中所看到的那样，经济发展到一定阶段之后，随着大都市区的出现，城市的密度可能会降低，人口和经济活动向中心城市的周边地区疏散，因此在不同的经济发展水平下，城市密度与经济增长之间的关系可能会不同。如表7.15所示对国家按照收入分组进行了回归分析，结果表明城市密度与经济增长的关系仍然是稳定的。并且，城市密度对经济增长影响最大的是中高收入国家和低收入国家。而高收入国家的城市密度的影响力几乎与固定资本存量相似。对于低收入国家而言，城市密度的增加其实是与工业化进程一致的，更多的人口从农业部门向非农业部门特别是工业部门的转移导致城市密度增加，在这个过程中聚集带来的规模效应、运费节省和知识溢出导致城市密度的增加，从而促进了经济发展。从产业形态来看，这一时期的城市往往倾向于专业化的生产，因此该阶段城市密度对经济增长的强烈作用可以看作是马歇尔效应的作用。而对于中高收入国家，其产业开始出现高级化的倾向，特别是在大城市，工业部门对经济的贡献逐渐让位于服务业，这些城市的产业出现了多样化的倾向，这时城市聚集所带来的好处体现为雅各布斯效应，带来多样化的产品和信息流动。因此，尽管不同发展水平的国家都享受了城市密度提高所带来的好处，但这背后的传导途径和机制可能是截然不同的。

表7.15 城市密度与经济增长（按收入分组）

变量	OECD 高收入国家	非OECD 高收入国家	中高收入国家	中低收入国家	低收入国家
百万人口以上城市规模	0.465***	0.355	0.664***	0.277***	0.691***
铁路长度	0.001	0.031	−0.036	−0.019	−0.164
公路长度	0.114	−0.171	0.036	−0.114*	0.035
发电能力	0.383***	0.014	0.383***	0.322***	0.111***
固定资本	0.472***	0.225	0.229***	0.298***	0.133***

续表

变量	OECD 高收入国家	非 OECD 高收入国家	中高收入国家	中低收入国家	低收入国家
政府支出	0.115*	0.082	−0.036	−0.006	0.083
_cons	−5.210***	13.569**	−0.949	4.520***	7.876***

注：* 表示显著性为 1%，** 表示显著性为 0.5%，*** 表示显著性为 0.1%。

高收入国家走过了相对较为完整的城市化道路，因此对它们在城市化道路中城市密度对经济增长影响的变动进行分析是有意义的。如表 7.16 所示是根据时间对高收入国家进行分组回归的结果。由于 1989 年前的样本数较少，因此选择了 1999 年作为分界点进行回归。对高收入国家在 1999 年前后城市密度对经济增长的影响回归表明，城市密度对经济增长的影响并没有随着郊区化、大都市区或新的通信技术如互联网的出现而减弱，反而被加强。这表明，城市密度作为测度人口在空间中聚集情况的指标，与城市经济增长的关系是随着时间不断增强的。1999 年前城市密度的系数约为 0.5，而到 1999 年后成了 0.7，这意味着在高收入国家城市聚集为城市增长带来的收益在 1999 年前后的 10 年中在边际上提高了 40%，这是巨大的进步。从另一个角度讲，技术进步没有使人类经济活动在空间中聚集的必要性降低，反而使其增强了。因此可以认为，新的通信技术和通勤技术的出现放大了聚集的效应，而非减弱了聚集的必然。

表 7.16 城市密度与经济增长（按时间分组）

变量	OECD 高收入国家		非 OECD 高收入国家	
	1999 年前	1999 年后	1999 年前	1999 年后
百万人口以上城市规模	0.498***	0.702***	1.031**	0.002
铁路长度	0.003	0.057	1.844**	0.187
公路长度	0.381**	−0.240**	0.046	0.001
发电能力	0.416***	0.295***	−0.220*	0.366
固定资本	0.231***	0.390***	0.002	−0.941
政府支出	−0.137*	0.383***	0.184*	−1.287
_cons	0.057	−3.849*	2.944	46.682

注：* 表示显著性为 1%，** 表示显著性为 0.5%，*** 表示显著性为 0.1%。

通过本节的分析可以得出以下经验结论：从世界各国的发展情况来看，无论处于哪个收入水平的国家，其城市密度与城市经济发展水平之间显著的、强烈的积极作用是不变的。这种作用在有的国家甚至超过了固定资本投入的作用。从高收入国家的发展历史来看，技术进步和更高经济发展水平并没有使经济活动在空间中聚集的好处减弱，相反这种好处被技术进步放大。

8 美国城市化经验分析

本章将从对比的角度看中国有哪些可以从发达国家城市化进程中借鉴的经验。进行对比的国家主要是美国。美国是经济强国,其城市化已经进入成熟的阶段,并且由于美国没有经历过封建社会,在城市化过程中市场自发选择占主导地位,因此具有较强的原型意义。美国领土辽阔、民族众多、自然资源丰富、这些条件使得它能够与中国进行类比。

8.1 美国城市的发展历程

8.1.1 殖民地时期

美国在 19~20 世纪完成了城市化,从农业社会转变为一个以城市为主的社会。工业化和本地市场的扩张显著提升了城市的数量和规模。企业和家庭迁移到远离城市中心的地方,使得城市的边界不断扩大,到 20 世纪美国完成城市化时,城市的空间结构已经发生了巨大的变化。在此过程中,与农村不同,美国城市的规模千差万别,其分布能够用 Zipf 定律进行完美刻画。如今,城市已经成为承载创新、文化、娱乐、政府管理和移民功能的空间场所。

通常,城市经济学家和城市地理学家都将殖民时期作为美国城市化研究的起点。殖民地时期的美国是以农村为主的国家。1690 年,即 17 世纪末,全美国仅有 4 个规模大于 2500 人的城市,其中规模最大的是波士顿,规模为 7000 人,其次是费城和纽约,人口接近 4000。到 1790 年,规模大于 2500 人的城市数量从 4 个扩大到 24 个，同时城市化率从 8.3%跌落到 5.1%，这是美国历史上唯一一个农村人口增速超过城市的时期。同时期美国城市等级也不断变化，费城在 18 世纪中叶曾经是最大的城市，但到 18 世纪末纽约成为美国最大的城市。

美国殖民地时期的城市职业结构与其余任何时期都不相同。大多数的人口就业于农业部门，而城市人口中大部分从事商业、制造业和其他服务活动。在波士顿、费城和纽约，23%的人口在商业部门工作，24%的人从事制造业，50%的人从事服务业，而 4%的人在政府部门工作。由此可见，尽管港口城市以商业活动而著名，但事实上制造业和服务业提供了大部分的就业岗位。制造业从业者出现在城市中的原因是当时的运输成本较高。生产木桶、面包、蜡烛、肥皂等商品的制造业者由于受到本地需求的刺激而进入港口城市为当地居民生产商品。而服务业，如酒店、旅馆等，则是因为商人在港口城市聚集从而产生的需求。从这个意义上说，港口城市的商业活动带动了其城市化的进程。

殖民地时期城市主要出现在美国东海岸。港口城市兴起的主要原因是地理禀赋带来的交通费用节省和规模报酬递增。而商业在这些城市的繁荣主要得益于信息溢出。商人们在咖啡馆定期聚会，讨论欧洲和西印度的市场形势。这使得关于市场的信息在商人们中间扩散，帮助商人做出投资决策。这种信息溢出使得商人们利用了当时最及时、有效的信息以避免风险。港口的特殊禀赋加上广袤的经济腹地，使得港口城市在这个时期成为城市化的主体。一个反例是切萨皮克地区（Chesapeake），尽管它拥有丰富的航海资源和广袤的经济腹地，但并没有出现主要的城市。一个可能的解释是，殖民地贸易管制导致了该地区的发展落后。英吉利共和国对烟草贸易的管制，即《航海法》限制了对英国的烟草出口，但对鱼、小麦、棉花、牛肉、猪肉等并没有出台类似的限制。这使得从事烟草贸易的商人从伦敦或格拉斯哥（Glasgow）而不是切萨皮克的城市出发。而纽约和费城的商人向许多市场（相对开放的市场）出口商品，这使得商人主要向纽约、费城聚集，导致切萨皮克地区缺乏城市。由于管制的存在，当南方的城市，如巴尔的摩（Baltimore）、亚历山德里亚（Alexandria）等在 18 世纪中叶兴起时，其主要的经济活动是小麦出口而非烟草。

8.1.2 快速城市化时期

城市化与工业化具有相当强烈的相关性。在 18 世纪初美国工业化的初期，其城市化率从 1820 年的 7%上升到 1860 年的 20%，期间城市人口每 10 年的增速是 57%。与此同时，城市规模不断扩大。在 1820 年，人口规模超过 10 万的城市仅有 1 个；到 1860 年，已经有 9 个城市人口规模超过了 10 万。1820~1860 年，纽约的人口从 123706 增加到了 805651。19 世纪前半叶，美国城市人口主要集中于工业化发端的东北部。

美国工业化初期的城市化是由工业化引致的，而不是相反，有以下证据可以证明：首先，在工业化早期，由于妇女和儿童的机会成本比男子低，工业化首先出现在农村。其结果是，随着制造业的发展城市也在东北部的农村地区出现。如果城市化引致了工业化，那么工业化应该首先在大城市出现，或者至少比农村或小城市的工业化速率要高，但这与美国的事实是相违背的。其次，有证据表明，1790~1890 年，美国的城市化速率是收敛而非发散的。这足以表明，在这个时期美国农村城市化的速率超过了城市。最后，同时期美国城市增长与城市的原始规模并无直接关系，新兴城市的增长速率超过了老城市。

19 世纪末到 20 世纪初，美国已经成为一个成熟的工业经济体，同时也完成了从农业国家到城市国家的转变。到 1920 年，一半以上的美国人口聚集在城市中。此时，美国不足 50%的劳动力就业于制造业，50%的人口就业于服务业，在农业部门工作的劳动力比例相当小。工业经济的兴起伴随着制造业带向西迁移（而非向南）。与工业化初期类似，工业化与城市化高度地理相关，表现为工业带内人口高度集中。在新英格兰、中太平洋和东北部地区拥有两倍于其他地区的制造业劳动力。对这一时期的城市化主要用马歇尔外部性来解释，他认为制造业带是一个真实的城市体系。然而 Kim（2000）认为，城市的选址更多是由靠近资源地、利用本地公共产品和交通优势所驱动。其证据有以下几点：首先，工业带中的城市都在制造业进行专业化生产，劳动力集中于制造业的比例远高于其他地区。其次，在制造业内部，每个城市高度专业化于一两个产业，同一区域的城市专业化于同一组产业。城市在少数行业进行专业化生产是马歇尔外部性的体现，能够表明本地经济的重要性，却不能说明为什么同一个区域的城市倾向于在相同的行业内进行生产。最后，中西部城市在工业带中的兴起与初级钢铁、机械和运输行业的重要性增强同步。这种种证据都足以表明，在美国的工业化中，资源指向是企业选址布局的一个重要因素，而马歇尔外部性只能解释为何同一个城市专业化于少数几个行业生产。

8.1.3 大都市区化

进入 20 世纪后，美国的城市化呈现出了不同的格局，这表现在：首先，城市化的步伐减慢。城市化率从 1920 年的 51.2%缓慢增加到 1990 年的 61.6%，不到 10 个百分点城市化率的提升用了 70 年的时间。其次，大都市区中的人口越来越郊区化。1940 年，美国一共有 138 个大都市区，居住着 50%以上的城市居民；到 1990 年，大都市区的数目增加到 335 个，其中居住的人口仅增加了 27%，即为 77.5%。在此期间，城市的产业结构急剧地向服务业转换，在 20 世纪末，服务业的雇员数几乎是制造业的 3 倍。最后，区域间的差距越来越小。由于要素流动性增加，技术进步使得投入品的重要性降低，区域间的比较优势消失，地区差异缩小，区域间的城市发展更为均衡。

大都市区（Metropolitan District）这一概念在 1910 年人口普查时首先被使用。其定义为：规模在 20 万及以上的城市，与它周围 10 英里内的周边县构成的范围。美国联邦预算局对大都市区的定义进行了多次修改。1950 年，大都市区正式被命名为"标准大都市统计区"（Standard Metropolitan Statistical Area，SMSA），其含义是拥有 5 万人口以上的中心城市和 75%以上非农业人口的郊县共同构成的区域。1980 年又对其定义进行了补充：若区域总人口不少于 10 万，且有 5 万以上的人居住在人口统计数划定的城市化区域内，即使没有中心城市也可划为大都市区（Fox，1988）。1983 年，SMSA 更名为"大都市统计区"（Metropolitan Statistical Area，MSA）。2003 年，联邦预算局出台了新的都市区划分原则，主要是：①大都市统计区的人口规模要求；②50%以上人口居住在城市化地区的县可认为是核心县；③外围县至少有 25%的劳动力需要通勤到核心县，或者 25%的劳动力来自核心县。

大都市区的发展可分为两个时期：第一个时期是1920~1940年，主要特点是大都市区数量迅速增长。1940年，美国的大都市区从58个增加到138个，50%以上的城市人口居住在大都市区中。至此，大都市区已经成为美国所有地区"主要的发展模式"和经济、文化及家庭生活的主体。第二个时期是1940~1990年，其主要特点是人口向大都市区进一步聚集，大都市区的数量增加。到1990年，大都市区的数量增加到335个，居民数量达2亿人，即美国80%的人居住在大都市区。另外，人口在百万以上的大都市区优先发展，数量从11个增加到40个，有13290万人居住在百万人口以上的大都市区中，占当时大都市区总人口的近70%，占全美人口的50%以上。换句话说，全美国有一半以上的人居住在大都市区中。

美国在进入20世纪之后的城市化应该用"大都市区化"（Moreetropolitanization）来描述，这是城市化的新形态，进一步说明了人口聚集是城市化不可逆转的方向。城市经济学关于聚集带来规模效应和知识溢出的观点在美国城市化的历史中已被证明。对于中国而言，城市化率已经突破了50%，这意味着中国的城市化也进入了新的阶段。在此阶段，中国城市的形态将发生什么样的改变，是继续以往的单中心模式继续向外扩张，还是像美国一样通过郊区化将人口和产业向郊县分散，从而形成大都市区，是值得长期跟踪关注的问题。从本书的分析来看，中国的城市发展与美国具有不可类比之处，因此即使出现大都市区，也会首先出现在东部发达地区，这些地方城市体系比较完善、工业化水平高、城市空间分布密集，在不断向外围扩张的过程中容易连接成片，形成"都市带"。而在中部和西部地区，首要的问题是提高工业化水平、完善基础设施，从而引导人口进一步聚集。

8.2 产业演变与城市空间结构的相互影响

城市的空间结构与产业的演变存在相互决定的关系。从区域层面来看，在20世纪60~70年代，美国大西洋沿岸的城市出现了严重的衰退，其背后的原因就是去工业化过程中就业岗位的减少；而由于政府的扶持和历史羁绊的减少，在美国西部和南部出现了所谓"阳光带"的崛起，从而改变了美国社会城市和经济的空间分布状态。从微观角度来看，东北部的去工业化过程也改变了大都市区内部的空间结构和产业结构，在一定时期内出现了所谓的"逆城市化"现象；但从长期来看，这一时期短暂的衰退为长期的增长奠定了基础。

从城市空间结构对产业布局的影响来看，美国进入大都市区之后，出现了新的生活—工作模式，从而导致美国人的居住、工作和消费都产生了新的局面。在郊区出现的莱维顿模式是城市空间结构变化带来的居住的变化的典型事件，而与此相对应的，就是边缘城市的出现。

8.2.1 "阳光带"的崛起

美国的城市化最早出现在东北部。在 20 世纪 70 年代，这个区域陷入了严重的衰退，被称为"冰雪带"（Snowbelt）或"霜冻带"（Frostbelt）。而与之相对应的是，在同一时期，美国的西部和南部出现了快速增长，到 1980 年，西部和南部的人口规模第一次超过东北部。这一快速增长的区域被称为"阳光带"（Sunbelt）。"阳光带"泛指美国北纬 37 度以南的区域，这里的气候温和、阳光充足。然而这个说法仅是一个方便的提法，3 个同时期发展快速的区域还有雷特蒙至西雅图、科罗拉多州和犹他州以及切萨皮克湾。艾伯特指出在整个 20 世纪 70~80 年代，崛起的区域包括：特拉

图 8.1 "阳光带"空间分布

华、马里兰、弗吉尼亚、南卡罗莱纳、北卡罗来纳、佐治亚、佛罗里达、华盛顿、俄勒冈、加利福尼亚、内华达、亚利桑那、犹他、科罗拉多、新墨西哥、俄克拉荷马以及得克萨斯等州。

如图8.1所示是"阳光带"城市的空间分布情况。从图中可以看到，西南部的城市占比较大。从整个20世纪70年代的人口增长速度来看，增速最快的10个城市中仅佛罗里达市在东南部，其余坐落在西南部。20世纪40~50年代是"阳光带"城市的起步阶段；20世纪60~70年代是"阳光带"起飞期，是其迅猛发展的时期，这与美国联邦政府的政策、投资偏向不无关系。

"阳光带"的崛起是与高科技产业的发展紧密相连的。第二次世界大战期间，美国联邦国防预算有70%投放在"阳光带"。这推动了西部和南部城市的发展，也为其制造业起飞奠定了工业基础。在"冷战"期间，美国联邦政府继续通过军事订货、贷款等方式对阳光带进行投资从而促成了受益区域、迅速建立起了成熟的工业体系。与此同时，美国联邦政府还通过加强信息流动、补贴迁移费用、制定住房法等方式向"阳光带"提供支持，使得资本和劳动力都向这个区域聚集，从而使"阳光带"在短短的几十年里崭露头角，后来居上。

由于有投资刺激、劳动力丰富，西部和南部城市借助军事工业的高科技特点，部分转向民用科技产品，扬长避短。高科技产品标准化、体积小但附加值高的特点使得交通费用高、自然条件匮乏的缺点被克服。新墨西哥州是典型的例子，在这里成立了反恐设施、电子束、太阳能、激光、计算机、航宇科技、数据处理等尖端研究机构。

除了研究机构，大学也在"阳光带"出现，成为科研机构的另一种重要形态。以北卡罗莱纳、南卡罗莱纳、加利福尼亚大学伯克利分校、斯坦福大学、亚利桑那大学和杜克大学为代表的研究型大学，和致力于科研的小城市，如罗利、达勒姆等，共同构成了多层次的人才培养、科学研究机构，为当地的经济发展、劳动力市场的更新起到了显著的积极作用。

从"阳光带"的崛起看落后地区的发展，可以看到政府的政策偏向起到了非常重要的作用。"阳光带"的出现，是反梯度理论的一个现实原型（丁任重，2006），对于中国的区域布局有着重要的启示意义。中国的中西部如何发展，东北的老工业基地如何振兴，美国的"阳光带"起到了非常好的示范作用。通过投资、政策的偏向，在中国的中西部扬长避短地发展带动力强、资本知识密集的产业，促进区域平衡发展，是具有现实意义的政策主张。在湖北以武汉大学、陕西以西安交通大学、四川以四川大学等学校为代表的科研教育机构，完全有成为区域高科技产业发展的智力支持的可能性，需要的是对资金、人才的引导，从而形成良性循环。总之，美国"阳光带"的崛起，为我们在中国的现实环境中应用反梯度理论提供了可供借鉴的案例。

8.2.2 去工业化与逆城市化

地理学家贝里（Berry）发现美国在 1970~1980 年这 10 年中，非大都市区的人口增长率超过了大都市区的人口增长率（Berry，1976），他将这一现象描述为逆城市化（Counter-urbanization）。这一事实是自美国城市化开始之后首次出现的现象，一经公布在学界引起了大量关注，学者们认为这是大都市区衰落的标志性事件（Fox，1988）。

但如果将目光投向 20 世纪 70 年代的社会背景可以看到，这种现象的出现是由美国经济结构发生变化导致的，这一时期正是东北部城市从工业城市向服务型城市转型的过程。但其衰退的原因是多方面的，首先 70 年代初的滞胀危机和能源危机使得东北部以制造业为主、对能源依赖度高的城市受到冲击。生产成本上升、企业利润趋微导致制造业的投资减少，老牌大都市区提供的就业岗位缩减，导致了其为期 10 年的增速减缓。

其次，从区域层面来看，是"阳光带"的崛起吸引了投资和劳动力，使得人口迅速向这些区域聚集。美国联邦政府在"阳光带"的投资和政策偏向，刺激了西部和南部城市工业体系的发育，在短短 10 年内就培育出成熟的、以高端科技产品为主的工业城市。家庭趋利的动机和政府有意识的引导，使得劳动力离开东北部的城市纷纷向"阳光带"聚集。因此，在老牌工业城市的去工业化进程中，东北部城市与"阳光带"的城市此消彼长，但主要的趋势仍然是人口在空间中聚集。

最后从城市经济学的角度来看，20 世纪 70 年代的滞胀、能源危机、"阳光带"崛起是引致东北部逆城市化的诱因，但从根本上说是工业化进行到成熟阶段之后，城市功能转型规律的体现。当时东北部城市发展已经趋于饱和，中心城市社会、经济矛盾逐步激化，人口聚集带来的负外部性已经集中体现，包括交通拥塞、噪声污染、住房紧张等问题。社会隔离和骚乱影响家庭对在中心城市居住的预期；政府财政紧张从而在处理负外部性造成的拥塞方面显得有心无力。城市经济学的理论和实证经验都表明，从当时的技术条件和城市发展阶段而言，东北部的城市已经超过了最优规模，因为负外部性已经成为外部性的主要方面。因此，人口和产业向郊区疏散是必然趋势。在20世纪60年代，美国的大都市区人口聚集越来越表现为人口在中心城市的郊区聚集，艾伯特（Abbott，1979）指出，1950~1980年，郊区为美国大都市区的人口增长提供了80%的份额。

去工业化时期出现的逆城市化现象，在国内学界一直被作为反对大城市发展的重要依据。然而在经历了20世纪70年代的衰退之后，美国东北部中心城市得到了修复。由于人口和产业被疏散，中心城市的环境得以恢复，财政状况转向稳健。更为重要的是，中心城市完成了从工业向服务业的产业过渡，在此之后，大都市区的中心城市主要为周围郊县提供生产服务，其产品的形态不再是具象的物理商品，而是抽象的知识，如法律咨询、金融、保险、会计、广告、工业设计、研究和开发等。同时，中心城市多样化的高级人才聚集，导致知识溢出主要表现为创新的活力迸发，新思想、新技术和新产品在中心城市而非郊县更容易被接受、试验和标准化。因此，去工业化之后，中心城市重新焕发活力，成为大都市区的增长引擎、创新摇篮。

8.2.3 边缘城市

美国在完成城市化后，人口就开始向郊区疏散。学者们认为市场失灵（Brukner，2001）是导致城市蔓延的原因，政府对郊区化的各种补贴政策，导致私人移居郊区的通勤成本低于社会成本，并进一步指出恰恰是经济因素推动了美国的郊区化过程。人口向郊区分布后，大量的就业机会也向郊区转移，包括最开始的商业和制造业（Hurtshorn、Muller，1989）和后来的办公室转移。

加鲁（Garreau，1991）指出，边缘城市是中心城市在郊区的工作地，主要业态是写字楼和零售业，其产生的原因是较好的交通可达性。边缘城市的服务对象主要是利用汽车进行通勤的中产阶级。由于边缘城市与中心城市在空间上有区隔，一般说来环境较中心城市更好。边缘城市吸引中产阶级的地方在于它提供了便利的生活方式，通勤者能够在上下班的途中顺道完成购物、用餐甚至社会交际活动。在边缘城市常见的商业零售业态是商城（Shopping Mall），它与传统的商场相比，更多关注驾车者的需求，选址在汽车容易到达的交通线交会处。

边缘城市的服务对象不只是居住在郊区的通勤者。由于边缘城市的环境更好且人流量大，催生了娱乐、酒店等生活服务。居住在郊区的家庭选择在边缘城市感受大城市的氛围，避免长距离通勤；而居住在中心城市的家庭，选择在边缘城市享受郊区较好的环境质量，度过周末。因此，边缘城市的服务对象是"双向"的，它既满足了居住在郊区的人们购物、娱乐的需求，也满足了中心城市家庭郊区游、短暂松弛的需求。

边缘城市的出现是城市化带动产业发展的案例。边缘城市之所以在美国得以发展，可以看作是中心地理论的又一个范本。边缘城市取代中心城市成为了商业、娱乐服务提供的中心地，其吸引之处除了便捷、环境较好外，还有交通成本的下降。从城市经济学的角度看，边缘城市的出现不是偶然，首先它通过交通费用的节省吸引顾客；其次，这表明产业和城市化具有协同选址（Co-location）的特性，随着城市化和工业化的深入，两者间的引致关系已经越发模糊。从城市空间结构看，边缘城市的出现，事实上是多中心城市的替代方案，与多中心城市扩张（如洛杉矶）不同的是，边缘城市与中心城市常常是在空间上不连续的。

8.3 交通与美国城市化

1808年4月，美国财政部部长阿伯特·加拉廷（Albert Gallatin）提出了"旨在利用国会权限内的各种手段，促成公路和运河修建的计划"，这份计划书对美国交通运输设施的修建起到重要作用。事实表明，美国大型交通设施，如运河、铁路、州际高速公路等，都或多或少地与加拉廷1808年的方案有着联系。加拉廷建议通过科德角建立起从曼彻斯特到乔治亚在南北间的内陆航道，在东西向建立起莫霍克河（Mohawk River）—安大略湖（Ontario Lake）—伊利湖（Erie Lake）的联系通道。他同时主张联邦政府兴建平行于大西洋海岸线的南北公路，完成国道的建设。加拉廷估计完成运河与公路的修建需要总共1000万美元投入、分5年完成。尽管麦迪逊（Madison）和门罗（Monroe）两位总统愿意联邦资助国内发展，但他们认为如修建运河这类项目应该由州政府运作，联邦政府参与其中是违宪的。

8.3.1 水运

美国运河修建时代从1812年持续到1837年经济大恐慌，总共花费1.8亿美元，其中73%来自州和地方政府。历史上最为重要的运河是363英里长的、加拉廷报告中预见的伊利运河。纽约立法机构希望获得联邦政府的资助来修建伊利运河，但麦迪逊总统在1817年否决了这一议案。一个月后，迪威特·克林顿（Dewitt Clinton）促成了纽约立法机构通过动用州资源修建运河的法案。

伊利运河于1825年开始运营，花费700万美元，在10年后收回建设成本，是一个成功的项目。纽约州内或经过纽约州船只的运输货币成本，由于伊利运河的修建减少了75%以上，时间成本降低了67%。在伊利运河修建之前，美国西北部仅依靠密西西比河与南部联系，而修建之后则将东部和西北部的联系通道打通。

伊利运河催生了竞争。宾夕法尼亚州曾是早期内部改善的爱好者，其在1817年修建完成了匹兹堡到哈里斯堡的收费公路（Pittsburgh Pike），它由56条收费公路和桥梁公司构成，州税收资助180万美元，连接起了匹兹堡和费城。尽管如此，它依然无法与伊利运河匹敌。伊利运河的修建使费城的地位受到纽约的挑战，宾夕法尼亚州立法机构1826年通过了用州基金修建主线运河（Main Line Canal）的提案。与伊利运河不同，主线运河主要是为宾夕法尼亚州提供服务。主线运河的施工任务令人生畏。伊利运河的最高点是奥尔巴尼（Albany）的哈得孙河（Hudson），为650英尺。

而主线运河的最高点为 2000 英尺。在阿巴拉契亚（Appalachian Mts.）的某些地方，船只依靠铁轨而不是船闸抬高。主线运河在 1835 年完成修建，总共花费 1200 万美元，总长度为 359 英里。然而其仅收回了 3%的成本并在 1857 年被以 700 万美元的价格卖给了宾夕法尼亚铁路。纽约超越费城成为全美第一的大都市。

西北诸州参与运河修建使得"运河爆炸"维持了相当长的时间，这些运河一旦完成就面临了来自铁路的竞争。印第安纳州修建了 450 英里长的水上通道——沃巴什—伊利运河，从埃文斯维尔（Evansville）经俄亥俄河到伊利湖的托莱多（Toledo）。该运河于 19 世纪 50 年代完成修建，耗资 600 万美元，但几乎在完工的同时就被废弃。伊利诺伊州在成立州之前，其北部边界扩展了近 60 英里以确保一条规划中的运河流经本地。几年后，联邦政府以土地赠予的形式支持伊利诺伊州修建伊利诺伊—密歇根运河，将芝加哥的密歇根湖和拉萨尔（La Salle）的伊利诺伊河相连。该运河在 1848 年开通时恰逢铁路和电报的同时竞争。伊利诺伊—密歇根运河最终因财务问题倒闭，它在芝加哥历史上更为重要的角色是这个城市的明渠。

8.3.2 铁路

铁路为美国带来了 19 世纪的经济转型，这种改变似乎是其他创新不可比拟的。

美国铁路增长的历史十分壮观。从巴尔的摩（Baltimore）到俄亥俄（Ohio）的铁路是美国的第一条铁路，于 1830 年开始运营。到南北战争前，美国的铁路总长度已经超过了英国、法国、德国等国家的总和。到 1860 年，美国铁路投资总额超过了 10 亿美元，是运河投资额的 5 倍还多。

在早期，铁路的修建是先于需求的巨大冒险。因此，政府在铁路上的投入与其收益成反比，越是利润低的铁路线路，政府投入越多。尽管与联邦政府的投入相比，地方政府以税收收入在铁路上的投入显得十分单薄，但这种投入使得铁路网络能够进入它的辖区，从而避免当地被忽略。南方由于人口稀少且运河的竞争使得利润稀释，约 50%的投资由政府参与。新英格兰和老西北部则仅 10%的铁路由政府出资修建。而 1860 年时拥有 4000 英里铁路覆盖的芝加哥作为中西部地区的铁路运输中心，其铁路完全没有政府参与投资。

由于铁路建设的收益低、回报周期长,美国政府采取了变相补贴的方法资助铁路修建。1851年,联邦政府用375万英亩土地资助修建伊利诺伊中央铁路。中央铁路贯穿南北,走向与密西西比河平行,但与密西西比河不同的是,铁路在冬天不会封冻。用土地资助修建铁路,伊利诺伊中央铁路不是首例,但在当时是最大规模的一次。这似乎是一个先兆,在接下来的7年里,10个州的45家铁路公司获得了土地赠予。这种做法在建立横跨大陆的铁路时得到了推广。建造横跨大陆的铁路,特别是东部总站的选址,在南北战争前就引发了强烈的争论。南北战争后,4家参与横跨大陆铁路建设的公司获得了1亿英亩的土地赠予用以铁路建设,占公共领域的10%。联邦政府总共赠予了1.31亿英亩土地,而州政府则出让了4900万英亩。

铁路的修建对城市化的影响是显著的。1860年美国的城市化率达到了20%,城市人口以每年57%的速率递增,以纽约、巴尔的摩、费城、波士顿、底特律、芝加哥、匹兹堡等为代表的制造业城市已经形成。从经济学的角度看,铁路的修建使得产品的运输成本下降,更为重要的是它们将美国连成了一个整体。运输成本下降和更为广阔的国内市场使得工业产品能够深入以前不能到达的腹地,引致了更多的需求,从而促进了工业城市的就业,扩大了城市的规模。铁路产生的外部性是显著的,它的管理方式是美国早年工业实践中的典范,而铁路建设证券在新兴的资本市场是主要交易品。在当时的情况下,铁路的扩张促成了19世纪无限增长的思潮。

8.3.3 高速公路

在19世纪,运河和铁路将相隔遥远的地方联系了起来,但完善的公路网络还没有建立。19世纪90年代前,地方政府负责除邮路外的所有道路;后来州政府被说服参与地区间联系的道路。1910年时,每个州都有一个高速公路部门。从1913年起,州政府在高速公路上的花费开始增加,从6.2%增加到1970年的65%。1893年,联邦政府在农业部下设立了道路信息咨询中心,12年后该机构变为公用道路局(Bureau of Public Roads)。公用道路局协助起草了《联邦资助道路法》(1916),规定联邦政府以小量的投资换取联邦政府的监督权。1921年,城市间道路的主干已经出现。加拉廷报告所提出的沿大西洋海岸线的南北向通道修建完成,这就是 1 号公路;而东西向的连接通道也已建成,这就是 40 号公路。

在大萧条期间,联邦政府清楚在公共产品上的投入能够减轻失业压力,但在运河与港口外,他们几乎没有经验。胡佛创建了重建金融公司(Reconstruction Finance Corporation),但主要致力于能够产生财政收入的项目。罗斯福政府放松了这些限制,联邦政府的经费替代了州和地方政府的经费,为高速公路建设提供了巨大的推动。在大萧条期间,有 1/3~1/2 的人为政府的公路建设工作。1944 年的《联邦高速公路资助法》由于美国担心会再次出现萧条而延续了在高速公路上的经费。

1944 年《联邦高速公路资助法》准许有限入口的州际高速公路系统修建,但不为其提供经费。一些州注意到高速公路是必要的,就回到 18 世纪的老路修建收费公路。美国第一条收费公路出现在宾夕法尼亚州。第二次世界大战后的繁荣和基于汽车的人口郊区化刺激了公路的需求。1956 年的《州际高速公路法》授权 4.25 万英里的有限入口、高速道路网络系统的修建。各州自行完成建设,但联邦政府在 12 年间提供了 250 亿美元的资助,相当于 90%的建造费用。最终,加拉廷梦想的联邦综合道路系统建立起来了,各州被高速公路相互连接。

高速公路对于美国大都市区的形成具有重要的贡献。1970 年,美国城市居民中超过一半的人居住在大都市区周边的郊县,这其中高速公路的发展功不可没。高速公路为居民通勤和货运提供了载体,从而使得美国居民和厂家的空间决策偏向于避开拥堵、污染严重的中心城市,向郊区聚集,造就了大都市区城市连绵发展的景观。

8.4 美国城市化过程中的问题

8.4.1 城市蔓延

城市蔓延是指居民在中心城市远郊的低密度住宅区里居住,利用汽车通勤的城市发展模式。城市蔓延这一概念最早被怀特（Whyte，1956）使用，从此就成为描述和研究城市无序增长的术语被地理学界和城市经济学界广泛接纳。

城市蔓延在大都市区造成了新的地理和经济景观。在居住模式上，不能绕过对美国人居住模式产生深远影响的莱维敦（Levittown）模式。建筑师莱维敦在曼哈顿以东的长岛建造了第一座莱维敦模式的住所，对美国的城市蔓延产生了深刻影响。莱维敦模式的住宅被认为代表了美国梦的全部含义，是"美国具有代表性的住宅"。莱维敦模式住所一般宽敞、有花园、有带壁炉的客厅和两个卧室。厨房位于前门，方便主妇在准备饭菜的同时能够看到小孩；客厅位于后门，从客厅的窗户可以眺望。自殖民地时期开始，美国人就喜欢居住在人迹罕至的地方，这种习惯在工业化过程中由于需要更方便地获得社会公共产品而改变，他们开始聚居于城市之中。随着通勤技术的成熟，和美国人对生活品质新的追求，郊区化的趋势日益明显。就在此时，莱维敦模式迎合了美国中产阶级的需求。莱维敦模式除了满足了"美国梦"之外，由于其采取标准化生产的技术，使得住宅造价低廉从而使中产阶级能够承担。

城市蔓延极大地改变了美国中产阶级的生活方式。在城市蔓延发生之前，收入、教育背景和工作类型决定了社会阶层；而在城市蔓延发生之后，居住场所是否远离中心城市则成为中产阶级的身份象征。仔细观察不难发现，居住于远郊本身也是经济实力的延伸，因为独栋住宅、汽车和通勤成本不是中下阶层能够承担的。正因为如此，莱维敦组成了阶层同质化强烈的社区，在这个社区中，人们可以进行交际、运动、娱乐；社区内有学校等服务设施，生活在莱维敦社区的家庭可以放心地让子女在社区内接受教育。

城市蔓延对城市的空间结构也造成了巨大的影响。莱维敦模式的住宅出现之后，美国郊区化的速度、规模都出现了质的改变。到1970年，居住于郊区的人口首次超过城区居住的人口，这是自美国1920年城市化率超过50%后的又一个转折点。城市的面积不断扩大，居住在郊区的家庭主要通过汽车完成通勤。

Brueckner（2000，2001）指出城延是市场失灵的结果，而市场失灵有

3个途径：①在内部化开敞空间和城市边缘的社会价值时土地市场失灵；②家庭不能将城市交通的拥挤成本内部化；③地方政府不能准确估计发展的财政负担。从美国的实践看，确实如此。例如，1934年联邦住房管理局通过抵押保险计划向美国人获得房贷提供资金支持；1956年的联邦州际公路法案（Federal Interstate Highway Act）支付了90%的州际高速公路建设费用。这些措施在客观上使得家庭居住于远郊的私人成本低于社会成本，从而诱导家庭在郊区居住。

与此同时，城市蔓延为美国社会带来了种种问题。首先是通勤时间的增长和大都市区的交通拥塞。由于家庭都通过汽车通勤，在中心城市容易发生拥堵，这已经成为大都市区的顽疾。其次，由于大量家庭散居于郊区，无法集中供暖，家庭取暖导致温室气体排放量增加。同时，由于通勤手段依赖汽车，汽车尾气排放同样增加了温室气体的排放，这都对城市的环境保护提出了新的挑战。最后，由于中产阶级离开中心城市，大量就业疏散到郊区，中心城市出现了衰退。居住在中心城市内的贫民由于无法负担长距离通勤的费用而难以摆脱贫困。摆在政府面前的也是两难选择：一方面，为促进社会公平要解决贫困人口就业问题，就要解决他们通勤的问题，则需要在中心城市与城市蔓延区之间开通公共交通；但另一方面，由于城市蔓延区过于分散，大型交通设施的运作需要城市财政大规模补贴，这些设施运行效率低下，造成了资源浪费。

8.4.2　社会隔离

社会隔离是城市中具有相同特征的群体在空间中相对集中的现象。在美国，社会隔离又可以分为种族隔离、教育隔离和贫困隔离三种情况。这三者从不同的角度阐述社会隔离问题，但并不是完全不同的概念；相反，它们常常伴随发生，种族隔离会导致教育隔离，进而导致贫困隔离，并造成恶性循环。社会隔离的后果是城市中的弱势群体难以摆脱其降生社区的印记，造成新的社会不公，并最终产生社会问题。

美国是一个移民国家，来自世界各国的种族迁徙至美国，从而形成了一个多种族的国家。最早的少数民族移民是17世纪初被贩卖到美国的黑人奴隶。这些人在南北战争后获得了自由，并在城市化高峰期开始涌入城市寻找工作。黑人在2000年时数量达到了3000万人，占美国总人口的12.3%。美国的移民主要来自欧洲、拉丁美洲和亚洲，不同地区移民的比例随着时间不断变化。在1880年前，北欧和西欧的移民占移民总数的比例最多，达到了86%，这一比例到1930年时下降到了35%，而南欧和东欧的移民比例则在此期间从3%增加到了48%。到1999年，欧洲移民的比例已下降至13%。而在此过程中，拉丁美洲移民比例从1%增长到了49%，亚洲移民从2%增加到了32%。由此可见，美国社会的种族问题成因复杂且随着时间推移人口组成也在变化。

社会隔离的表现是在空间上相对集中的居住，因此也有学者称这种现象为"居住隔离"。居住隔离的发生有家庭收入和种族歧视两个原因。首先，由于少数民族大部分从事技术含量低、薪酬低的工作，因此这些家庭难以负担白人社区的房租，从而被排除在白人社区之外。其次，种族歧视是指少数民族个体通过自身奋斗具有了购买白人社区住宅的能力，但由于种族歧视的存在，一方面白人不愿意少数民族进入自己的社区居住，地产商或房屋中介为保证不断有顾客购买所在社区的房产（顾客多为白人）则不得不引导少数民族远离白人聚集区；另一方面，少数民族自身的逆向选择也加剧了居住隔离的发生。最终导致的结果是，那些因为收入条件不能进入高档社区的少数民族就聚集在中心城市的贫民窟中；而已经取得了成功、获得一定社会地位的少数民族则会与自己相同种族的人居住在一起。

社会隔离的后果是为城市的社会稳定埋下了隐患。在美国历史上，整个20世纪20年代由于黑人大规模向城市涌入，导致黑人和白人争夺城市中的居住权，并形成了黑人贫民窟，进而引发种族冲突。到了大都市区化阶段，大量白人居民从中心城市移居到郊区或者远郊，以避开中心城市中的各种问题，种族冲突在其中占有相当大的权重。

社会隔离也导致新的社会不公。贫民窟家庭的后代出生之后很难摆脱社区留下的印记，由于得不到较好的教育，新一代的贫民窟居民难以在城市中找到谋生的手段，只能走向毒品交易、盗窃、抢劫等非法活动。这也为城市增加了新的不稳定因素。对此，各州、市采取各种措施应对，包括提供住房、宣布住宅市场中的种族歧视行为是非法的、提供直接的社会救助、提供住房补贴和教育补贴等多种手段。

8.4.3　环境污染

美国在工业化期间，由于城市中工厂排放废气城市空气被严重污染。被污染的空气中，温室气体产生温室效应导致气候变化，二氧化硫等进入城市水循环导致酸雨。在进入大都市区化阶段之后，中心城市与郊县间的通勤完全依赖汽车，从而导致温室气体排放对环境造成了严重的污染。中心城市的环境污染使得家庭和厂商都做出疏散决策，因此环境污染是美国大都市化过程的重要诱因。

生活废水和工业废水中含有耗氧物质，消耗水体中的养分，破坏水体中的生态平衡；富营养物质则刺激水体中的一些生物生长，同样破坏了水体的平衡。水污染通过排放和下渗进入地下水层，从而影响城市的供水。由于水循环过程异常复杂，对其进行建模评估受到多方面的限制，包括数据收集、动力过程描述和模型率定等。

城市生活垃圾和工厂固体废弃物处理遇到的问题就复杂很多。由于目前的技术手段限制，对固体废物仍然以填埋的方式处理。焚烧会造成二次污染，而废物回收利用仅占固体废处理的一小部分，在美国约13%的固定废弃物是回收的。在选择垃圾填埋场的过程中，往往容易遭遇邻避问题（Not In My Backyard，NIMBY），直译是"不要在我家后院"。应该说邻避问题是城市环境的典型问题，即厌恶型设施的选址问题。厌恶型设施导致的邻避现象主要是因为这类设施具有较强的负外部性，它的设置将对周围的居民产生不良的影响。因此，这种设施在任何地方布置都可能遭到反对。正如科斯所言，所有外部性问题都可以通过产权界定将其内部化。因此，如果认为居民对其周边的空气洁净具有产权，则放置垃圾填埋场之前应征求当地居民的同意，而放置之后要向当地居民提供赔偿（因为垃圾填埋场使用了洁净的空气，即居民的产权）。而如果将洁净的空气定义为城市共有的产权，任何人都有权使用，那么垃圾填埋场在任何地方设置理论上说都是合理的。如果当地居民反对设置垃圾填埋场，则他们可以支付一定的费用购买洁净空气的产权，从而使垃圾填埋场在别处选址。尽管理论上说可以通过产权界定来避免邻避问题，但美国的实践还是以环境公正为诉求，尽量将垃圾填埋场设置在远离人口密集区的地方，层层密封避免渗出液污染地下水源，从而避免邻避问题的困扰。

棕地是美国城市化进程中留下的另一个环境难题。棕地是指由于环境污染导致土地价值下降而没有被利用的商业或工业土地。棕地的开发需要付出较高的成本对土地进行清理，因此是私人资本不愿意进入的领域。但同时棕地又有强烈的负外部性，包括棕地的毒性可能向外扩展、棕地周边的物业价值被低估、棕地由于长期闲置可能成为犯罪高发地等。由于棕地具有负外部性、无盈利可能等特点，棕地的清理往往是由政府来完成的，如匹兹堡在棕地修建公园等公共设施。棕地的整理往往不是一蹴而就的，在完成首次清理之后还要继续检测棕地的情况，以避免棕地潜藏的有毒物质扩撒。

8.5 对中国的启示

8.5.1 大都市区化将是城市化的新形式

美国的大都市区化是在城市化率达到50%之后出现的。中国的城市化率也达到了50%，那么是不是也会出现大都市化的现象呢？从城市经济学的角度看，这是可能的。人口向城市聚集为城市带来规模效应和知识溢出是正外部性，但同时也带来了拥塞、空气污染、噪声等问题。由于家庭和厂商在空间中竞价决定了城市的空间结构，随着中国的工业化逐步走向成熟，一些利润低、负外部性强烈的厂商已经从中心城市搬离，转移到大城市的郊区或更外围的县城。由于大城市的地价高、劳动力成本高，固定资本投入较大的企业也往往倾向于在大城市的外围选址。企业的选址行为也影响家庭。在大城市的外围，房价比中心城市低，有适合的工作，环境还相对较好，使得家庭也向外围扩散。

值得注意的是，中国的情况与美国存在差异，这些差异可能使得大都市区化在中国会表现出不同的特征。从产业转移的角度来说，中国产业的转移有较强的政府干预色彩，地方政府出于产业腾笼换鸟、套现地租（中心城的地块价值更高)、城市形象等多方面的考量,引导企业外迁;而家庭的选址则仍然以中心城市为首选。这其中的原因如下:首先,中心城市生活配套设施比较齐备,无论是零售、娱乐、餐饮还是医疗、教育(特指中小学和幼儿园),中心城市由于发展时间长,其设施配置水平比较均衡,因此家庭往往愿意继续在中心城市内或边缘居住,从而享有城市的生活服务。其次,与美国不同的是,中国家庭的通勤往往还是倚重于公共交通,汽车还没有完全成为中国家庭的通勤工具。在这种情况下,长距离的通勤距离是成本高昂的。这意味着中国的家庭要花费比美国人更多的时间在交通工具上,因为公共交通不具备门到门的特性,集中和疏散的时间成本高于私人交通工具。还需要看到的是,当前中国的基础设施建设并没有达到美国大规模郊区化时的水平。美国郊区化是以汽车的普及和高速公路的大规模修建为前提的,但在中国联系中心城市与外围城市的高速公路还没有真正形成足以满足日常通勤要求的网络,这在客观上影响了家庭的选择决策。

美国大都市区化的过程,首先是交通工具的进步和中心城市状况的恶化使得中产阶级向郊区疏散,其次是商业、制造业和服务业的疏散。换句话说,是家庭的选址决策传导给了厂商。在中国这个过程却是相反的,厂商率先在城市外围选址,而家庭只能够被动地适应,并且适应的方式是以公共交通为主。从中美两国的对比来看,中国大都市区化的第一步是以城市扩张的形式出现。尽管国家一直在控制大城市的规模,但从结果来看控制效果远未达到政策预期的水平。城市不断向周边扩张,有地方政府土地财政的扩张冲动,也有城市自身发展的需要,这两者在政府—市场—厂商—家庭的博弈链条中是共同作用的。城市扩张的结果就是扩散效应逐渐成为主导因素,厂商从城市原来的郊区被进一步疏散到中心城市的外围。因此,中国大都市区化的第二步是制造业厂商离开老城,在周边能够与老城交通联系紧密的郊县选址。到第三步,中心城市与外围郊县的空间关系发生改变。中心城市与外围郊县的联系表现为中心城市为郊县制造业提供管理、标准制定、金融、会计、法律等服务,而郊县在新的制造业刺激下迅速成长为区域的中等城市,人口规模扩大(家庭进入)。

大都市区化是城市发展的必然规律,不仅在美国,在墨西哥、日本、英国、德国，都出现了著名的大都市区，如墨西哥城、日本东京、英国伦敦、德国鲁尔区等地区。中国的城市化要顺应这种趋势，但同时也要看到与其他国家的差异所在。中国当前户籍制与社会福利制度的捆绑使得迁居可能会造成家庭的损失，在一定程度上束缚了家庭灵活地对市场变化作出调节。另外，政府要在中心城市与郊县间提供方便快捷的公共交通方式；并且在居住区规划时，要以高密发展为控制要求，使大型的公共交通设施，如轻轨、地铁、城际铁路等能够发挥作用，减少城市拥堵，避免走美国大都市区化过程中相伴的"城市蔓延"的老路，造成不低碳、不环保、社会成本耗费巨大的城市化问题。

8.5.2 紧凑发展是城市化的正确选择

美国城市化中城市蔓延的发展方式已经产生了较多的社会问题，对此学界批评较多，大量论文集中在探讨城市蔓延对城市增加了温室气体的排放，以及蔓延式的城市化进程导致了空气污染加剧的问题（Bento et al., 2006；Kahn，2006；Brownstone、Golob，2009；Glaeser、Kahn，2010）。其原因在于，由于美国家庭依赖汽车通勤，长距离的通勤导致尾气排放增加；同时远离中心城市无法集中供暖，家庭采暖的能源消耗也增加了温室气体的排放。对此学界也有不同的声音，他们认为这些学者的分析是一种局部均衡，当在城市体系内考察一般均衡情况时，则紧凑城市未必是环境友好的（Gaigné，2011）。在这两种见解中，认为城市蔓延造成了城市不低碳、不环保的观点得到了实证研究的支持，而另一派的研究则尚在规范分析阶段，其成果有待进一步解释。城市蔓延除了带来环境问题，也造成了社会隔离和拥塞。由于就业向郊区转移，中心城市的贫民无法承担高昂的通勤费用，长期处于失业状态。而大量汽车通勤也使得大都市区拥塞成为一个令人困扰，又难以解决的问题。

对中国大都市区化有参照意义的是日本东京的大都市区。由于日本国土面积小，土地价格昂贵，日本的大都市区化走了一条密集发展、以大中城市发展为主体的道路。第二次世界大战后，日本通过经济社会改革，借助国际贸易和技术引进，经济得以复苏。人口涌入城市寻找工作机会，使得大城市越发拥挤，东京通过郊区化、再城市化不断扩大了规模。在城市公共交通方面，到1955年，东京仅银座、丸之内两条线，原有的通勤系统已不能满足通勤要求。因此，东京在1955年后相继投产日比谷线、三田线、东西线、浅草线、千代田线、有乐町线、新宿线等轨道交通线路。轨道交通满足了居民的出行要求，据统计1990年仅7%的通勤者采用汽车作为通勤手段，到2005年东京大都市区的通勤者有85%采用地铁通勤。紧凑发展加大型公共交通，使得日本东京大都市区没有出现如美国大都市区采用汽车通勤所导致的环境和社会问题。

对于中国的大都市区化而言，采用大型公共交通设施进行通勤是非常值得学习的经验。首先，美国的城市蔓延已经表明，这种低密度的城市发展策略在经济上是无效率的、对环境是不友好的，并且在社会生活中造成了新的不平等和社会隔离。其次，中国的汽车没有大规模使用，人均国土面积无法与美国相比，集约化使用土地是明智之举。最后，日本东京大都市区的发展经验表明，采用公共交通通勤是有效的。

从实施角度来说，大型公共交通设施要发挥功效，首先要有足够的人口密度提出通勤需求。这就要求城市的发展以紧凑发展的方式，高密度地安排居住区，从而降低向公共交通设施聚集的成本。其次，大型公共交通设施需要沿人口密集区分布，覆盖大规模居住区、商业中心、CBD等通勤需求高的区域。最后，要有其他灵活多变的交通工具与大型公共交通设施进行有效衔接，从而进一步降低聚集成本。

8.5.3 区域平衡发展需要国家支持

"阳光带"的崛起与当时美国处于产业转型、中心城市衰退的背景相关，更离不开联邦政府的大力扶持，包括增加西部和南部的就业、国防预算在"阳光带"投放、对家庭和企业的补贴等方式，使得厂商和家庭向南部和西部迁徙，造就了与"霜冻带"衰退期的不景气完全不同的经济和城市化景观。

中国的区域发展不平衡，东部发展较快，工业化和城市化的程度较高；资本、人才都更青睐东部，这种趋势自我激化，已经形成了一定意义上的"马太效应"。区域发展不均衡导致人口向发达地区的大城市聚集，城市越发拥挤；人口聚集之后地价增高，外来人口无力购买住宅定居，外来人口在故乡与工作地之间长期呈钟摆运动，造成了独特的"春运"现象，上亿人横跨中国迁徙；由于无法定居，也使得外出务工人员只得长期离开家庭，形成了空巢老人、留守儿童等社会问题。对于西部而言，由于东部的"马太效应"存在，工业化和城市化的道路似乎只能走承接东部产业转移的路子。

然而美国"阳光带"的崛起为西部的发展提供了后来居上的样本。联邦政府在"阳光带"崛起中所起的重要作用在前文已经论述，这里还需要指出的是，并不是靠政府投资偏向就能够解决西部发展的问题，政府的扶持需要针对西部各省份甚至各个城市自身的特点制订扶持方案。例如对于川渝两地而言，已经形成了以成都—重庆为双核心驱动的区域增长极，区域自身已有工业基础，如四川省德阳市的装备制造业，绵阳市的电子制造业，成都市的软件服务外包、金融、汽车、电子制造等产业；重庆市的进出口加工、汽车等重工业。同时，成渝两地具有相当的科研实力，如四川大学、西南交通大学、电子科技大学、西南财经大学、重庆大学、西南大学等一系列高校，能够为地方经济发展提供支持。从发展条件的制约上说，四川省的交通设施还不完善，还没有形成完备的高速公路网；城市数量、规模与东部相比较少，没有形成完备的城市体系。而对于重庆来说，其制约条件体现在山地城市用地紧张、工程开发成本高、城区面积大导致通勤成本高。从国家扶持的角度上说，对四川省而言，要进一步完善交通设施，投资扶持一批带动性强、产业链长、技术含量高的项目，从而带动全省经济增长和城市化进程。对于重庆而言，山地城市的基础设施建设投入高，尤其需要国家大力扶持。从区位角度上说，重庆地处长江上游，有运河可用，应该借助这个优势进行重工业特别是装备制造业的发展；在城区内建立起高速公路网和轨道交通网络，降低通勤成本，进一步促进城市化率的提高。

美国"阳光带"的崛起对于我国西北部的启示意义更大。中国西北部有大片的沙漠，气候干燥，与美国的"阳光带"特别是美国西南部具有相当强的可比性。由于我国西北部的交通现状不好，工程建设成本也较高，国家扶持可以从两个方面进行：一方面是将一些高科技产业布置在这个区域，生产原材料耗费少、产品体积小但附加值高的产品，从而带动区域的工业体系建立、推进城市化进程；另一方面，以国家资助、地方投资相结合的方式，加大基础设施，特别是交通设施的完善和修建，从而尽快融入全国市场，加入城市间竞争，吸引人才到西北部生活和工作。

8.5.4 基础设施建设是城市化的重要支撑

在美国城市化进程中，基础设施建设对人口聚集起到了重要的作用。随着交通运输技术的进步，城市的空间布局也随之改变。例如，伊利运河的修建使得纽约取代了费城成为美国第一大城市；铁路的修建伴随着美国人向西开拓的过程，也伴随着美国完成城市化的整个过程。到城市化完成时，美国形成了十个大城市，这很大程度上得益于铁路运输技术的革新使得运输成本下降，自然区位在生产中的重要性下降，从而促使经济进一步聚集。而高速公路的修建则引发了更为深刻的大都市化，其特征是中心城市的工业、人口向郊区转移，中心城市完成从工业向服务业的转型。高速公路的修建和小汽车的大规模普及改变了美国人的生活方式，也深刻改变了美国的城市结构。在大都市区化时代，美国的城市形成了以中心城市—外围郊县形成的中心—外围结构，围绕着中心城市产生了在空间中连绵的城市群。

基础设施建设的作用体现在降低运输成本、降低拥塞、提供必要的生产条件上。降低运输成本主要体现在交通设施的修建，如铁路、高速公路、机场等方面；降低拥塞表现在排水设施对城市污水和雨水的处置（从而避免污水在城市中传播疾病）、大型公共交通设施对通勤时间的节省（如地铁、城际列车）方面。而提供必要的生产条件表现电力、供水等方面。通信部门的作用则在于降低信息获取成本，间接降低运输（通勤）成本。

基础设施对城市内部、城市间的空间形态都起到塑造作用。从经济学角度来说，基础设施的修建改变了城市的生活和生产方式。对于中国而言，尽管我国政府在基础设施上一直大规模投入，但与美国相比仍存在一定的差距，特别是由于投入水平的不同，基础设施建设在区域间存在差异。

美国的铁路和高速公路修建实践给我国基础设施建设融资提供了可供借鉴的经验。目前，我国基础设施建设的融资渠道单一，导致地方政府为了在城市竞争中获得主动，不得不依赖土地财政并将生活性基础设施的建设维持在达标水平，使得拥塞现象尤其凸显。对此应采取以下措施：首先，对于可能有盈利性质的基础设施，可以以出让经营权的方式吸引私有资本进入，减轻地方财政的负担；而对于盈利可能性不大、具有公益性质、超前于需求的项目，则应该由中央和地方两级财政分别承担，并且中央政府的补贴力度应该与盈利可能性成反比、与地方政府的财力成反比。其次，对于具有强外部性和网络效应的基础设施，如高速公路、铁路，需要在国家层面进行统筹和协调，或者在省际层面建立合作关系，处理好投入与受益之间的关系。最后，可以采取出让基础设施附属土地的开发权、经营权的方式吸引私有资本进入。美国在高速公路修建中出让了联邦政府10%的公共资产资助，促成了美国四通八达的高速公路网络的形成。在公益性强、地方政府财力不够的情况下，通过这种间接的方式对基础设施建设项目进行补贴，对于当地生产效率的提高、当地居民福利提高都是有益的。

8.6 本章小结

本章回顾了美国城市化的过程，以及与城市化密切相关的产业和基础设施对城市化的影响，进而对美国城市化过程中产生的问题进行了分析。从美国的城市化经验可以看到，尽管美国的城市化进程是一个以市场为主导的过程，但政府干预也起着重要的作用。如果没有政府的干预，美国的"阳光带"不会在短短十年的时间里后来居上，也不会有美国发达的高速路网和铁路，这些都是政府干预的积极作用。但是，也正是政府干预，如提供住房补贴、能源定价政策、城市规划等导致了城市蔓延，受到学界广泛的关注和批评。因此，美国的城市化历程表明，政府在城市化进程中既要扮演负外部性的消除者，如修建大型交通设施、征收拥堵税、建立碳排放交易市场、城市废弃物处理；又要扮演起正外部性的促成者和网络效应的协调者，如联邦政府在形成贯穿全国的交通网络中提供大量的资助和加拉廷报告对交通网络的前瞻性设计；在中心城复苏中为穷人提供就业培训和生活救助；在消除社会隔离中所做的努力等。

中国的制度与美国有很大区别，因此美国的经验对虽然中国有借鉴意义，但同时也要注意两者的差异。中国城市化率已经超过50%，这是一个具有里程碑意义的事件，中国的城市化进程将进入一个新的阶段。按照日本和美国的例子，接下来将会是大都市区化的阶段。在这个阶段，中国要走中心城市高密发展的道路，避免美国城市蔓延、低密的环境和经济不友好的方式；同时，中国要补上区域平衡发展这一课，形成东、中、西部同时发展的局面。特别是在西部，要完善城市体系，形成一批能够承接首位城市功能的大中城市，为大都市区化和城市连绵带时代的到来做好准备。

9 对策与建议

城市化是经济增长的必由之路。没有城市化的工业化或经济增长是低效的，也是难以持续的。本书通过对中国城市增长规律的研究，城市效率时空分布规律的研究，以及对城市化进程和城市效率产生影响的因素，包括基础设施、生产要素投入、产业结构以及城市的自然地理特征和区域特征等因素的研究，揭示了中国城市化进程中值得借鉴的经验和值得注意的问题。本章将对这些问题进行总结，有针对性地提出发展目标，最后对中国今后的城市化道路提出政策建议。

9.1 城市化中问题产生原因的分析

中国城市化的进程经历了反城市化、乡镇城市化、限制大中城市的城市化以及逐步放开的城市化几个阶段。通过本书的研究可以认为，在城市化取得巨大成就，为经济发展提供有力支撑的同时，仍然存在城市效率不高、半城市化、基础设施缺口和产业结构转变等问题。这些问题在城市化的进程中出现，也必然要在将来的城市化进程中解决。

9.1.1 城市效率问题

通过对中国地级以上城市1985~2009年投入—产出数据的分析，中国的城市效率在总体上是不断提升的，特别是在20世纪90年代，由于技术进步带来的全要素生产率的巨大提高，中国城市化进程在这一时期也相应地加快。从区域间的演进规律来看，城市效率具有从发达地区向不发达地区逐步提高的趋势，这一规律采用马尔科夫转移矩阵得到正式的确认，使得我们相信城市的效率具有区域间收敛的倾向。这是因为在产业升级和转移过程中，落后地区通过承接发达地区的产业从而获得技术进步导致的生产效率提高。

通过城市投入冗余的分解，可以发现在人力资本投入、固定资本存量和土地投入这三者中，前两者的冗余度都具有逐年下降，且相对落后地区冗余度逐渐下降向发达地区靠拢的倾向；而土地的投入则没有表现出这种趋势，并且在三种投入要素中，土地要素的冗余量一直是最高的。这表明在城市化进程中，城市的无序蔓延导致了城市的土地没有得到有效利用，从而导致了投入量冗余。这背后的原因是城市政府偏好更为便宜的蔓延式发展而非建设成本稍高的"内凝"式发展。在城市化进程中，城市的扩张和蔓延是不可阻挡的趋势，但这需要在旧城和新区之间取得一定的平衡。诚然开辟新城区的代价更小，但由于处于城市的边缘，城市中的各种外部性对于这些区域而言就不能那么方便地获得；此外开辟新的城区需要在基础设施上重新投入，包括修筑公路、寻找能源和通信接口、安排废弃物处理装置等，这对于城市效率也有一定影响。

对城市效率产生显著影响的因素可分为社会经济、生产投入和自然地理条件三类，本书的研究说明前两类的影响将是主要的。城市效率受到城市规模、生产要素投入、基础设施和城市行业结构的影响。这里特别要指出的是，中国所有发展水平上的城市效率都对第二、第三产业占 GDP 份额之比有负的效应，这表明服务业的发展对于城市效率的提升具有非常重要的意义。

城市的发展规模在控制了城市地理特征和城市区域位置之后依然表现出对城市效率的显著积极作用，这表明聚集经济对城市效率提升有所贡献。基础设施特别是公路的修建对于城市效率的提高具有显著的积极影响，这是因为交通便利使得商品的运费下降，从而能够达到更远的市场；生产要素的流动成本下降，使得城市的聚集效应在一定程度上比城市本身有的资源禀赋更为重要。简言之，基础设施的修建放大了人口聚集带来的规模效应和正外部性，从而使得城市效率进一步提高。

通过对城市全要素生产率的变动情况进行分解,可以发现在20世纪90年代,中国城市效率提高的主要驱动是技术进步,在此之后技术出现了一定退步,全要素生产率的主要贡献因素是效率进步,即生产要素更合理的配置而非技术进步。这或许是城市效率在进入21世纪之后提高速率降缓的一个原因,这也成为城市效率继续提高需要解决的问题。如何通过技术进步来驱动城市效率的提高,而不是用投资和城市蔓延来驱动经济增长,这是城市效率研究有待回答的问题。

9.1.2 城市人口规模与用地规模间缺口产生的原因

半城市化包括城市空间扩张的速度过快导致人口城市化速度低于土地城市化的速度、农村人口进入城市之后与城市生活的脱节以及受政策影响导致的城市化不足等方面的问题。半城市化的内涵丰富,因此本书从多个角度对此进行了检验。

9.1.2.1 城市的无序蔓延

新中国成立以来,中国的城市化率从18%增加到48%,以平均每年1%的速率递增。然而城市建成区面积扩张了50%的同时城镇人口只增加了26%,城市化进程中土地的城市化速率超过了人口的城市化速率,这被称为"伪城市化"(Pseudo-Urbanization)。伪城市化出现的原因在于两个方面:一方面是城市的迅速扩张把城市边缘的农村划为了城市,使得中国的城市化体现为空间范围的扩大;另一方面由于户籍制度的限制,进入城市的农民从身份上没有转变为市民,从生活水准上没有享受到城市居民相等的福利。Chan(2008)等表明伪城市化现象为中国城市化进程设置了障碍,提高了农民进入城市的门槛,进而影响了整个城镇体系的生产效率。

从中国城市密度与世界各国城市密度和经济增长关系的对比研究可以发现中国城市化进程中一个特殊的现象,即中国在城市化水平不足50%、工业化尚未完成的阶段已经出现了类似郊区化的现象。然而这并非发达国家在产业向服务业转移、交通设施非常完善的前提下进行的郊区化。发达国家的郊区化伴随的是人民生活水平的提高、耐用消费品的普及、城市地租和劳动力成本带来离心力作用导致的郊区化,其背后是厂商和家庭利益最大化的共同选择;而中国的城市密度降低,则是在各种城市化水平和城市发展水平下都出现的现象。它不同于发达国家郊区化的方面在于，首先这是地方政府竞争投资的产物，地租被扭曲导致城市蔓延只是厂商和政府利益最大化的选择，家庭则只是付出了额外的通勤成本；其次这是没有发达的基础设施支撑的蔓延；再次从产业形态来讲，大部分中国城市依然处于向工业化过渡的时期，在努力完成专业化生产的过程中，此生产方式是需要在工作时见面完成的；最后，以汽车为代表的耐用消费品并没有普及到家庭。

中国城市化进程中伴随着农村土地转化为城市用地和对汽车的过度依赖（Henderson，2009）。地方政府的扩张动机来自于对政绩的追求和对土地财政的依赖。另外，财政上的激励将农村土地转化为城镇用地。城市发展有两种方式：一是占用城市边缘的农村土地，二是将城市内低密度的用地翻新二次开发。由于直接征用农村土地的建设成本远低于城市翻新，地方政府更愿意采用直接征用农村土地的方式。这种发展模式必然导致城市蔓延。

应该看到，城市蔓延的后果是不经济的。城市经济学认为，合理的建设密度坡度是由城市中心向外围逐步递减。当前这种扩张方式的必然结果是中心城市衰退和城市的郊区化。城市的盲目蔓延使土地利用效率低，且没有把具有高地租、占有方便交通设施和商业服务的中心城市土地的自身价值发挥出来；同时，城市快速扩张还带来了居民出行成本上升、基础设施建设与城市扩展速度不匹配等一系列问题。

因此，中国城市的蔓延不是与发达国家相同的郊区化过程。研究发现，无论是在发达国家还是在中等收入国家或者低收入国家，城市密度越高都越能导致产出水平的上升；而中国的情况则恰恰相反，随着城市密度逐年降低，城市的产出水平受到城市蔓延的负面影响。这充分表明城市化进程中的无序蔓延并不是中国城市发展到郊区化阶段的产物，而是地租价格被压低后产生的问题。

9.1.2.2 城市规模偏小

由于资源过度集中于一线城市，城市规模分布出现了两极分化。一方面，北京、上海、广州等城市，由于集中了最优质的资源、提供了最多资本与厂商接触的途径以及有偏向性的财政支付转移，成为企业和劳动者聚集的首选,过度的聚集已经导致了这些城市的拥塞。另一方面,则是中国大量的城市面临着规模过小而难以获得规模效应和聚集带来的外部性的问题。出现这种两极分化的根源在于,城市规模越大的城市越可能获得财政支持、越可能获得投资、越可能有更加完善的公共产品。这导致了一种"马太效应":越发达的城市获得的资源越多,发展越迅速,进而聚集越多的资源;而中小城市则一直处于规模不经济的状态,也无法获得发展所需要的财政支持和投资,两极分化将更趋严重。

通过与世界各国城市化率与经济发展水平关系的对比,发现了中国城市化率在1960~2009年一直滞后于经济发展水平。然而在20世纪90年代之后,城市化率的缺口在不断缩小。这与中国逐步放开城乡间流动壁垒和城市间人口流动壁垒有关。尽管如此,城市化率偏低给中国城市化的效率带来了损失。奥和亨德森(Au、Henderson,2006)表明,中国一半以上的城市由于规模小于最佳规模而处于规模不经济状态,并且城市规模过小导致的效率损失大于城市过度积聚带来的损失。这与本书的研究结论具有一致性,由于人口规模偏小,中国城市的效率损失普遍为1%~10%,在特大城市这种损失甚至达到了40%。

本书研究表明,城市规模缺口最大的城市依然是特大城市,包括北京、上海、天津、重庆等,城市规模缺口造成的效率损失最大的也是这些城市。由于聚集经济的作用,劳动力向城市聚集产生的规模效应和知识溢出使得城市在不断扩大的过程中在经济学角度上能够接受一定程度的拥塞。要使聚集经济发挥最大作用,需要允许城市自由发展,使聚集的正负两种外部性,即向心力和离心力取得均衡,从而获得最高的城市效率,改善全社会的福利水平。

9.1.3 基础设施缺口产生的原因

基础设施对于城市化具有双重意义:一方面,基础设施的完善使得城市能够容纳更多的人口,从而使城市规模扩大,聚集经济的效应得以体现;另一方面,基础设施使得运费降低,从而使生产要素更容易流动,商品到达市场的冰山成本得以降低,促进城市间的竞争和发展。同时,基础设施具有的网络外部性和投资高、回报周期长的特点,使得基础设施的提供不能完全依靠私有资本来完成,从而使得基础设施缺口的研究具有政策指导意义。

本书研究已经表明,中国城市的基础设施是存在缺口的,并且不同发展水平的城市对基础设施的需求度也不尽相同。对于发展水平较低的城市而言,核心基础设施,包括交通、能源和通信部门的缺口更大,这些部门的基础设施投入对经济增长的促进作用也更明显;而对于发展水平较高的城市而言,核心基础设施同样存在缺口,由于规模效应的存在,基础设施的投入往往能够比低发展水平的城市收到更大的效果。

从非核心基础设施,包括教育和医疗设施的缺口来看,发展水平较低的城市缺口更大。这与地方政府对自身角色的定位有关。对于发展水平较低的城市而言,由于财力的限制和考核目标导向,地方政府更愿意在能够直接刺激经济增长的领域投入,从而导致在医疗和教育上的投入不足,造成了非核心基础设施部门的缺口。

基础设施建设的缺口主要由以下两个方面的原因造成:

9.1.3.1　城市竞争导致短视的基础设施建设策略

政府官员为获得晋升需要扩大经济规模、提高经济增长率。在城市接受财政转移支付和税收既定的前提下,官员的激励是在提供最低要求的城市基础设施的前提下,调动一切可以调动的资源吸引流动性生产要素进入城市,促进当地的经济发展。由于基础设施具有投资规模大、回收期长、回报率低的特点,作为理性人的地方政府往往不愿意提供超出最低水平的基础设施。而追求利润最大化的私有资本一方面没有意愿参与基础设施建设,另一方面由于基础设施市场并没有开放,也没有进入的渠道。这就导致了基础设施的资金缺口得不到解决,城市往往只提供恰好满足或者略高于最低要求的基础设施。

我国通信、能源两个部门的供给是高于国际平均水平的,而公路的缺口随着城市化的深入也在逐步缩小;但教育和卫生两个部门的缺口一直持续不变,甚至有扩大的趋势。这种趋势是城市竞争的直接结果。通信、能源和交通部门的投入能创造更好的投资环境,因此地方政府为了吸引生产要素加强在这些方面的投入;相反,由于教育和卫生部门的投入短期见效难,不能直接吸引厂商,地方政府往往仅提供最低要求的设施。

9.1.3.2 融资渠道单一

地方政府用于基础设施建设的资金来自支付转移、银行贷款、土地出让金等。在实行分税制之后，由于财权层层上收、事权层层下放，地方政府的财力与经济发展所需要的资本投入之间存在着缺口，这也是如前所述对土地财政产生依赖的传导路径。

由于融资渠道单一，地方政府为了参与城市竞争，不得不将资本投入到能够迅速吸引资本的基础设施建设上，这与城市竞争下的短视投资策略是相互作用的。

9.1.4 城市化与工业化缺口问题

布莱克（Black）和亨德森（Henderson）指出，1950~1970年，美国的大都市产业专业化为钢铁、纺织、汽车、造船、飞行器、造纸、石油化工等行业，大多数城市在多数制造业中就业人数为0（Black、Henderson，2003）。而中国的城市由于过分追求GDP增长，粗放招商模式导致了城市间产业结构雷同的问题。产业结构雷同一方面使产能过剩；另一方面使城市对抗外生冲击的能力降低，城市面临经济波动将更为脆弱。

由于地方政府间为争夺投资出现竞争，追求经济增长数量而非增长质量，城市间重竞争轻合作，地方政府在发展理念上存在贪大求全的思想，多个行业同时发展导致了城市专业化不强的问题。城市经济学区分了马歇尔—阿罗—罗默技术外部性（Marshall–Arrow–Romer Externalities）和雅各布斯外部性（Jacobs Externalities）对不同行业的作用。亨德森（Henderson）、昆科罗（Kuncoro）和特纳（Turner）表明，马歇尔—阿罗—罗默技术外部性出现在一个行业内，在传统的工业领域专业化程度越高，规模效应越显著；雅各布斯外部性出现在行业多样化的城市中，在新兴工业领域行业越多样化，知识溢出效应越明显（Henderson、Kuncoro、Turner，1995）。格兰泽等（Glaeser et al., 1992）也证明了同样的结论。

城市的产业结构与城市的发展水平、城市规模具有相关性。城市规模越大，产业就越具有多样性，越享有雅各布斯外部性；当城市规模小时，城市的产业门类则应该以专业化生产进行选择，即发展属于经济学家称为"传统工业"的产业，以享受马歇尔—阿罗—罗默技术外部性带来的生产效率提高。

9.1.4.1 户籍制度的限制

户籍制度是我国在工业化初期以高效利用稀缺资源、维持社会稳定为目的，以城市提供的就业机会较少为背景采取的人口登记和管理制度。客观地说，户籍制度在工业化初期确实起到了加速工业化、维持社会稳定的目的。但随着经济发展，户籍制度已经日益成为我国城市化的桎梏。

尽管在1984年10月，国务院发布《关于农民进入集镇落户问题的通知》允许农民"自带口粮"进入城市，在客观上促使中国城市化进入了一个新的时期。同时，20世纪90年代之后，取消粮票制度、小城镇户籍制度改革都鼓励了农民进入城市发展。但绑定在户籍制度上的社会福利，包括教育、医疗、养老、失业等并没有相应地分离，从而使得户籍制度仍然制约着我国城市化的进程。

9.1.4.2 逆城市化思维的限制

"逆城市化"（Counter-Urbanization）本指城市化发展到一定阶段后人口向小城镇疏散的过程，但这个现象在处于高速城市化阶段的中国提前出现，其背后原因是政府逆城市化的思维。

逆城市化思维的直接表现是国家五年计划规划中关于城市化的表述。"六五"计划至"八五"计划，城镇建设一直是坚持"控制大城市规模，合理发展中等城市，积极发展小城市的方针"；"九五"计划和"十五"计划改为"大中小城市和城镇规模适度，布局和结构合理的城镇体系"，改变了控制规模的提法，但仍然坚持发展小城镇；"十一五"规划和"十二五"规划中尽管仍然保留了小城镇发展的表述，但增加了发展城市群、发挥特大城市和大城市的中心城市功能等新的内容，表明逆城市化思维随着城市化的深入在不断转变。

与此对应的是，改革开放之前人口流动被限制，农村人口向城市流动呈现出"非个人化"的特征；改革开放之初以乡镇企业兴起为标志的"离土不离乡"的工业化策略试图以就地非农化回避城市化的问题，是逆城市化思维在20世纪90年代中期之前的体现；在90年代中后期，1998年、1999年、2001年中央经济工作会议都将小城镇建设作为替代城市化的方案，小城镇建设发展是逆城市化思维的延续。

9.1.4.3 资源高度向上聚集

资源分配时高度向行政地位更高的城市倾斜，导致了区域发展不均衡，进而形成"马太效应"。在接受政府支付、吸引私有资本、吸引人力资本方面，一线城市比其他城市更具有优势；省会城市比其他地级城市更具有优势；地级市比其下辖县更具有优势。高度向上集中的资源配置使得吸收农业劳动力转移的中小城市发展受到制约，进而使其吸纳新市民的能力下降，从而阻碍城市化进一步发展。

行政地位更高的城市由于获得了资本、人才的青睐，创造出更多的就业机会，并能提供更好的公共设施和服务，从而进一步使资源向其集中。这种强者越强的"马太效应"有促进城市更好发挥规模效应、形成城市群落的作用，但同时也造成了后进城市发展机会上新的不平等，最终导致区域发展差距不断拉大，这是造成农民工长期在故乡和工作地之间钟摆式迁徙的一个原因。

9.2 现代化城市体系的特征

9.2.1 城市规模分布合理

生产要素在空间的聚集产生了生产的外部性和知识外溢，促使生产效率提高；并且城市拥有的公共服务设施、便利的交通设施和在到达消费者、资源、资本、劳动力方面的优势，使得厂商为追逐利润最大化而在城市或城市周边布局，使得聚集过程持续。聚集的同时也带来拥挤，包括通勤时间增加、地租上升、公共产品投入成本增加等。研究表明，城市的收益（以城市产出或人均收入测度）与城市规模呈现倒"U"形关系。当城市运行小于最佳规模时，扩大规模将提高城市效率；当运行大于最佳规模时，将会为规模不经济支付成本从而导致城市效率下降。因此，现代化的城镇体系中的城市应该有适度的规模，以期达到城市经济效益最大。

城市的最优规模是由城市的专业分工所在行业的生产函数决定的，而城市的分工是跟它在整个城镇体系中的地位密切相关的。此外，城市所在的区位决定了它获得资源的运输成本和市场规模，城市的地理环境决定了其扩大规模的成本，因此决定了城市的最优规模。

现代化城市应该在聚集的规模经济和因此带来的负外部性的张力间取得平衡，既充分发挥聚集带来的规模效应、知识溢出带来的高效率和发明创新，又避免过度聚集带来的拥塞。对于单个城市而言，向心力与离心力取得均衡时就是合理的城市规模；对于城市体系而言，则需要特大城市、大城市和中小城市共同构成一个完备的城市体系。城市体系在空间上要形成区域中心城市带动周边城市发展的格局。由于中国的人口众多，不能寄希望于现有的特大城市、大城市完全吸纳从农业部门向城市转移的人口，这就要求在已经成为区域中心城市的地方发展新的大城市和特大城市，从而在空间布局上解决城市体系发展的区域不均衡问题。

9.2.2 空间结构合理

城市的空间结构合理以极大程度地发挥城市聚集功能，降低由于聚集带来的拥塞为目标。这就要求城市居民的总出行时间最短。一方面，出行起点如居住用地、出行终点如商业、行政用地应尽量靠近大型公共交通设施，如公交线路或地铁站点。另一方面，为了使土地得到最优效率的利用，城市应采取高密发展策略，容积率应是从城市中心向城市边缘递减，这在降低了紧张的城市用地消耗的同时也减少了居民总出行时间。

从用地空间布局上讲，合理的空间结构应该是适当的混合和隔离。商业、居住、办公和城市绿地等用地类型恰当混合，能够提高居民生活的舒适度，减少出行开支。而具有负外部性的用地，如带来噪声或者环境污染的用地类型则应该与居住、商业、教育等用地类型严格隔离，尽可能减少或消除不利影响。

从空间尺度上说，应该以人为本，避免"为汽车修建城市"。这就要求在居住、商业用地内应该以小街坊、窄街道为主，提高居民生活的舒适度。

9.2.3 城市产业高级化

发达国家的经验已经表明，大城市中占主导地位的产业不再是制造业，而是服务业。以纽约曼哈顿各行业雇员占总劳动人口的百分比为例，仅1.8%的雇员在制造业工作，金融服务业雇员占12%，保险业占25%，商业服务业占7.5%，广告业占15%，其他雇员分布在公司总部和金融总部。在日本东京、英国伦敦、法国巴黎都是这种情况。实践表明，大城市由于拥有多样化的经济基础，在现代化的城镇体系中扮演的是高层次定制服务的提供者、创新的孵化器、商品的分销者的角色。

产品周期理论表明，当生产技术标准化之后，这种商品的生产将被分散到城市规模较小的城市。在实践中，制造业往往郊区化或者被离心力推向地租更便宜、劳动力成本更低廉的中小城市。在过去的10年中，日本、韩国、哥伦比亚、印度尼西亚等国家的制造业都出现了郊区化的趋势。

因此，从理论和实践证据来看，现代化城市的产业安排要从城镇体系的角度进行组织安排，城市间应该充分分工与合作。大城市向服务业和R&D的方向发展，而中小城市利用自身在地租和工资上的优势承接来自大城市的成熟技术。

9.2.4 城市扩张形成城市群

城市群产生的驱动力来自于聚集导致的外部性和规模效应。在技术上依赖于汽车的普及使得长距离的通勤成为可能。格兰泽（Glaeser）和卡恩（Kahn）指出，汽车的使用从根本上改变了美国人生活和工作的方式，更低廉的交通成本使得企业和家庭能够在更分散的环境中组织其活动。由于人口集中导致的城市拥塞，城市出现郊区化使城市的边界不断扩大最终使城市连绵相接从而形成城市群。

由于城市群的产生是以中心城市为核心的生产要素先聚集后离心化的过程，在此过程中产业不断向远离中心城市的方向转移，因此城市群除了在空间上的毗邻，还在产业结构、经济发展方面具有内在的联系，在一定的空间内形成了产品周期循环。因此，城市群的出现和成熟是城市现代化的一个重要特征。

9.2.5 生产方式国际化

随着运输成本下降、通信技术日益发达，经济全球化成为不可阻挡的发展趋势，城市的国际化或全球化是城市现代化的高级形式，具有代表性的如纽约、伦敦、东京等大都市，吸引了来自世界各地的金融资本、公司总部和研究中心，其产业结构向服务业高度倾斜，以金融、贸易、研发、广告、物流等为主，在世界经济运行中发挥枢纽作用。

9.2.6 城市居民生活舒适

城市吸引生产要素的原因是外部性和规模效应，而吸引劳动力的因素则是城市能够提供的公共产品、设施和服务。在现代化城市中，城市居民的生活舒适首先体现在高度社会化的生活服务上。现代化城市的第三产业高度发达，居民的生活由传统的在封闭家庭中完成转而由购买服务完成，进而节省时间并提高效率。其次，城市居民的生活舒适体现在现代化的城市中提供完善的公共产品，包括社会保障体系、公共交通设施、娱乐设施、教育和卫生设施等。

9.3 对城市化道路的政策建议

针对中国在城市化中存在的问题，本书认为，城市的现代化进程是一个系统工程。因此，在现代化进程中首先要解决好城市间关系。从城镇体系的角度安排城市间的分工与合作，在区域内形成产业链和层次分明的城镇结构，各城市根据自身在城镇结构中的功能和自身的资源和区位优势，在体系内发挥各自的作用。其次，要在城市内部充分利用聚集带来的规模效应和外部性，特别是要处理好聚集带来的规模经济和拥塞之间的关系。最后，城市的现代化不可能离开农村的现代化而孤立存在。长期的城乡二元结构导致的城乡巨大差异，使得农村的现代化任务相比其他国家更为艰巨，也更具有全局意义。

9.3.1 逐步发展：从小城市到大城市

根据城市经济学的理论和实证研究证据以及发达国家的经验，不同规模、不同禀赋的城市在城镇体系中发挥的作用不同，这就要求在产业结构上做出不同的安排。第一，特大城市和大城市应专注于服务业、研究开发和知识创新，形成成熟和标准化的生产技术后扩散到中小城市进行生产。因此，特大城市和大城市在城镇体系中扮演的角色是服务导向和知识导向的，这就决定了其在产业结构上应该以服务业和多种门类的行业为主，将制造业视其在产品周期所处的阶段疏散到城市边缘或中小城市。多样化的行业更能够享有雅各布斯外部性带来的行业间知识溢出。

第二，中小城市主要从事制造业。布莱克和亨德森表明美国的制造业选址地点经历了特大城市生产、郊区化、中小城市和落后国家的过程。就中国当前所处的阶段而言，中小城市在城镇体系中主要扮演制造者的角色。在产业结构上，除城市基本的行业，如通信、物流、信息技术服务和公共产品等行业之外，中小城市应在特定的某一个或几个行业内进行专业化，一方面要形成自身在区域内的独特地位，另一方面充分的专业化能够为城市带来马歇尔外部性进而获得更高的生产效率。

第三，要转变逆城市化的思维。城市是经济活动在空间中聚集以获得规模效应和溢出效应的产物。逆城市化的思维是对城市化进程的阻碍因素，需要予以转变。事实上，中国的发展经验已经表明，试图将农业人口就地转化的方法是不经济的，也是不可持续的。

转变逆城市化思维，首先要求大中小城市协调发展。大城市在城市体系中扮演新产业、新技术、新产品、新思想成长孵化器的角色，向周边的中小城市提供金融、技术、财务、法律、教育、物流、商贸等服务，带动区域经济增长。中小城市在城市体系中扮演大规模、专业化商品生产者的角色，承接大城市的产业转移，与区域中心城市形成相互促进、共同发展的良性互动关系。

其次，转变逆城市化思维的突破口在于户籍制度的改革。户籍制度限制了人口流动，不仅使进入城市的农民在制度上被歧视，在经济上、文化上、社会关系上不能融入城市，同时也限制了城市居民在城市间的自由流动,从而使劳动力资源的流动性下降,降低了劳动力资源的配置效率。改革户籍制度的根本在于将附着于户籍制度之上的社会福利剥离出来,为所有公民编制可靠的社会福利和社会保障网络,这就要求对包括教育、养老、医疗、住房在内的公共产品加大投入,满足日益增加的需求。

最后,转变逆城市化思维,必然要区域发展均衡。从我国城市体系的发育情况来看,东部城市的城市体系发育比较健全,而中西部城市体系还需要进一步完善。通过区域均衡发展,在目前发展后进的地区提供更多的就业岗位、与发达地区可竞争的劳动报酬,从而引导劳动力流动的方向,缓解北上广等一线城市的扩张压力,促进城市健康发展。

9.3.2 市场调节与政府调控相结合

一方面,政府调控能够纠正市场在社会公平性上的失灵。市场的作用在于使生产要素获得最优效率的配置。然而在保证生产要素效率的同时,城市的健康发展也要结合适当的调控措施保证公平。城市经济学认为,市民在城市中居住所获得的收益是其支付的房租与土地实际价值之差,这最终导致了亨利·乔治定理(Henry George Theory):达到城市最优的福利需要向居民征收庇古税(Pigouvian Tax)以抵消居民获得的那部分土地价值,并采用所得税费补贴城市的公共产品,补偿劳动收入差异。

另一方面,聚集带来规模经济的同时,也会带来拥塞。城市政府利用调控政策选择城市的发展路径,恰当地安排产业,尽可能消除聚集带来的拥塞,利用好规模效应和知识溢出。

政府在城市化进程中扮演着公共产品的提供者、市场规则的制定者和维护者、市场失灵的补充者和生产活动的协调者的角色,是中国城市化进程中的重要角色。以经济发展为主要指标的考核体系使得城市间的竞争日益恶化,城市内的公共服务提供不足,城市边界日益扩大。因此,要通过调整官员的考核体系,形成城市间既有竞争又有合作的局面,通过错位竞争、优势互补,共同发展,促进区域经济又快又好地发展。

政府要扮演好自己的角色,就要调整官员的考核体系,这首先要淡化GDP的权重。诚然经济增长是城市存在的重要原因,但不是最终目的。城市的终极目的是指向城市中的人的,即要提高城市居民的生活舒适度,提高社会的整体福利水平。认清这一点,就能够从众多的发展指标中重新组合形成新的体系以替代 GDP 为主的指标体系,以市民生活舒适度、社会福利水平为考核重点,使得地方官员有激励改善城市中的基础设施投入不足的状况,为经济长远发展打下基础。

调整官员的考核体系,必须因地制宜、避免一刀切。不同的城市,其自然资源禀赋、人力资源、地理区位、基础设施等经济发展的条件均不相同,因地制宜的评价体系有利于形成多样化的城市发展形态,对于落实经济发展外的目标具有重要意义。例如,以国家主体功能区为指导,在限制开发和禁止开发的区域,考核体系中应该以环境治理、环境保护为主,从而真正落实主体功能区的战略意图。

调整官员的考核体系,应该配合以适当的财政激励。城市经济学已经表明,城市居民在城市中付出的居住成本低于社会平均成本,因此存在外部性,从而导致拥堵。当前地方政府的税种主要与经济发展水平相关,而与城市规模无关。如果针对城市居民未偿付的"外部性"部分征收类似庇古税的税收以补偿城市为治理拥塞付出的成本,能够激励官员为扩大城市规模而努力,从而激励提高城市居住的舒适度,这又将吸引更多的人进入城市,从而形成良性循环。

9.3.3 拓宽融资渠道,多方参与基础设施建设

为基础设施建设拓宽融资渠道,首先要开放基础设施市场。发达国家的经验表明,即使是公共产品和服务,在一些部门私有资本相比公共资本更具效率。因此,应开放基础设施市场,采取 BOT、BT 等多种方式吸引私有资本参与基础设施建设,解决融资难题,并通过与公共资本的竞争整体上提高公共产品和服务的供给效率。

其次应该适当地使用金融工具。城市不可能无限扩张,土地财政也是不可持续的。在今后,应该考虑在金融市场中获得资金后投入基础设施建设。地方政府获得上级政府的同意后,通过其代理机构发行有价债券获得资金,将其投入基础设施为社会提供公共产品和服务,吸引流动生产要素进入城市,提高城市生产效率,促进城市经济发展。

最后要坚持政府的协调者角色。基础设施具有外部性和网络效应,因

此公共产品和服务市场存在市场失灵现象。例如，自来水厂商出于利润最大化目标仅在铺设水管成本较低、收益高的中心区域提供服务。在拓宽融资渠道、带动多方参与的同时，政府要做好整体规划和协调工作，既要保证基础设施运行有效率，又要保证公共服务和产品供给的公平性。

9.3.4　扩大开放

（1）对外开放。国际化是现代化城市的特征之一。在现代化进程中，国际化是发展中国家发挥比较优势和后发优势的重要途径。通过国际化，发展中国家可以引进经济发展急需的技术、资本和管理经验，加速工业化和现代化进程。

另外，一些特大城市，如北京、上海、广州等，要在国际金融、贸易中发挥自身的作用，提升国际影响力，向纽约、东京等全球城市靠拢。

（2）对内开放。首先要建立健全生产要素市场。在建立了全国统一的商品市场之后，中国尚需在国内建立起统一的土地市场、劳动力市场和资本市场，使生产要素能够得到最优效率的配置。劳动力在城市间自由流动是提高生产效率的重要因素，并且随着城市现代化进程不断深化，农村劳动力向城市流动将是一个持续的且具有长期效应的过程，因此解决劳动力流动的问题非常必要。

其次，城市间既要有竞争，也要有合作。城市间的竞争体现在对劳动力和投资的竞争上，并且要改变目前以低地价、税收政策优惠等损害当地政府利益的零和博弈竞争。要以创造良好的投资环境、生活环境作为吸引投资和劳动力的手段，使城市间的竞争走上良性循环的道路。城市间的合作则体现为区域产业链的构建、区域负外部性消除（如环境污染治理、碳交易市场的建立）。

9.3.5　加强城市管理

（1）严格用城市规划指导城市建设。城市规划是保证现代化城市空间秩序的重要手段，要完成这样的使命，首先需要科学制订城市规划。在制订规划时要协调好城市规划与土地的经济价值间的矛盾，在近期目标和长远目标间取得平衡。

其次，城市规划必须在相当长的时间内不被更改。在发达国家，空间组织一般采用严格的分区规划来实现，严格分离具有负外部性的用地，通过城市规划保证城市居民公平地获得资源。在中国，城市规划确定之后仍然可以通过一定途径修改，这极大地降低了城市规划的严肃性和原规划对空间的组织。

（2）建立激励机制促使地方政府致力改善民生。经济发展的最终目标是提高居民福利。如卢卡斯（Lucas）所言，一旦开始思考人类的福利，很难再考虑别的。现代化的城市要为居民提供丰富的公共产品，维护社会公平、共享社会进步成果。然而目前地方政府忽视改善民生，一方面是官员考核片面追求GDP造成的，另一方面是由于地方政府没有改善民生的激励。

要改变这种状况，首先要改变地方官员的考核体系，强化民生的重要性。其次，要让地方政府有动力去改善民生。可以考虑通过对城市居民征收庇古税补贴地方政府在改善民生上的花费给予激励。这种制度有三个方面的好处：第一，城市提供的公共产品越丰富，越能吸引更多人定居、吸引更多商业，进而带来更多税收。第二，迁入的居民更可能享受同等市民待遇。一方面每个居民都对城市做出了贡献，这样能够避免"坐享其成"的指责；另一方面，地方政府也乐于如此以吸引更多移民。第三，有助于向服务型政府的转变，减少政府对市场的干预。

（3）城市管理信息化以提高管理水平。信息化推进城市管理现代化是城市管理在新时代的新课题。城市是一个复杂的巨系统，现代城市中的公共事务日益复杂，通过信息化技术能够迅速定位问题，缩短对紧急时间响应时间，提升城市的管理水平。城市管理的信息化首先要建立城市信息数据库，包括城市的地理信息数据和社会经济数据。其次，要整合多种技术手段，多管齐下。将GPS、GIS、遥感、信息管理系统整合起来，形成多层次、应对不同管理需求的城市综合管理体系。北京市西城区市政城管地理信息系统在这个方面进行了有益的探索。该系统通过手机进行定位，把城市中出现问题的地点、状态通过图像和地理坐标实时地反馈给控制中心，控制中心则根据收到的信息做出指令，极大提高了管理水平。

9.3.6 城乡统筹发展

城市的现代化离不开农村的现代化,城乡统筹发展是指以工业带动农业发展,城市反哺农村,充分发挥城市的辐射和带动效应,逐步消除城乡差异,实现共同富裕。城乡统筹是在根本上改变城乡分治的观念,改变重城市、轻农村的做法,在经济发展计划、收入分配、公共产品投放、投资等方面对城乡一视同仁。

(1)户籍制度改革。首先,户籍与职业脱钩。农民纯粹成为一种职业选择,消除它具有代际传递、职业、社会身份的三重属性,能够促进城乡劳动力流动,使劳动力得到更有效的配置,也有利于促进社会公平。

其次,户籍与社会福利脱钩。这就要求农村居民享有与城市居民相同的社会保障和服务,包括失业、医疗、教育、养老等,缩小城乡差异。户籍制度与社会福利脱钩才能保证人口自由流动,促进城乡融合。

(2)城乡统一规划。城乡统一规划有三个层面的含义:第一,要将乡村规划纳入传统的规划编制序列,形成市、区、县城乡总体规划,乡村规划以及专业专项规划,风景区规划,控制性详细规划、城市设计有机衔接覆盖城乡的规划体系。第二,通过城乡规划统一,破除城乡二元结构,使土地集中进行生产实现规模效应,为机械化作业提供可能性。第三,通过城乡规划统一,为在城乡投放均等的公共产品提供空间依托,消除城乡公共服务的差异。

(3)基础公共服务设施均等化。农村公共产品投入不足是城乡分治遗留的问题,在城乡统筹发展过程中应予以重视。这就需要在交通、给排水、供电、垃圾处理、水利设施、教育设施、通信设施、医疗设施等方面同时加大支持力度,以与城市相同的标准为农村提供公共服务,促进农村经济发展,提高农民居民的生活水平。

(4)农村工业化。农村工业化是工业反哺农村思想的具体体现。这一方面是指在工业技术在传统农业中的使用,通过加大在农村的投资和专业人才引进,采用机械化作业、公司化运作、生物化和化学化耕作等方式,全面提高农业的生产率,使农业成为国民经济中有活力、有竞争力的部门。另一方面是指,在农村建立起农产品加工工业,提升农产品的附加值，从而增强农业部门在资本市场和劳动力市场的竞争力，提高农业部门的盈利能力。

9.4 结论与展望

本书从城市经济学的角度，结合发达国家的经验和现状，对城市现代化的特征做出了描述，对中国城市化过程中存在的问题进行了分析，并提出了中国城市现代化的发展路径。

本书的分析和政策建议都遵循了两个原则：一是根据现代经济学对聚集带来的外部性和城市经济学对外部性在城市中的具体作用的研究，认为城市现代化的根本问题是充分利用聚集的外部性，提高城市的生产效率，加速城市化进程；二是坚持系统论的观念，从城镇体系的角度看待城市发展问题，充分尊重城市的个性和所处的历史阶段，进而在城镇体系中定位自身发展，促进系统效益最大化。就目前的理论和发达国家的实践来看，这两个原则是实现城市现代化的保障。通过分析可以看出，当前中国的城市现代化的动力在于经济发展，关键环节在于生产要素自由流动和产业结构调整，制度保障是市场经济充分配置资源和政府调控保障公平的结合，其最终结果是国家综合实力上升、城乡居民生活水平提高、收入差距缩小和共同富裕。

参考文献

[1] Aigner D., C. A. Lovell and P. Schmidt. Formulation and estimation of stochastic frontier production function models [J]. Journal of Econometrics, 1997, 6 (1): 21-37.

[2] Anderson G. and Y. Ge. The size distribution of Chinese cities [J]. Regional Science and Urban Economics, 2005, 35 (6): 756-776.

[3] Ao X. and L. Fulginiti. Productivity growth in China: Evidence from Chinese provinces [D]. University of Nebraska-Lincoln, mimeo, 2003.

[4] Aschauer D. A. Is public expenditure productive? [J]. Journal of Monetary Economics, 1989a, 23 (2): 177-200.

[5] Aschauer D. A. Does public capital crowd out private capital? [J]. Journal of Monetary Economics, 1989b, 24 (2): 171-188.

[6] Aschauer D. A. Public investment and productivity growth in the group of seven [J]. Economic Perspectives, 1989c, 13 (5): 17-25.

[7] Au C. C. and J. V. Henderson. Are Chinese cities too small? Review of Economic Studies, 2006, 73 (3): 549-576.

[8] Auerbach F. Das gesetz der bevölkerungskonzentration [J]. Petermanns Geographische Mitteilungen, 1913, 59 (13): 73-76.

[9] Banerjee A., E. Duflo and N. Qian. On the road: Access to transportation infrastructure and economic growth in China [J]. National Bureau of Economic Research, 2012.

[10] Barro R. J. Government spending in a simple model of endogenous growth [J]. Journal of Political Economy, 1990, 98 (5): 103-125.

[11] Barro R. J. and X. Sala-i-Martin. Economic growth and convergence across the United States[J]. National Bureau of Economic Research, 1990.

[12] Baumol W. J. Productivity growth, convergence, and welfare: What the long-run data show[J]. The American Economic Review, 1986(5): 1072-1085.

[13] Benguigui L. and E. Blumenfeld-Lieberthal. The temporal evolution of the city size distribution [J]. Physica A: Statistical Mechanics and its Applications, 2009, 388 (7): 1187-1195.

[14] Benguigui L. and E. Blumenfeld-Lieberthal. A dynamic model for city size distribution beyond Zipf's law [J]. Physica A: Statistical Mechanics and its Applications, 2007a, 384 (2): 613-627.

[15] Benguigui L. and E. Blumenfeld-Lieberthal. Beyond the power law-A new approach to analyze city size distributions[J]. Computers, Environment and Urban Systems, 2007b, 31 (6): 648-666.

[16] Bertinelli L. and D. Black. Urbanization and growth [J]. Journal of Urban Economics, 2004, 56 (1): 80-96.

[17] Black D. and V. Henderson. Urban evolution in the USA [J]. Journal of Economic Geography, 2003, 3 (4): 343-372.

[18] Bosker M., S. Brakman, H. Garretsen and M. Schramm. A century of shocks: The evolution of the German city size distribution 1925-1999 [J]. Regional Science and Urban Economics, 2008, 38 (4): 330-347.

[19] Brakman S., H. Garretsen, C. Van Marrewijk and M. Van Den Berg. The return of Zipf: Towards a further understanding of the rank-size distribution [J]. Journal of Regional Science, 1999, 39 (1): 183-213.

[20] Byrnes P. E. and J. E. Storbeck. Efficiency gains from regionalization: Economic development in China revisited [J]. Socio-Economic Planning Sciences, 2000, 34 (2): 141-154.

[21] Brueckner J. K., D.A. Fansler. The Economics of urban sprawl: Theory and evidence on the spatial sizes of cities[J]. The Review of Economics and Statistics, 1983 (3): 479-482.

［22］Brueckner J. K.. Urban sprawl: Diagnosis and remedies［J］. International Regional Science Review , 2000（23）: 160-171.

［23］Brueckner J. K., Mills E. and Kremer. Urban sprawl: Lessons from urban economics［J］. Brookings-Wharton Papers on Urban Affairs, 2001: 65-97.

［24］Burchfield M., H. G. Overman, D. Puga, M. A. Turner. Causes of sprawl: A portrait from space［J］. The Quarterly Journal of Economics, 2006, 121（2）: 577-633.

［25］Calderon C. and Serven, L. The effects of infrastructure development on growth and income distribution［J］. World Bank Policy Research Working Paper No. 3400, 2004.

［26］Canning D. A database of world stocks of infrastructure, 1950-1995［J］. The World Bank Economic Review, 1998, 12（3）: 529-547.

［27］Caves D. W., L. R. Christensen and W. E. Diewert. The economic theory of index numbers and the measurement of input, output, and productivity［J］. Econometrica: Journal of the Econometric Society, 1982(6): 1393-1414.

［28］Caves D. W., L. R. Christensen and W. E. Diewert. Multilateral comparisons of output, input, and productivity using superlative index numbers［J］. The Economic Journal, 1982, 92（365）: 73-86.

［29］Champernowne D. G. A model of income distribution［J］. The Economic Journal , 1953, 63（250）: 318-351.

［30］Chan K. W., V. Henderson and K. Y. Tsui. Spatial dimensions of Chinese economic development, This page intentionally left blank（2008）: 776.

［31］Chang G. H., Brada J. C., The paradox of China's growing under-urbanization［J］. Economic Systems , 2006（30）: 24-40.

［32］Charnes A., W. W. Cooper and S. Li. Using data envelopment analysis to evaluate efficiency in the economic performance of Chinese cities［J］. Socio-Economic Planning Sciences, 1989, 23（6）: 325-344.

［33］Chen K. H., Y. J. Huang and C. H. Yang. Analysis of regional productivity growth in China: A generalizedmetafrontier MPI approach［J］. China Economic Review, 2009, 20 (4): 777-792.

[34] Cheshire P. Trends in sizes and structures of urban areas [J]. Handbook of Regional and Urban Economics, 1999, 3: 1339-1373.

[35] Coelli T. An introduction to efficiency and productivity analysis [M]. Springer Verlag, 2005.

[36] Curtis C. C., S. Lugauer and N. C. Mark. Demographic patterns and household saving in China [J]. National Bureau of Economic Research, 2011, No. 529.

[37] Córdoba J. C. On the distribution of city sizes [J]. Journal of Urban Economics, 2008, 63 (1): 177-197.

[38] De Long, J. B. Productivity growth, convergence, and welfare: Comment [J]. The American Economic Review, 1988, 78 (5): 1138-1154.

[39] Dixit A. K. and J. E. Stiglitz. Monopolistic competition and optimum product diversity [J]. The American Economic Review, 1977, 67 (3): 297-308.

[40] Dobkins L. H. and Y. M. Ioannides. Dynamic evolution of the US city size distribution [M]. The Economics of Cities: Theoretical Perspectives, Cambridge University Press, 2000: 217-260.

[41] Duranton G. and D. Puga. Micro-foundations of urban agglomeration economies [J]. Handbook of Regional and Urban Economics, 2004, 4: 2063-2117.

[42] Duranton G. and D. Puga. Nursery cities: Urban diversity, process innovation, and the life cycle of products [J]. American Economic Review, 2001(5): 1454-1477.

[43] Démurger S. Infrastructure development and economic growth: An explanation for regional disparities in China? [J]. Journal of Comparative Economics, 2001, 29 (1): 95-117.

[44] Eaton J. and Z. Eckstein. Cities and growth: Theory and evidence from France and Japan [J]. Regional Science and Urban Economics, 1997, 27 (4): 443-474.

[45] Eeckhout J. Gibrat's law for (all) cities [J]. American Economic Re-

view, 2004, 94 (5): 1429-1451.

[46] Esfahani H. S. and M. T. Ramírez. Institutions, infrastructure, and economic growth[J]. Journal of Development Economics, 2003, 70 (2): 443-477.

[47] Ezaki M. and L. Sun. Growth accounting in China for national, regional, and provincial economies: 1981-1995 [J]. Asian Economic Journal, 1999, 13 (1): 39-71.

[48] Farrell M. J. The measurement of productive efficiency [J]. Journal of the Royal Statistical Society, 1957, 120 (A) (3): 253-290.

[49] Fay M. Financing the future: Infrastructure needs in Latin America, 2000-2005 [M]. World Bank Publications, 2001.

[50] Fenge R., M. Von Ehrlich and M. Wrede. Public input competition and agglomeration[J]. Regional Science and Urban Economics, 2009, 39 (5): 621-631.

[51] Fleisher B. M. and J. Chen. The coast-noncoast income gap, productivity, and regional economic policy in China[J]. Journal of Comparative Economics, 1997, 25 (2): 220-236.

[52] Fujita M., P. Krugman and T. Mori. On the evolution of hierarchical urban systems [J]. European Economic Review, 1999, 43 (2): 209-251.

[53] Fujita M., T. Mori, J. V. Henderson and Y. Kanemoto. Spatial distribution of economic activities in Japan and China [J]. Handbook of Regional and Urban Economics, 2004, 4: 2911-2977.

[54] Fare R. and D. Primont. Multi-output production and duality: Theory and applications [M]. Springer, 1995.

[55] Gabaix X. Zipf's law for cities: An explanation [J]. The Quarterly Journal of Economics, 1999a, 144 (3): 739-767.

[56] Gabaix X. Zipf's law and the growth of cities [J]. The American Economic Review, 1999b, 89 (2): 129-132.

[57] Gabaix X. and Y. M. Ioannides. The evolution of city size distributions [J]. Handbook of Regional and Urban Economics, 2004, 4: 2341-2378.

[58] Gabaix X. and R. Ibragimov. Rank-1/2: A simple way to improve the OLS estimation of tail exponents [J]. Journal of Business & Economic Statistics, 2011 (10): 24-39.

[59] Gangopadhyay K. and B. Basu. City size distributions for India and China [J]. Physica A: Statistical Mechanics and Its Applications, 2009, 388 (13): 2682-2688.

[60] Garmestani A. S., C. R. Allen and C. M. Gallagher. Power laws, discontinuities and regional city size distributions [J]. Journal of Economic Behavior & Organization, 2008, 68 (1): 209-216.

[61] Giesen K., A. Zimmermann and J. Suedekum. The size distribution across all cities-double Pareto lognormal strikes [J]. Journal of Urban Economics, 2010, 68 (2): 129-137.

[62] Glaeser E. L. and M. E. Kahn. Sprawl and urban growth [J]. Handbook of regional and urban economics, 2004, 4: 2481-2527.

[63] Glaeser E. L., H. D. Kallal, J. A. Scheinkman and A. Shleifer. Growth in cities [J]. Journal of Political Economy, 1992 (5): 1126-1152.

[64] GONE W. H. A. L. L. Y. W. Reshaping Economic Geography [R]. World Bank, 2009.

[65] Guo Q., Z. Zhao and J. Jia. Analysis on total factor productivity of Chinese provincial economy [J]. Frontiers of Economics in China, 2006, 1 (3): 449-464.

[66] Harris Dobkins L. and Y. M. Ioannides. Spatial interactions among US cities: 1900-1990 [J]. Regional Science and Urban Economics, 2001, 31 (6): 701-731.

[67] Henderson J. V. The sizes and types of cities [J]. The American Economic Review, 1974, 64 (4): 640-656.

[68] Henderson J. V. Urbanization and growth[J]. Handbook of Economic Growth, 2005, 1: 1543-1591.

[69] Henderson J. V., A. Kuncoro and M. Turner. Industrial development in cities [J]. Journal of Political Economy, 1995, 103(5): 1067-1090.

[70] Ioannides Y. M. and H. G. Overman. Zipf's law for cities: An empirical examination [J]. Regional Science and Urban Economics, 2003, 33 (2): 127-137.

[71] Jefferson G. H., T. G. Rawski and Y. Zheng. Chinese industrial productivity: Trends, measurement issues, and recent developments [J]. Journal of Comparative Economics, 1996, 23 (2): 146-180.

[72] Jefferson G. H. and I. Singh. Enterprise reform in China: Ownership, transition, and performance [J]. China Journal, 1999, 47.

[73] Jimenez E. Human and physical infrastructure: Public investment and pricing policies in developing countries [J]. Handbook of development economics, 1995, 3: 2773-2843.

[74] Kapoor M., H. H. Kelejian and I. R. Prucha. Panel data models with spatially correlated error components [J]. Journal of Econometrics, 2007, 140 (1): 97-130.

[75] Kim S. Urban development in the United States, 1690-1990 [J]. National Bureau of Economic Research, 1999.

[76] Kim S. and R. A. Margo. Historical perspectives on US economic geography [J]. Handbook of Regional and Urban Economics, 2004, 4: 2981-3019.

[77] Knight J., L. Shi and L. Song. The rural-urban divide and the evolution of political economy in China [J]. Marine Policy, 2006, 14 (3): 44-63.

[78] Krugman P. Confronting the mystery of urban hierarchy [J]. Journal of the Japanese and International Economies, 1996, 10 (4): 399-418.

[79] Krugman P. Increasing returns and economic geography [J]. Journal of Political Economy, 1991, 99 (3): 483-499.

[80] Krugman P. R. Development, geography, and economic theory. Vol. 6 [M]. The MIT Press, 1997.

[81] Lichtenberg E., Ding C. R. Local officials as land developers: Urban spatial expansion in China [J]. Journal of Urban Economics, 2009 (1): 57-64.

[82] Lucas R. E. On the mechanics of economic development [J]. Journal of monetary economics, 1988, 22 (1): 3-42.

[83] Malmquist S. Index numbers and indifference surfaces [J]. Trabajos de Estadisticay de Investigacion Operativa, 1953, 4 (2): 209-242.

[84] McGrath D. T. More evidence on the spatial scale of cities [J]. Journal of Urban Economics, 2005 (58): 1-10.

[85] Meeusen W. and J. van Den Broeck. Efficiency estimation from Cobb-Douglas production functions with composed error[J]. International economic review, 1977, 18 (2): 435-444.

[86] Mody A. and F. Y. Wang. Explaining industrial growth in coastal China: Economic reforms... and what else? [J]. The World Bank Economic Review, 1997, 11 (2): 293-325.

[87] Moorsteen R. H. On measuring productive potential and relative efficiency [J]. The Quarterly Journal of Economics, 1961, 75 (3): 451-467.

[88] Nitsch V. Zipf zipped [J]. Journal of Urban Economics, 2005, 57 (1): 86-100.

[89] Northam R. M., Urban Geography [M]. New York, John Wiley & Sons, 1975.

[90] Overman H. G. and Y. M. Ioannides. Cross-sectional evolution of the US city size distribution [J]. Journal of Urban Economics, 2001, 49 (3): 543-566.

[91] Quah D. T. Empirics for economic growth and convergence [J]. European Economic Review, 1996, 40 (6): 1353-1375.

[92] Reed W. J. The Pareto, Zipf and other power laws [J]. Economics Letters, 2001, 74 (1): 15-19.

[93] Reed W. J. On the rank-size distribution for human settlements [J]. Journal of Regional Science, 2002, 42 (1): 1-17.

[94] Rosen K. T. and M. Resnick. The size distribution of cities: An examination of the Pareto law and primacy [J]. Journal of Urban Economics, 1980, 8 (2): 165-186.

[95] Rosenthal S. S. and W. C. Strange. Evidence on the nature and sources of agglomeration economies [J]. Handbook of Regional and Urban Economics, 2004, 4: 2119-2171.

[96] Rossi-Hansberg E. and M. L.J. Wright. Urban structure and growth [J]. Review of Economic Studies, 2007, 74 (2): 597-624.

[97] Sahoo P., R. K. Dash and G. Nataraj. Infrastructure development and economic growth in China [J]. Institute of Developing Economies (IDE) Discussion Paper, no. 261, 2010.

[98] Sarabia J. M. and F. Prieto. The Pareto-positive stable distribution: A new descriptive model for city size data [J]. Physica A: Statistical Mechanics and its Applications, 2009, 388 (19): 4179-4191.

[99] Schweitzer M. M. The spatial organization of federalist Philadelphia, 1790 [J]. The Journal of Interdisciplinary History, 1993, 24 (1): 31-57.

[100] Shammas C. The space problem in early United States Cities [J]. The William and Mary Quarterly, 2000, 57 (3): 505-542.

[101] Sharma S. Persistence and stability in city growth [J]. Journal of Urban Economics, 2003, 53 (2): 300-320.

[102] Shephard R. W. Cost and production functions [M]. Princeton University Press, 1953.

[103] Soo K. T. Zipf's law for cities: A cross-country investigation [J]. Regional Science and Urban Economics, 2005, 35 (3): 239-263.

[104] Straub S., C. Vellutini and M. Warlters. Infrastructure and economic growth in East Asia [J]. World Bank Publications, 2008, 4589.

[105] Sutton J. Gibrat's legacy [J]. Journal of Economic Literature, 1997, 35 (1): 40-59.

[106] Williamson J. G. and J. A. Swanson. The growth of cities in the American northeast, 1820-1870: Graduate Program in Economic History [M]. University of Wisconsin, 1966.

[107] Wolff E. N. The productivity slowdown: The culprit at last? Follow-up on Hulten and Wolff [J]. The American Economic Review, 1996, 86

(5): 1239-1252.

[108] Wu Y. Is China's economic growth sustainable? A productivity analysis [J]. China Economic Review, 2001, 11 (3): 278-296.

[109] Wu Y. Productivity Growth, Technological Progress, and Technical Efficiency Change in China: A Three-Sector Analysis1[J]. Journal of Comparative Economics, 1995, 21 (2): 207-229.

[110] Wu Y. China's capital stock series by region and sector [D]. University of Western Australia, Discussion Paper, No. 0902, 2009.

[111] Young A. Gold into base metals: Productivity growth in the People's Republic of China during the reform period [J]. Journal of Political Economy, 2003, 111(6): 1220-1261.

[112] Zhao C. W. and L. J. Pu. Issue in land use during urbanization—A case study in Jiangsu Province [J]. Resources and environment in the Yangtze Basin, 2006, 15 (2): 169-173.

[113] Zheng J. and A. Hu. An empirical analysis of provincial productivity in China (1979-2001) [J]. Goteborg, Department of Economics, 2004, 7.

[114] Zipf G. K. Human Behavior and the Principle of Least Effort [M]. Addison-Wesley, Cambridge, MA. 1949.

[115] Egert B., T. Kozluk and D. Sutherland. Infrastructure and growth: Empirical evidence [J]. 2009.

[116] 丁任重. 关于区域经济发展战略模式的不同观点 [J]. 吉林财院学报, 1991 (2).

[117] 丁任重. 泛珠三角：一个区域经济的分析框架 [J]. 经济理论与经济管理, 2006 (11).

[118] 安虎森, 陈明. 工业化、城市化进程与我国城市化推进的路径选择 [J]. 南开经济研究, 2005 (1): 48-54.

[119] 陈彦光, 罗静. 城市化水平与城市化速度的关系探讨 [J]. 地理研究 2006, 25 (6): 1063-1072.

[120] 陈明星, 陆大道, 查良松. 中国城市化与经济发展水平关系的国际比较 [J]. 地理研究, 2009 (2): 464-474.

[121] 陈明星, 陆大道, 刘慧. 中国城市化与经济发展水平关系的省际格局[J]. 地理学报, 2010（12）: 1443-1453.

[122] 远宝剑. 从产业结构变化趋势看我国的城市化道路[J]. 管理世界, 1990（4）: 196-197.

[123] 刘维新, 黄士正.《国际大循环战略与中国的城市化道路》研讨会综述[J]. 城市问题, 1988（2）: 64-65.

[124] 管益忻. "龙港模式"——中国城市化的第三条道路[J]. 城市问题, 1989（3）: 31-32.

[125] 杨重光. 城市经济研究与经济体制改革[J]. 经济体制改革, 1986（4）: 21-29.

[126] 杨重光, 廖康玉. 试论具有中国特色的城市化道路[J]. 经济研究, 1984（8）: 57-63.

[127] 刘颖秋. 从国情出发, 走具有中国特色的城市化道路[J]. 计划经济研究, 1987（9）: 51-56.

[128] 梁立新. 大力发展小城镇是改变我国城乡关系的关键[J]. 社会科学, 1987（1）: 48-55.

[129] 陈炎. 对我国城市化道路与发展方针问题的思考[J]. 城市, 1989（4）.

[130] 郭力君. 对中国城市化发展道路的思考[J]. 人文地理, 1989（3）: 43.

[131] 潘大建. 关于我国城市化道路和城市规模的再认识[J]. 经济纵横, 1988（5）: 54-56.

[132] 邹农俭. 集镇发展与中国城市化道路[J]. 社会科学, 1987（11）: 33-37.

[133] 张健雄. 论我国的生态环境战略和城市化道路[J]. 管理世界, 1989（2）: 177-185.

[134] 曾涤. 论中国的经济发展与城市化道路[J]. 城市, 1988（1）: 29-33.

[135] 四川省社会科学院《中国城市化道路》课题组. 论中国农村人口城市化道路[J]. 社会科学研究, 1987（4）: 6-11.

[136] 赵玉馨. 论中国式的城市化道路 [J]. 未来与发展, 1983 (3): 13-15.

[137] 宗寒. 试论我国的城市化道路 [J]. 求索, 1982 (1): 1-7.

[138] 税尚楠, 吴希翎. 试论我国的乡村城市化道路 [J]. 经济地理, 1984 (1): 33-39.

[139] 钟荣魁. 试论我国现阶段的城市化道路 [J]. 学习与探索, 1985 (3): 68-73.

[140] 史育龙, 艾南山. 我国干旱区城市化道路初探 [J]. 兰州大学学报（社会科学版）, 1989, 17 (4): 37-44.

[141] 张雨林. 小城镇建设与城乡协调发展 [J]. 中国社会科学, 1986 (4): 169-181.

[142] 郭晓鸣, 王新前. 中国城市化道路的思考与选择——乡镇企业与城市化学术讨论会综述 [J]. 经济体制改革, 1987 (4).

[143] 孟晓晨. 中国城市化的"双轨归一"道路 [J]. 城市问题, 1990 (1): 10-13.

[144] 李金来. 我国城市化应走优先发展中等城市的道路 [J]. 城市问题, 1990 (2): 30-33.

[145] 于晓明. 对中国城市化道路几个问题的思索[J]. 城市问题, 1999 (5): 12-16.

[146] 胡莹莹. 当前经济理论界有关城市化问题的观点综述 [J]. 宏观经济研究, 2000 (2): 61-63.

[147] 甘时勤, 张晋锐. 积极发展小城镇走有中国特色的城市化道路 [J]. 经济体制改革, 1999 (3): 117-119.

[148] 马夫, 吴海鹰. 论90年代我国城市化道路的选择[J]. 城市问题, 1992 (1).

[149] 陈兴渝, 王海霞. 乡村城市化道路：问题和对策 [J]. 城市问题, 1999 (2): 22-24.

[150] 王放. 论中国可持续的城市化道路 [J]. 人口研究, 1999 (5): 56-63.

[151] 吴大声. 中国应走什么样的城市化道路[J]. 社会科学研究, 1990

（2）：39-45.

[152] 朱通华. 小城镇建设与中国城市化道路[J]. 经济社会体制比较，1990（2）：60-63.

[153] 康就升. 中国城市化道路的再思考[J]. 农村经济与社会，1990（4）：35-39.

[154] 吴道文. 中国城市化道路理论评述[J]. 人口与经济，1992（3）：55-58.

[155] 胡必亮. 农业剩余劳动力的地域转移与中国的城市化道路选择[J]. 农村经济与社会，1992（2）：49-59.

[156] 仲小敏. 世纪之交中国城市化道路与对策构思[J]. 经济地理，2000（3）：54-57.

[157] 王海霞. 慎提乡村城市化[J]. 城市研究，2000（4）：12-14.

[158] 汪冬梅，杨学成. 中国城市化道路的反思与探索[J]. 改革，2003（5）：18-23.

[159] 高福来. "三农"问题与中国城市化道路[J]. 经济与管理研究，2003（5）：28-32.

[160] 陈角军，景普秋. 中国新型城市化道路的理论及发展目标预测[J]. 经济学动态，2008（9）：4-15.

[161] 高洁，阎星，李霞. 统筹城乡发展与农村土地产权制度改革研究[J]. 农村经济，2009（12）.

[162] 阎星，田昆，高洁. 破除二元体制，开拓中国新型城市化道路[J]. 经济体制改革，2011（1）：112-115.

[163] 殷广卫，薄文广. 基于县级城市的城乡一体化是我国城市化道路的一种政策选择[J]. 中国软科学，2011（8）：111-121.

[164] 戴永安. 中国城市化效率及其影响因素——基于随机前沿生产函数的分析[J]. 数量经济技术经济研究，2010（12）：103-117.

[165] 傅晓霞，吴利学. 技术效率，资本深化与地区差异——基于随机前沿模型的中国地区收敛分析[J]. 经济研究，2006，41（10）：52-61.

[166] 高鸿鹰，武康平. 我国城市规模分布Pareto指数测算及影响因素分析[J]. 数量经济技术经济研究，2007，24（4）：43-52.

[167] 辜胜阻. 论中国人口城镇化的十大关系 [J]. 人口研究, 1993 (1): 19-24.

[168] 顾朝林, 黄春晓. 江苏省城市现代化水平评价及预测 [J]. 城市规划汇刊, 2000 (6): 34-39.

[169] 顾乃华, 李江帆. 中国服务业技术效率区域差异的实证分析 [J]. 经济研究, 2006 (1): 46-56.

[170] 郭克莎. 工业化与城市化关系的经济学分析[J]. 中国社会科学, 2002 (2): 44-45.

[171] 郭庆旺, 贾俊雪. 中国全要素生产率的估算: 1979~2004 [J]. 经济研究, 2005, 6 (5): 1-60.

[172] 郭腾云, 董冠鹏. 基于 GIS 和 DEA 的特大城市空间紧凑度与城市效率分析 [J]. 地球信息科学学报, 2009, 11 (4): 482-490.

[173] 何枫, 陈荣. 经济开放度对中国经济效率的影响: 基于跨省数据的实证分析 [J]. 数量经济技术经济研究, 2004 (3): 18-24.

[174] 胡鞍钢, 郑京海. 中国分省生产率的实证研究: 1978~2001 [J]. Econonfics (SwoPEc) 2004, 127.

[175] 李培. 中国城市经济增长的效率与差异 [J]. 数量经济技术经济研究, 2007, 24 (27): 97-106.

[176] 李郇. 中国城市化滞后的经济因素 [J]. 地理研究, 2005, 24 (3).

[177] 刘生龙, 胡鞍钢. 基础设施的外部性在中国的检验: 1988~2007 [J]. 经济研究, 2010, 45 (3): 4-15.

[178] 刘生龙, 胡鞍钢. 交通基础设施与中国区域经济一体化 [J]. 经济研究, 2011 (3): 72-82.

[179] 刘小玄. 中国工业企业的所有制结构对效率差异的影响——1995 年全国工业企业普查数据的实证分析 [J]. 经济研究, 2000 (2): 17-25.

[180] 娄洪. 长期经济增长中的公共投资政策——包含一般拥挤性公共基础设施资本存量的动态经济增长模型[J]. 经济研究, 2004 (3): 10-19.

[181] 钱纳里, Chenery H., 赛尔昆, Syrquin M., 李新华. 发展的型式 [M]. 北京: 经济科学出版社, 1988.

[182] 邱斌, 杨帅, 辛培江. FDI 技术溢出渠道与中国制造业生产率

增长研究：基于面板数据的分析[J].世界经济，2009（8）：20-31.

[183] 舒元，才国伟.我国省际技术进步及其空间扩散分析[J].经济研究，2007（6）：106-118.

[184] 王贝.中国工业化，城镇化和农业现代化关系实证研究[J].城市问题，2011（9）：21-25.

[185] 王兵，颜鹏飞.技术效率，技术进步与东亚经济增长——基于APEC视角的实证分析[J].经济研究，2007，42（5）：91-103.

[186] 王春光.农村流动人口的"半城市化"问题研究[J].社会学研究，2006，5（7）.

[187] 王德，彭雪辉.走出高城市化的误区——日本地区城市化发展过程的启示[J].城市规划，2004（11）：29-34.

[188] 王建军，吴志强.1950年后世界主要国家城镇化发展——轨迹分析与类型分组[J].城市规划学刊，2007（6）：47-53.

[189] 王志刚，龚六堂，陈玉宇.地区间生产效率与全要素生产率增长率分解（1978~2003）[J].中国社会科学，2006（2）：55-66.

[190] 韦伯.工业区位论[M].北京：商务印书馆.1997.

[191] 吴永保.城市现代化及其指标体系的构建与应用[J].城市发展研究，2001（1）：9-14.

[192] 颜鹏飞，王兵.技术效率，技术进步与生产率增长：基于DEA的实证分析[J].经济研究，2004，12（55）：5.

[193] 阎小培，翁计传.现代化与城市现代化理论问题探讨[J].现代城市研究，2002，17（1）：40-46.

[194] 阎小培，翁计传.城市现代化的主要影响因素分析[J].现代城市研究，2002，17（5）：9-15.

[195] 姚士谋，汤茂林.中国城市现代化概念及指标体系[J].城市规划，1999（1）.

[196] 姚洋，章奇.中国工业企业技术效率分析[J].经济研究，2001（10）：13-19.

[197] 张颖，赵民.论城市化与经济发展的相关性——对钱纳里研究成果的辨析与延伸[J].城市规划汇刊，2003（4）：9-18.

[198] 郑玉歆，张晓，张思奇. 技术效率，技术进步及其对生产率的贡献——沿海工业企业调查的初步分析[J]. 数量经济技术经济研究，1995（12）：22-26.

[199] 周一星，陈彦光. 城市等级体系的多重 Zipf 维数及其地理空间意义 [J]. 北京大学学报（自然科学版），2002，38（6）：823-830.

[200] 钟水映，李晶. 经济结构、城市结构与中国城市化发展 [J]. 人口研究，2002（5）：63-70.

后 记

经济学对我而言是一次精神上的奇遇。2008年，当我开始学习经济学的时候就被它对世界理性冷静的解释所吸引和折服，从此进入一个崭新的世界。感谢学校给我攻读博士的机会，使我掌握了新的工具对世界进行打量和解释，使我真正理解理性在解释世界中的巨大威力。从开始学习经济学至今，我都深深热爱经济学家们开创的一般均衡的范式，就如同对位法一样一丝不苟、精雕细琢。私下里我常常想，经济学家都会为巴赫的《赋格的艺术》倾倒吧？

我的研究对象是城市。城市是一个复杂的、自组织的系统。在城市中，新的思想诞生、新的技术出现，有琳琅满目的商品和形形色色的行业，人们居住在城市中谋求与自己能力最为匹配的工作，享受城市带来的各种便利。在完成本书写作之后，我庆幸导师为我选择了这个包罗万象的研究对象，足以让我终其一生来钻研。

完成本书的写作对我而言是了却了一桩"某天我也要做一个足够庞大的东西"的愿望。从城市增长，到城市效率，再到半城市化，最后到城市缺口，我了解到做一个足够庞大的东西其实也是不断地用细小的工作堆砌而成的，可能是某天看文献做的笔记，可能是灵感突发写的一段代码，也可能是分析数据中偶然的发现，这一切最终都会在研究中被表现出来。从此我不再轻视自己做的每件琐碎的工作。

本书所采用的实证方法，在一定意义上都没有"标准答案"，如何描述、预测缺口，没有任何一本计量经济学的教材讲授。我发现自己知道的所有方法都不能让自己信服，因为在中国城市这个集合内要进行比较并发现滞后，这在逻辑上难以成立。《赋格的艺术》给我带来了灵感，既然自我包含的赋格是美的，实证的样本自我包含为什么不能是可行的呢？于是就有了中国地级以上城市的城市化滞后于工业化程度的分析。这是本书中最让我引以为自豪的部分。

  在写作的过程中，我得到了来自老师、同事、朋友及家人的帮助。首先，向我的导师丁任重教授表示由衷的感谢。丁老师治学严谨，在学术上对学生严格要求，循循善诱，使本书不断得到充实和改进；他关注现实，教导我们用经济学的眼光打量现实、解释现实，用经济学的方法对现实问题提出解决之道，这种情怀为校训"经世济民，孜孜以求"做出了最好的诠释。本书的选题是在丁老师一次次从现实问题的追问中完成的：城市的规模是否与经济发展的现实相适应？城市蔓延过程中，失去土地的农民进入城市后如何生活？城市化进程中，伪城市化有哪些现象，又为城市的经济造成了什么样的影响？就这样，我从城市增长的规律，一直研究到城市的缺口。每次追问，都让我重新思考，从而重新查阅文献、搜集数据进行论证；每次追问，都让我对城市化的理解更为深刻。尽管本书中已经表明，无论是从城市化与经济增长的关系，还是从城市化与工业化的协调关系来看，中国的城市化进程都是滞后的；但我仍然没有办法正式地回答老师在最开始的时候提出的问题：中国城市的规模多大是最优的？对此我感到十分愧疚。城市问题的研究，由于涉及面广、研究者众、城市化进程迅猛，有无数的题材可以进行研究，丁老师的指导为我今后的研究奠定了基础，在此再次表示感谢。

  其次，我要感谢父母对我读博的支持。在最初决定攻读区域经济学博士学位的时候，家人表示过反对，理由是跨一级学科不容易出成绩、不容易得到同行认可。尽管如此，在读博的过程中，父母仍然给予了我极大的支持和鼓励，在生活上为我提供种种照顾，使我能够完全把心思放在学业上。

  最后，感谢我的妻子在论文写作的过程中对我的支持和鼓励。在攻读博士期间，她承担了家庭中的大部分琐事，使我能够全心进行研究工作。对她的付出我由衷感念，本书的顺利完成与她的帮助和鼓励是分不开的。

吴 波
2017 年 9 月